CW00486979

GWAWR WEDI HIRNOS
FY NHAD SYDD WRTH Y LLYW

I John Roberts
gyda phob dymuniad da
Prydwen Sgfed - Owens.

GWAWR WEDI HIRNOS

FY NHAD SYDD WRTH Y LLYW

Prydwen Elfed-Owens

© Prydwen Elfed-Owens 2021

ISBN 978-1-913996-28-4

Cedwir pob hawl.
Ni chaniateir atgynhyrchu unrhyw ran o'r cyhoeddiad hwn, na'i gadw mewn cyfundrefn adferadwy, na'i drosglwyddo mewn unrhyw ddull na thrwy unrhyw gyfrwng, electronig, electrostatig, tâp magnetig mecanyddol, ffotogopïo, recordio, nac fel arall, heb ganiatâd ymlaen llaw gan Prydwen Elfed-Owens.

Argraffwyd gan
Gwasg y Bwthyn, Caernarfon
gwasgybwthyn@btconnect.com
ar ran Prydwen Elfed-Owens

Cyflwynaf y gyfrol hon i fy nhad,
Y Parchg Huw D. Williams (1914-1967)
fel gwerthfawrogiad o'i fywyd

Fy Nhad a mi - 1954

GWAWR WEDI HIRNOS

Gwawr wedi hirnos, cân wedi loes,
nerth wedi llesgedd, coron 'r ôl croes;
chwerw dry'n felys, nos fydd yn ddydd,
cartref 'r ôl crwydro, wylo ni bydd.

Medi'r cynhaeaf, haul wedi glaw,
treiddio'r dirgelwch, hedd wedi braw,
wedi gofidiau, hir lawenhau,
gorffwys 'r ôl lludded, hedd i barhau.

Heuir mewn dagrau, medir yn llon,
cariad sy'n llywio stormydd y don;
byr ysgafn gystudd, derfydd yn llwyr
yn y gogoniant ddaw gyda'r hwyr.

Farnwr y byw a'r meirw ynghyd,
d'eiddo yw nerthoedd angau a'r byd;
clod a gogoniant fyddo i ti,
Ffrind a Gwaredwr oesoedd di-ri'.

Anniflanedig gartref ein Duw,
ninnau nid ofnwn, ynddo cawn fyw,
byw i gyfiawnder, popeth yn dda,
byw yn oes oesoedd, Haleliwia!

1, 2 Frances R. Havergal, 1836-79
cyf. J. D. Vernon Lewis, 1879-1970
3, 4, 5 J. D. Vernon Lewis
Caneuon Ffydd, rhif 789

CYNNWYS

FY NHAD SYDD WRTH Y LLYW

Ar fôr tymhestlog teithio 'rwyf
   i fyd sydd well i fyw,
gan wenu ar ei stormydd oll:
   fy Nhad sydd wrth y llyw.

Trwy leoedd geirwon, enbyd iawn,
   a rhwystrau o bob rhyw
y'm dygwyd eisoes ar fy nhaith:
   fy Nhad sydd wrth y llyw.

Er cael fy nhaflu o don i don,
   nes ofni bron cael byw,
dihangol ydwyf hyd yn hyn:
   fy Nhad sydd wrth y llyw.

Ac os oes stormydd mwy yn ôl,
   ynghadw gan fy Nuw,
wynebaf arnynt oll yn hy:
   fy Nhad sydd wrth y llyw.

A phan fo'u hymchwydd yn cryfhau,
   fy angor, sicir yw;
dof yn ddiogel drwyddynt oll:
   fy Nhad sydd wrth y llyw.

I mewn i'r porthladd tawel, clyd,
   o sŵn y storm a'i chlyw
y caf fynediad llon ryw ddydd:
   fy Nhad sydd wrth y llyw.

Ieuan Glan Geirionydd, 1795-1855
Caneuon Ffydd, rhif 167 (Tôn: Penmachno)

NODYN GAN YR AWDUR

Daeth y gyfrol hon, *Gwawr Wedi Hirnos: Fy Nhad sydd wrth y llyw*, i fodolaeth fel dilyniant i'm cyfrol *Na ad fi'n Angof: Byw â Dementia* (Gwasg y Bwthyn, 2020). Lluniwyd a chyhoeddwyd honno yn ystod y cyfnod clo cyntaf yn 2020. Fy mhrif nod oedd defnyddio'r gyfrol i rannu neges a oedd yn llosgi yn fy nghalon, sef bod cymaint o stigma yn bodoli yn gysylltiedig â *dementia*. Dilynais gyngor y bardd, Elin ap Hywel, cyn iddi lithro'n gyfan gwbl i grafangau *dementia*:

> Oherwydd y stigma sydd ynghlwm â'r clefyd, rhaid ffocysu ar glywed yn *uniongyrchol* gan gleifion a gofalwyr er mwyn gwir ddeall y cyflwr a'i effeithiau.

Felly, gwahoddais ofalwyr – pobl o 'gig a gwaed' a fu'n byw'n feunyddiol â *dementia* – i ymuno â mi i rannu eu profiadau.

Datblygodd y gyfrol bresennol, *Gwawr Wedi Hirnos: Fy Nhad sydd wrth y llyw*, mewn ffordd debyg. Cychwynnais ym mis Chwefror 2021 yn ystod yr ail gyfnod clo, gyda'r gyfrol orffenedig yn ymddangos ym mis Mai 2021. Fy mhrif nod y tro hwn oedd ymchwilio i dri phwnc llosg.

–pam y mae rhai yn y cyfyngder dyfnaf yn canfod llygedyn o oleuni a gobaith tra bo eraill yn suddo i dywyllwch ac anobaith?

–pam y mae stigma yn parhau ynglŷn â salwch meddwl?

–pam y mae sôn am farwolaeth – er ein bod yn byw i farw – yn dabŵ?

Cododd y pynciau hyn wrth i mi sylwi ar ymateb amrywiol pobl yn fy milltir sgwâr, sef fy nghymdogion, fy nghyfeillion, ac aelodau capeli'r fro. Penderfynais ymestyn f'ymchwiliad i gynnwys 40 o gyfranwyr o'm rhwydwaith eang o gysylltiadau a ffrindiau hir oes a oedd wedi byw drwy 'stormydd geirwon'. Roedd gennyf berthynas agos â rhai a pherthynas 'o bell' ag eraill. Menter braidd yn uchelgeisiol; er hynny, cytunodd dros 35 i gyfrannu. Roedd y rhesymau dros beidio â chyfrannu yn llawn mor werthfawr – ac yn ddirdynnol:

–'Rwy'n gwrthod yn bendant drafod salwch meddwl.'

–'Alla i ddim, mae hi'n rhy fuan ar ôl y trawma.' (Colli gŵr; damwain car; cydnabod rhywioldeb.)

–'Mae pobl yn gyfarwydd â fi ar y "bocs" ac maen nhw'n meddwl eu bod nhw'n fy nabod i; ond dw i ddim hyd yn oed yn nabod fy hun, oherwydd bûm ar gyffur lleihau gorbryder ers dros 50 mlynedd oherwydd effaith salwch meddwl rhiant.'

–'Cefais blentyndod brawychus am fod Mam yn dioddef o salwch meddwl ac am fy lladd – gorfu i mi fynd i fyw at Nain i'm diogelu. Alla i ddim rhannu hwn, sori, o ffyddlondeb i Mam – a beth bynnag, byddai pawb yn fy nabod i.'

Anelais at drawstoriad o'r gymdeithas gyfoes o ran:

–lleoliad: cefn gwlad, cymoedd, trefi, a dinasoedd Cymru ac ymhellach

–rhyw a rhywedd

–oedran: o 23 i 89 mlwydd oed

–cefndir

–hil

–iaith

–gyrfa

–arbenigedd

–cred

Mantais byw mewn gwlad fechan fel Cymru yw ein bod yn hen gyfarwydd â'r sêr mwyaf disglair. Maent yn byw yn ein mysg, a thrwy'r Eisteddfod, y teledu, y radio, a'r cyfryngau cymdeithasol, maent yn ffrindiau 'mynwesol' i ni – er nad ydyn nhw efallai yn ein hadnabod ni!

Fodd bynnag, mae yna hefyd anfanteision o fyw mewn powlen pysgodyn aur. Onid bryd hynny y mae stigma – *dementia*, rhywioldeb, hiliaeth, anabledd, a salwch meddwl – yn codi ei ben hyll?

Teitl y gyfrol

Daeth prif deitl y gyfrol – *Gwawr Wedi Hirnos* – i mi ynghanol y nos: fe ddewisodd ei hun, mewn ffordd. Eto, mae geiriad yr emyn (*Caneuon Ffydd*, rhif 789) yn cyfleu cynnwys y gyfrol i'r dim:

–*Hirnos* yn cwmpasu treialon bywyd, y pandemig, y cyfnodau clo, a'm drama bersonol i fy hun

–*Gwawr* yn dynodi goresgyn treialon a symud ymlaen tua'r goleuni.

10

Fe syrthiodd yr isdeitl – *Fy Nhad sydd wrth y llyw* (*Caneuon Ffydd*, rhif 167) – hefyd i'w le yn ddiffwdan.

Rwy'n dehongli *Fy Nhad* fel fy nhad daearol (Dad) a'm Tad Nefol (Duw) – y naill â'i ddylanwad ar 'fy nghalon ddynol' a'r llall ar 'fy nghalon ddwyfol', i ddefnyddio delweddau Wynford Ellis Owen (1.5.2). Er sioc salwch meddwl a marwolaeth fy nhad, gadawodd etifeddiaeth amhrisiadwy i mi trwy ei gariad, ei arweiniad ysbrydol, ei athroniaeth bywyd, ei hoff emynau, ei ddyfyniadau a'i eiriau olaf i mi (gweler y Cyflwyniad a 2.1.1).

Y cyfranwyr
Cytunodd y cyfranwyr – er mwyn helpu eraill – i rannu eu straeon ac i egluro'r hyn a'u cynhaliodd drwy eu cyfnodau tywyll. Gwerthfawrogaf y dewrder i ailymweld â'r profiadau anodd ac i agor calonnau i ddisgrifio: '*what it actually feels like, sounds like, tastes like, smells like to*':
–canfod bod ganddynt salwch peryglu bywyd
–wynebu eu rhywioldeb a chael eu gwrthod
–dioddef camdriniaeth rywiol
–bod yn gaeth i alcohol, cyffuriau, gamblo
–geni a magu plentyn anabl
–colli plentyn, mam, gŵr, teulu.

Rwy'n cydnabod, gyda gwerthfawrogiad, ddisgrifiadau penodol a gonest pawb, er enghraifft Kristoffer (1.4.1). Roedd ei gyfraniad ysgrifenedig dipyn yn wahanol i beth a glywsom yn ystod y rhaglen deledu, *Sgwrsio Dan y Lloer*. Er i mi sgwrsio ag ef dros y ffôn, nid oeddwn yn disgwyl cyfraniad mor sobr o bersonol a thrist. Yn hwn, eglurodd yn fanwl iawn sut deimlad oedd bod yn wrthodedig yng Nghymru.
Nid oedd unrhyw un yn barod i drafod effeithiau salwch meddwl. Felly, penderfynais rannu fy mhrofiad i o salwch meddwl fy nhad a'i hunanladdiad.

Adrannau'r gyfrol
Trefnwyd y gyfrol yn dair rhan gan ddefnyddio is-deitlau sy'n deillio'n bennaf o'r emyn 'Gwawr wedi hirnos' ac emynau arwyddocaol fy nhad a adawodd ar ei ddesg yn ei stydi yn y Mans yng Nghwm Rhondda oriau yn unig cyn ei farwolaeth:

1. *Gofidiau'r hirnos:*	Trawma bywyd
	Amrediad o brofiadau 19 o bobl
2. *Treiddio'r dirgelwch:*	Stigma a thabŵ
	Salwch meddwl: fy mhrofiad i ac arbenigwr
	Marwoldeb: profiad cyn-Archesgob, prif gardiolegydd, a dau fardd
3. *Wele'n gwawrio* ... :	Agor y drws i gariad Duw mewn cyfnod digynsail
Dysg im gerdded:	Efengyliaeth: dau yn ymdrin â'r pwnc
Adnabod cariad Duw:	Dulliau newydd o weinidogaethu: pedwar yn ymdrin â'r pwnc
Ehanga 'mryd:	Cristnogaeth ymarferol: pedwar yn cefnogi'r llai ffortunus

Cyflwynir proffil personol cryno o bob unigolyn ar ddechrau pob stori er mwyn i'r darllenydd uniaethu yn sydyn â nhw. Byddwn fel Cymry â diddordeb naturiol ym man geni, teulu, addysg, a gyrfa pobl y byddwn yn eu cyfarfod am y tro cyntaf.

Roedd yn demtasiwn i mi beidio â chynnwys proffiliau ar gyfer y cyfranwyr mwyaf adnabyddus, fel Hywel Gwynfryn (1.8.2) a fu'n rhan o'n bywydau ers cyhyd, gan ddibynnu ar ein hadnabyddiaeth o'u 'persona cyhoeddus'. Fodd bynnag, dysgais fod i Hywel, a phawb arall, wrth reswm, ochr breifat a sensitif. Diolchaf iddo ef, ac eraill am ddangos i ni eu hochrau 'meidrol'. Y nod oedd i bawb gychwyn o'r un lle, fel petai.

Emynau

Mae canu emynau yn un o draddodiadau mwyaf poblogaidd Cymru, boed yn y capel, yn y dafarn neu ar y meysydd pêl-droed a rygbi. Cydnabyddir canu emynau corawl Cymreig ar draws y byd ac mae gan nifer ohonom ein ffefrynnau. Er bod y dôn yn bwysig, y geiriau sydd yn cael y sylw yn y gyfrol hon. Mae'r geiriau, llawer ohonynt dros 200 mlwydd oed, yn ein cysuro ni, yn ein cyflyru ni, ac yn dwyn i gof deimladau dwys o hapusrwydd a hiraeth. Gyda hyn mewn golwg, gofynnais i bob cyfrannwr nodi un o'i hoff emynau.

Rwyf hefyd yn cyfeirio at dri emyn arwyddocaol fy nhad a nodir yn y Cyflwyniad.

Canfyddiadau

Derbyniais y cyfraniadau oll a'u trefnu i greu cyfrol. Yn y broses, sylwais ar enghreifftiau o athroniaeth dyfyniadau fy nhad – y cyfeiriais atynt yn y Cyflwyniad – ar waith yn eu hanesion. Dewisais rai ohonynt i'w cynnwys yma yn y gobaith y byddant yn ennyn trafodaeth bellach.

1. Aeth plentyn rhagddo i'r byd a'r hyn a welodd a'i gwnaeth*
O brofiad anodd Dr Barry Morgan, cyn-Archesgob Cymru, o salwch terfynol a marwolaeth ei wraig, penderfynodd gyflwyno anerchiad llawer mwy personol na'r arfer i Fwrdd Llywodraethol yr Eglwys yng Nghymru (2.2.4). Ynddo mae'n siarsio'r eglwys i ddiwinydda llai a siarad mwy am realiti bywyd gan gynnwys salwch terfynol a marwolaeth (2.2.2).

2. Rhowch fan cadarn i mi sefyll arno a gwnaf goncro'r byd*
Man cadarn Meinir Llwyd yw ei mam oherwydd ei hagwedd bositif tuag at ei salwch terfynol yn wyneb trasiedi hunanladdiad ei mab, Rhys (1.9.2). Mae Stifyn (1.2.2) a Kristoffer (1.4.1) hefyd yn cytuno mai eu mamau a roddodd fan cadarn iddynt drwy eu caru'n ddiamod.

Man cadarn Richard (1.1.2), ar y llaw arall, oedd geiriau'r emyn a roddwyd iddo gan ei dad ychydig cyn ei farwolaeth.

Eu ffydd yng nghariad Duw roddodd fan cadarn i Wynford (1.5.2) a Carol (1.5.1) ymysg eraill.

3. Gwell goleuo un gannwyll na rhegi'r tywyllwch*
Mae stori Stifyn (1.2.2) a stori Ashok (3.3.4) yn cyfeirio at Eisteddfod Genedlaethol Caerdydd 2018, yr Eisteddfod 'Mas ar y Maes' heb ffiniau. Roedd y cydweithio rhwng swyddogion yr Eisteddfod a mudiad LGBT+ wedi eu galluogi i chwarae rhan yn nigwyddiadau ymylol yr Ŵyl.

Mae'r Parchg Carwyn Siddall (3.2.2) yn wynebu cyfyngiadau'r cyfnodau clo drwy fanteisio ar y dechnoleg ddiweddaraf i'w helpu i fugeilio'i ofalaeth ac i gyfathrebu â'r rhai unig a gofalu amdanynt.

Yna, yng nghyfraniad y Tad Deiniol (3.3.2) nodir hanes sefydlu cymuned Gristnogol Pen-rhys, Cwm Rhondda, dan arweiniad y Parchg Ddr John Morgans. Cyfeirir at hyn fel 'goleudy ysbrydol ar ôl canrifoedd o fod yn gyrchfan pererinion yn pelydru ffydd, gobaith, a chariad.'

* Cyfieithiad y Prifardd Aled Gwyn o ddyfyniadau a gafwyd ar ddesg fy nhad.

13

Agwedd

Mae'n amlwg wrth ddarllen y cyfraniadau oll nad oes un ffordd bendant o ymateb i gyfyngderau bywyd. Yn ôl Hywel Gwynfryn, 'Mae taith pawb sydd wedi colli rhywun annwyl yn unigryw iddyn nhw' (1.8.2). Agwedd yr unigolyn sy'n allweddol i'w adwaith i unrhyw gyfyngder bywyd. Mae'r hyn sy'n dylanwadu ar lunio agwedd bositif neu negyddol (gwydr hanner llawn/hanner gwag) yn destun cyfrol arall!

The longest hour is always before the dawn
Nodir yn y cyfraniadau bod rhai, ynghanol eu cyfyngder dyfnaf – y sioc, y dicter, y dagrau, a'r tristwch – yn canfod llygedyn o oleuni a ffyrdd ymarferol o symud o'r hirnos i'r wawr:

–trefnu angladd – *send-off* godidog – i adlewyrchu'r person
–dewis emynau i leddfu'r galon a chysuro'r enaid
–ymgolli mewn hoff gerddoriaeth
–rhoi sylw penodol i ogoniant natur
–cadw mewn cyswllt â theulu a ffrindiau
–rhannu baich gyda phersonél proffesiynol hyfforddedig yn y maes
–canfod agwedd bositif ynghanol y düwch
–cymharu sefyllfa ag eraill a chyfri bendithion
–creu cynllun diwrnod tyn
–cychwyn prosiect creadigol – hel a rhannu dyfyniadau, creu gwefan, sgwennu llyfr
–arllwys tristwch i mewn i gerdd
–ymdaflu i brosiect harddu'r tŷ neu'r ardd
–casglu arian at elusen berthnasol
–ymofyn cymar newydd.

Amcan y gyfrol

Fy amcan wrth lunio'r gyfrol hon oedd rhannu profiadau 36 o unigolion – gan fy nghynnwys i fy hun – er mwyn ennyn trafodaeth ac estyn allan i helpu eraill.

Chi'r darllenydd fydd yn dewis sut y byddwch yn mynd ati i ddarllen y gyfrol, er enghraifft drwy gychwyn yn y dechrau a'i darllen nes cyrraedd y diwedd neu drwy bicio i mewn ac allan gan ddewis naill ai:

–cyfraniad unigol, er enghraifft 1.3.1 lle mae'r cyfrannwr wedi cael ei cham-drin yn rhywiol

–neu grŵp sy'n rhannu profiad cyffelyb, er enghraifft 1.7.1, 1.7.2, 1.7.3 lle mae'r tri chyfrannwr wedi colli plentyn
–neu adran gyfan, megis Adran 2 lle mae arbenigwyr yn trafod salwch meddwl a marwoldeb.

Un mater sy'n deillio o'r ymchwil hwn yw diffyg cyfleoedd i siarad un i un am lwyddiannau, pryderon, a breuddwydion. Mae'r byd wedi newid ac er mor gyfleus yw cyfathrebu â pheiriannau a robotiaid, llai a llai yw'r cyfleodd i siarad wyneb yn wyneb. Mae nifer yn gwegian oherwydd prysurdeb bywyd cyfoes a phrinder amser i rannu a gwrando.

Gobeithio, felly, y bydd y gyfrol hon yn ennyn myfyrdod a thrafodaeth yn y cartref, y dafarn, y seiat, y gymdeithas, yr Ysgol Sul, y clwb darllen, ac yn yr ysgol uwchradd. Ys dywed y ddihareb, 'Ychydig yn aml a wna lawer!'

Cyflwynais y gyfrol hon yn deyrnged i'm tad a fu farw dros 50 mlynedd yn ôl. Cychwynnais drwy rannu ei dranc er mwyn chwalu'r stigma a'r tabŵ sy'n parhau o gwmpas salwch meddwl, marwolaeth ac – yn enwedig – hunanladdiad.

Yn anffodus, roedd y byd yn fyddar i'm hymbilion am gymorth iddo.

Fel y dywedais yn fy nheyrnged iddo bryd hynny, *'He made life for us and succeeded even further in that life still goes on without him.'*

Mae gennyf lu o atgofion melys, cariadlawn, a hapus ohono.

Trysoraf fy etifeddiaeth – fy ffydd a'm 'man cadarn' – uwchlaw popeth arall.

Gobeithiaf y daw'r gyfrol hon â chysur a gobaith i'r darllenydd pan fydd fwyaf eu hangen.

Fy Nhad oedd – ac sydd – wrth y llyw.
Tua'r goleuni.

Prydwen Elped-Owens

GOBAITH

Ni ddeddfir dyddiau hawddfyd, – ni phennir
ffiniau dyddiau adfyd;
daw cystudd, daw dedwyddyd,
does nef na hunllef o hyd.

Dolurus a dyrys y daith, – a'n byw
a'n bod sy'n amherffaith;
gŵyr pawb mor egr y paith
o adnabod anobaith.

Er poen a gwacter y paith, – a ninnau'n
unig yn y diffaith,
mae llwybr, boed fyr neu faith,
i wynebu tir gobaith.

Ieuan Wyn (2021)

DIOLCHIADAU

Nodaf fy niolch i'r:
–cyfranwyr bob un am agor eu calonnau i rannu eu profiadau personol
–arbenigwyr am rannu o'u profiad er budd eraill.

Diolchaf hefyd i:
–Malcolm Lewis am gysodi ac i Marred Glynn Jones, Gwasg y Bwthyn
–Gwyn Lewis am olygu
–eraill niferus am eu hamryw gymwynasau gwerthfawr.

Cydnabyddir yn ddiolchgar ganiatâd parod y sawl a enwir yn y gyfrol hon i gynnwys eu lluniau ynghyd â manylion perthnasol amdanynt.

PRYDWEN ELFED-OWENS
Mai 2021

CYFLWYNIAD

Bu farw fy nhad yn 53 mlwydd oed cyn cinio, bore Mercher, 13 Medi 1967. Cyflawnodd hunanladdiad. Yn ddiarwybod i Mam a minnau, roedd yn dioddef o salwch meddwl.

Roedd pawb yn poeni'n arw am effaith hyn ar Nain a hithau yn ei nawdegau hwyr.
Ni chafodd Nain sioc.
Roedd hi a f'annwyl ddwy fodryb – athrawon mawr eu parch, un yn Wrecsam a'r llall yng Nghaernarfon – yn gwybod bod eu brawd yn dioddef o salwch meddwl: ef, ei dad, ei daid, a'i hen daid.
Yn dawel a dewr – beiodd Mam ei hun am hanner can mlynedd.
Mae stigma'n drewi.

Chafodd cyflwr meddyliol fy nhad ddim cydnabyddiaeth gan ein meddyg teulu na chan uwch-swyddogion a Chadeirydd yr Eglwys Fethodistaidd yng Nghymru. Erfyniais arnynt am gefnogaeth iddo yn rheolaidd am rai wythnosau cyn ei farwolaeth.

Llefarodd fy nhad ei eiriau olaf wrthyf o dan goeden geirios ar gampws Coleg y Drindod, Caerfyrddin, amser te, pnawn Mawrth, 12 Medi 1967. Dymunodd yn dda i mi ar ddechrau fy mlwyddyn olaf gan ychwanegu, 'Byddi ar ben dy hun rŵan.' Ni wyddwn beth fyddai arwyddocâd nac effaith y chwe gair hynny ar fy mywyd ymhen llai na phedair awr ar hugain.

Ysgrifennodd fy nhad ei eiriau olaf i mi yn fy llythyr ffarwél – gadawodd gyfanswm o bump ar hugain ar y gwely yn llofft gefn y Mans yng Nghwm Rhondda yr oeddem newydd symud iddo:

> Gobeithio y bydd y Duw wyt ti a mi yn credu cymaint ynddo yn maddau i mi.

Cofiaf ymladd yn ffyrnig â dwy wraig fawr a oedd yn cydio am fy nwy fraich i'm gorfodi i dalu teyrnged i gorff fy nhad yn ei arch agored. Gwrthodais – ac mae drewdod traddodiadau a disgwyliadau dwl yn aros yn fy ffroenau.

Gadawodd fy nhad dair neges arwyddocaol i mi ar ei ddesg yn ei stydi yn y Mans y buom yn trigo ynddo am 13 niwrnod:

–*A child went forth into the world and what he saw he became*
–*Give me a firm spot to stand on and I'll conquer the world*
–*It is better to light a single candle than to curse the darkness*

Tri cherdyn post a phennill emyn gwahanol wedi ei deipio ar ei deipiadur arferol mewn inc du:

Dod i mi galon well bob dydd
a'th ras yn fodd i fyw
fel bo i eraill drwof fi
adnabod cariad Duw.

Eifion Wyn, 1867-1926
Caneuon Ffydd, rhif 681

Ehanga 'mryd a gwared fi
rhag culni o bob rhyw,
rho imi weld pob mab i ti
yn frawd i mi, O Dduw.

E. A. Dingley, 1860-1948
cyf. Nantlais, 1874-1959
Caneuon Ffydd, rhif 805

Wedi'r holl dreialon,
wedi cario'r dydd,
cwrdd ar Fynydd Seion,
O mor felys fydd.

Watcyn Wyn, 1844-1905
Caneuon Ffydd, rhif 29

Y rhain yw conglfeini'r gyfrol hon a gyflwynaf iddo ef a'm helpodd i adeiladu sylfaen y gallwn sefyll arni'n gadarn i ba bynnag ffordd y byddai'r gwynt yn chwythu weddill fy mywyd.

A minnau'n 21 mlwydd oed, llifodd geiriau fy nheyrnged iddo'n rhwydd o fy nghalon. Ni thrafodais y cynnwys ag un enaid byw. Ymddangosodd yn rhifyn olaf 1967 y *Rhondda Link* a oedd, yn ôl ei arfer, yn uniaith Saesneg. Yn y rhifyn hwnnw yr un pryd cafwyd croeso i'r gweinidog newydd a'i wraig i'r Gylchdaith ac i'r Mans.

Dyma fy nheyrnged:

THE RHONDDA LINK
Newsletter of the Methodist Churches in the Rhondda and Ely Valleys Circuit

Thank you: An appreciation of my father's life (the late Rev. Huw D. Williams)
To many he made all the difference between existing and living.
His life was giving to others.
His gift was himself.

He had the extraordinary ability of entering the minds of others, of putting into words what they could not, and of understanding the impact of the major and minor experiences of their everyday lives.
His outlook opened windows in the minds of those who listened to his words and watched his actions to enable them to gauge the insignificance or significance of their problems.
He was a rock, but human in his sensitivity and humility.
He made life for us and succeeded even further in that life still goes on for us without him.
He filled our lives with meaning and richness.

Truly he was a man of God – thank God for the privilege of knowing him.
We would that he might still be with us on earth – but not if he could not be active.
We would that he might still be with us on earth – but not if he could not be happy.
We would that he might still be with us on earth – but not if he could not be free to do the things he loved to do.
So, we give him back to Thee, who gavest him to us.

My mother and I would like to thank those of you who showed sincere sympathy and understanding.

Your words and your kindness helped us both to face such a difficult experience which has made our path into the future brighter.

Prydwen Williams (September 1967)

Y Parchg Huw D. Williams

Rhan 1: Gofidiau'r hirnos

1.1 Anabledd
1.1.1 Y Parchg Adrian Morgan — Esblygu drwy heriau a siomedigaethau
1.1.2 Richard Jones — Fe all mai'r storom fawr ei grym a ddaw â'r pethau gorau im

1.2 Magwraeth
1.2.1 Dorothy Selleck — Dal ati ar gyfer y diniwed, yr anabl, a'r difreintiedig
1.2.2 Stifyn Parri — Y fi 'di fi

1.3 Camdriniaeth
1.3.1 Heather Jones — Mae'r olwyn yn troi

1.4 Cydraddoldeb
1.4.1 Kristoffer Huws — Hawl i ddisgleirio

1.5 Dibyniaeth
1.5.1 Carol Hardy — Wrth fy ngwendid trugarha
1.5.2 Wynford Ellis Owen — Ildio i ennill

1.6 Gwaeledd
1.6.1 Alwyn Humphreys — Dyro afael ar y bywyd
1.6.2 Catrin Ana Finch — Heddiw yw'r fory y bûm yn poeni amdano ddoe

1.7 Marwolaeth plentyn
1.7.1 Y Parchg Aled Gwyn — Galar un
1.7.2 Catrin Alwen — Daeth yr haul ar ein bryniau ni
1.7.3 Geraint Lloyd Owen — A dyma ydy ffydd

1.8 Colli cymar

1.8.1	Shân Cothi	Ailgydio
1.8.2	Hywel Gwynfryn	Fel hyn am byth
1.8.3	Dr Eiddwen Jones	Cysgodion diwedd oes

1.9 Colli teulu

1.9.1	Enid Mair Defis	Bytholwyrdd
1.9.2	Meinir Llwyd	Bydded cysur lle bu galar a llawenydd lle bu tristwch
1.9.3	Rhodri Jones	Mewn llawenydd, dedwyddwch a thrafod mae ymdopi â galar

1.1 Anabledd

1.1.1 ADRIAN MORGAN

Esblygu drwy heriau a siomedigaethau

Ganed Adrian yn 1985 ym Mhontarddulais, yn fab i Mark a Christine. Yn ddiweddarach fe'i magwyd gan ei dad-cu a'i fam-gu, Denzil a Gillian. Bu Adrian yn ddisgybl yn Ysgol Gynradd Bryniago ac Ysgol Gyfun Gŵyr. Yna mynychodd Brifysgol Aberystwyth i gwblhau cwrs gradd anrhydedd, gradd meistr a doethuriaeth yn y Gymraeg, cyn mynd i Gaergrawnt a'r Unol Daleithiau i gwblhau gradd mewn Diwinyddiaeth. Yn 2015 fe'i hordeiniwyd yng Nghadeirlan Aberhonddu a'i sefydlu ym mhlwyf Casllwchwr a Gorseinon. Yn 2019 priododd â Clare ac maent yn byw yn y Ficerdy yng Ngorseinon.

Daeth Adrian a minnau ar draws ein gilydd gyntaf yn Stafell y Cyngor yn Eisteddfod Genedlaethol Abertawe a'r Cylch 2006. Roedd ef yn 20 oed a minnau ychydig yn hŷn! Yna, yn ystod fy nghyfnodau fel Is-Gadeirydd a Chadeirydd y Cyngor (2004-2009) a Llywydd y Llys a Chadeirydd Bwrdd Rheoli Eisteddfod Genedlaethol Cymru (2009-2013) byddem yn cyfarfod yn aml am baned. Weithiau byddem yn sgwrsio ar y Maes a thro arall am goffi bach gefn llwyfan. Roedd yn bleser llwyr treulio amser yng nghwmni llanc mor ddeallus, annwyl, a chymdeithasol a oedd yn byrlymu o frwdfrydedd. Byddwn yn dotio at ei glywed yn lleisio ei farn yn agored ar lawr y Cyngor a'r Llys. Gwyddwn bryd hynny ei fod 'ar ei ffordd'. Roeddwn hefyd yn ymwybodol o bresenoldeb tawel a gwarchodol ei dad-cu a oedd yn gwybod o brofiad beth all ddigwydd i *new boys on the block*. Yn sgil hyn, roedd gan ei ŵyr ymdeimlad cryf o hunan-werth, pwrpas, a sylfaen gref. Bu'n bleser llwyr gwylio Adrian yn brasgamu ymlaen … ac ymlaen ac ymlaen.

Plentyndod

Fe'm ganwyd fwy na deufis yn gynnar ym mis Mawrth 1985 a chefais fy magu ym Mhontarddulais ar gyrion Abertawe. Oherwydd y cymhlethdodau a gododd adeg fy ngenedigaeth, fe'm ganwyd â pharlys yr ymennydd. Amlygodd hwn ei hun yn bennaf trwy broblemau gyda fy nghoes chwith a'm hasgwrn cefn. Fel plentyn gorfu i mi oddef sawl triniaeth heb wybod i sicrwydd a fyddwn i fyth yn cerdded. Rhoddodd fy mam y gorau i'w swydd er mwyn sicrhau fy mod i'n cael y sylw angenrheidiol a phob cyfle i oresgyn yr heriau enfawr a oedd o'm blaen.

Gorfu i mi dreulio cyfnodau yn yr ysbyty, ond roedd y cyfnodau hyn yn gyfle i mi weld fy sefyllfa drwy lygaid gwahanol. Buan y sylweddolais i ddau beth: yn gyntaf, bod angen gwerthfawrogi gwaith y meddygon a'r nyrsys a fu'n gofalu amdanaf; ac yn ail, bod sefyllfa nifer o bobl yn waeth na fy sefyllfa i. O ganlyniad, cofiaf i mi benderfynu na fyddwn i byth yn hunandosturiol ond yn hollol benderfynol. Penderfynol, yn y lle cyntaf, i weithio gyda'r meddygon er mwyn sicrhau fy mod i yn goresgyn yr heriau ac i godi ar fy nhraed a dysgu cerdded. Byddwn i hefyd yn benderfynol, ar ôl i mi oresgyn fy anawsterau fy hun, i weithio'n ddygn dros eraill a oedd mewn cyflwr gwaeth na mi. Oni bai am fy anawsterau fy hun, mae'n bur annhebygol y byddwn i wedi dod i werthfawrogi a deall heriau pobl eraill. Yn hyn o beth, rwy'n ddiolchgar nad oedd blynyddoedd cynnar fy mywyd yn rhai rhwydd. Crëodd fy sefyllfa fy hun awydd dwfn ynof i weithio dros eraill ac i wneud gwahaniaeth. Yn sicr, oni bai am fy anawsterau dybryd fy hun yn y cyfnod hwn, ni fyddwn i'r person ydw i heddiw.

Addysg
Perswadiwyd fy mam gan Mr Ifor Miles, Pennaeth yr ysgol gynradd Gymraeg yn y Bont, y byddwn yn cael gwell gofal a sylw yno oherwydd, ar y pryd, roedd addysg Gymraeg yn ei babandod ac roedd maint y dosbarthiadau yn llawer llai o gymharu â'r ysgol Saesneg. Er na allai fy rhieni siarad Cymraeg ac, yn erbyn cyngor aelodau eraill y teulu, roedd fy mam yn bendant mai Cymraeg fyddai iaith fy addysg. Byddwn yn mynd i Ysgol Gynradd Gymraeg Bryniago, lle nad oedd ond 12 yn fy nosbarth.

O fy safbwynt i, dyma fyddai un o'r penderfyniadau gorau a wnaeth Mam erioed ac fe fyddai'n penderfynu cwrs rhai o'r penodau nesaf yn fy mywyd. O edrych yn ôl, fe osododd sylfaen gadarn hefyd ar gyfer un o egwyddorion pwysicaf fy mywyd hyd heddiw, sef fy mod i'n mynd i weld bendithion ym mhob un sefyllfa.

Roedd fy addysg yn un hapus iawn a'r ysgol yn debycach i deulu estynedig.

Cafodd un athrawes, Annie Derrick, effaith fawr ar fy mywyd. Roedd hi'n ddiacon yng Nghapel y Goppa ac roedd ganddi'r hyn y byddwn i nawr yn ei alw'n ffydd fyw yn Iesu. Mae gen i atgofion da o orfod eistedd ar y carped yn gwrando arni'n darllen straeon o'r Beibl ac yno fe glywais i am Iesu am y tro cyntaf. Rwy'n cofio teimlo'n chwilfrydig i wybod mwy amdano.

Er i mi gael fy medyddio fel plentyn, doedd fy rhieni ddim yn mynychu'r eglwys yn rheolaidd. Ar ôl i fy mam ddychwelyd i'w gwaith, byddai'n arfer ymddiheuro wrth y Ficer am ei habsenoldeb o'r cwrdd oherwydd iddi orfod gweithio oriau ychwanegol yn y gwaith. Byddai yntau'n ei hesgusodi gan ddweud, â gwên ar ei wyneb, ei fod yn deall yn iawn gan iddo orfod gweithio ar y Sul ers blynyddoedd! Ac felly y bu hi, oherwydd os nad oedd Mam yn gweithio, roedd ganddi bethau pwysicach i'w gwneud ar y Sul.

Tor priodas
Ond newidiodd hynny'n llwyr ar ôl i briodas fy rhieni ddod i ben yn ystod fy ail flwyddyn yn yr ysgol uwchradd. Roedd y cyfnod yn un anodd a heriol, ond roedd noddfa a bendith ar aelwyd fy mam-gu a'm tad-cu.

Yn wahanol i fy rhieni, roedd Mam-gu a Thad-cu yn selog yn yr eglwys a byth yn colli Sul, er nad oedd gweddïo na darllen y Beibl yn arferiad ar eu haelwyd. Byddai Tad-cu yn arfer dweud mai gwaith yr eglwys oedd dysgu rhai o egwyddorion pwysig bywyd – ond peidied neb â chymryd y Beibl yn rhy llythrennol!

Byddwn i'n arfer mynd gyda nhw i'r eglwys bob Sul a chydag anogaeth y Ficer, John Walters, fe gefais i gyfle i ddarllen a gweddïo a chymryd rhan yn oedfaon y plwyf. Cymraeg oedd iaith yr oedfaon a'r Ficer yn berson llengar, serch yr ystrydeb am yr Eglwys yng Nghymru fel 'yr hen fam'.

Trafodaethau
Bydden ni'n dau yn arfer treulio oriau gyda'n gilydd yn trafod llenyddiaeth a chrefydd, dau beth nad arferwn eu trafod ryw lawer ar fy aelwyd fy hun. Yno, eto, roedd bendithion i'w cael: cymuned Gymraeg a Chymreig, cyfle i feithrin fy hyder ac i ddeall mwy am lenyddiaeth a'm traddodiad crefyddol fy hun.

Yn yr un flwyddyn â thor priodas fy rhieni, fe benderfynais gymryd cam tuag at Fedydd Esgob a'r cyfle i gadarnhau drosof fi fy hun yr addunedau a wnaethpwyd drosof fi adeg fy medydd fel babi. Er mwyn paratoi, roedd yn rhaid mynychu dosbarthiadau ac ar y ffordd i un o'r rhain fe'm bwriwyd i lawr gan gar. Bu bron i mi farw yn y cyfnod hwn, ond ar ôl cyfnod estynedig yn yr ysbyty fe ddaeth rhyw olau i'r gorwel. Rwy'n cofio rhywun yn fy holi ar y pryd sut y gallwn i gredu mewn Duw ar ôl y fath brofiad. Yn 12 oed, rwy'n cofio gweld pethau'n wahanol. O gymryd Duw allan o'r sefyllfa, roedd yr heriau'n dal yno a'r unig beth oedd yn diflannu oedd gobaith. Gallwn i gredu mewn Duw oherwydd iddo, yn Iesu, ddangos ei fod wedi profi dioddefaint a'i oresgyn.

Presenoldeb Duw

Drwy'r cyfan fe wyddwn nad oeddwn i ar fy mhen fy hun, ei fod Ef gyda mi, ac mai Ef oedd fy nerth. Eto, roedd bendithion hyd yn oed yn y sefyllfa hon. Yn y ddamwain chwalwyd fy nghoes chwith, ond fe alluogodd hynny i'r llawfeddyg gywiro peth ar siâp annaturiol y goes a oedd yn effaith y parlys ar yr ymennydd. Er na fyddwn i'n argymell mynd o gwmpas y peth fel hyn, daeth rhywbeth da allan o'r sefyllfa ac ar ôl cryfhau roedd cerdded rywfaint yn haws.

O Ysgol Bryniago euthum i Ysgol Gyfun Gŵyr, lle meithrinwyd fy niddordeb yn y Gymraeg dan ddylanwad athrawon gwych. Dyma a'm hysbrydolodd i gymryd diddordeb, er pan oeddwn yn fachgen ifanc, yn y Gymraeg a'r Pethe gan gynnwys yr Eisteddfod Genedlaethol. Go brin y buaswn i'n gwybod am y pethau hyn (sydd mor annwyl i mi nawr) heb i mi orfod wynebu pob math o heriau yn fy mywyd cynnar, oherwydd buaswn wedi mynychu'r ysgol Saesneg.

Yn 16 oed fe'm hurddwyd yn aelod o'r Orsedd, a'r awydd i wneud gwahaniaeth a fu ynof erioed a'm hysbrydolodd i ymuno â'r Llys ac yna â Chyngor yr Eisteddfod. Mewn awyrgylch o'r fath, blodeuodd fy ymrwymiad tuag at y Gymraeg ac euthum ymlaen, yn gwbl naturiol, i astudio am radd yn y Gymraeg ym Mhrifysgol Aberystwyth.

Cymdeithas Gristnogol

Yno fe ddeuthum o hyd i gymuned o Gristnogion a oedd, yn fy meddwl i, yn 'rhyfedd'. Fy ymateb greddfol oedd cadw pellter oddi wrthynt gan fod eu dull o addoli a'u geirfa grefyddol yn wahanol i'r un yr arferwn i â hi. O'u hastudio o bell, fodd bynnag, roeddwn i'n gwybod bod ganddyn nhw rywbeth nad oedd gen i: nid athro hynafol oedd yr Iesu iddyn nhw ond rhywun y gallent fwynhau perthynas ag ef.

Argyhoeddiad

Rwy'n cofio gweddïo am yr un argyhoeddiad. Fe gefais i brofiad grymus o'r Ysbryd Glân, un a newidiodd fy ngolwg o'r byd yn llwyr. Sylweddolais i nad oedd angen i mi geisio ennill na haeddu cariad Duw. Y cyfan oedd ei angen oedd yr awydd i'w dderbyn. Rhodd yn rhad ac am ddim ydoedd, a dyna yw ystyr gras. Roedd profi llawnder y cariad hwn yn brofiad a'm rhyddhaodd o daclau crefydd. Arferwn i gredu mai dim ond un ffordd oedd yna i fod yn Gristion, sef y ffordd yr arferwn i â hi. Heb y patrwm traddodiadol o addoli, yr emynau, y dull, a'r eirfa adnabyddus, nid addoliad oedd yr offrwm ond sioe a âi â fi i fannau na fynnwn i fod ynddynt. Ar ôl profi'r Ysbryd Glân, fe ddechreuais i weld y da ymhob dull a thraddodiad o addoli a theimlo'n gartrefol hyd yn oed yn y mannau na theimlwn i'n gartrefol ynddynt o'r blaen. Erbyn heddiw, er bod yr hen ddulliau traddodiadol o addoli yn fy ngwaed, ac mai yno y caf fi falm i'm henaid, rwy'n barod i arbrofi gydag unrhyw beth i helpu eraill i brofi cariad Iesu.

Cymwysterau a phrofiad rhyngwladol

Ar ôl graddio gydag anrhydedd Dosbarth Cyntaf, fe enillais i ysgoloriaeth er mwyn aros yn Aberystwyth a pharhau i ymchwilio. Rhoddodd maes fy ymchwil gyfle i mi dreulio blynyddoedd yn darllen yr Ysgrythur, profiad a fwydodd fy chwilfrydedd am Iesu ac a'm hysbrydolodd i geisio bod yn debycach iddo ef.

Wrth ddod at ddiwedd fy ymchwil, rhaid oedd meddwl am yrfa ac er bod nifer o bosibiliadau, gwn i mai dilyn Iesu oedd yr unig opsiwn. Y cam nesaf, yn amlwg, oedd mynd i astudio am radd mewn Diwinyddiaeth yng Ngholeg Peterhouse, Caergrawnt, ac yna i baratoi am y Weinidogaeth, profiad anhygoel ond un a'm dysgodd, ynghanol rhwysg bonheddig Lloegr, i ddibynnu arno Ef.

Gydol fy nghyfnod fel myfyriwr, roeddwn i'n awyddus i chwilio am gyfleoedd i wneud gwahaniaeth a chyfraniad a fyddai er lles Cymru ac eraill.

29

Bûm yn ffodus hefyd i gael y cyfle i deithio ac i weithio am gyfnodau gyda'r Eglwys yn Seland Newydd ac yn yr Unol Daleithiau. Rhoddodd y profiadau hyn gyfle i mi gyfarfod ag eraill, i wrando ar eu hanes nhw ac i geisio eu deall yn well.

Braint oedd i mi fod yn bresennol yn ordeiniad Adrian yng Nghadeirlan Aberhonddu yn 2015. Roedd yn ddiwrnod o ddathliad ac o lawenydd mawr.

Anogaeth

Erbyn hyn rwy'n offeiriad sy'n ceisio gwneud gwahaniaeth trwy annog a charu eraill. Rwy'n ceisio sicrhau hefyd bod fy ngweithredoedd yn rhai sy'n anrhydeddu Iesu ac eraill – yn hytrach na bod er fy lles i fy hun, fy statws, a'm lle yn y byd.

Rwyf hefyd yn ŵr i ferch anhygoel, sef Clare. Er ei bod hi, ar sawl ystyr, yn wahanol i mi, mae'n rhannu fy ffydd a'm hymrwymiad i ddathlu'r hyn sy'n dda ym mhob dydd. Mae hi am wneud y gorau o bob dydd a gweld bendithion bob amser. Iddi hi, colli ei gŵr cyntaf, Gareth, yn 30 oed o *cystic fibrosis* oedd y trobwynt a newidiodd ei golwg o'r byd fwyaf. Gorfu i Gareth wynebu heriau beunyddiol. Fe wnaeth hynny'n llawn ffydd a hyder gan ddathlu'r hyn a oedd yn dda ym mhob dydd.

Erbyn heddiw rwy'n Gymro â Chymreictod gwladgarol, yn Gristion, ac yn offeiriad. Yn sgil hynny, mae gen i awydd ysol i ddefnyddio'r ychydig ddoniau ac egni sydd gen i er mwyn gweithio dros eraill a chreu yfory gwell. Mae hyn yn deillio o'r heriau a'r siomedigaethau a brofais ar y ffordd ac yn hyn o beth rwy'n hynod o ddiolchgar amdanynt.

Dywed Adrian mai hwn yw'r emyn sy'n mynegi ei gred orau:

> Dyma gariad fel y moroedd,
>   tosturiaethau fel y lli:
> T'wysog bywyd pur yn marw,
>   marw i brynu'n bywyd ni.
> Pwy all beidio â chofio amdano?
>   Pwy all beidio â thraethu'i glod?
> Dyma gariad nad â'n angof
>   tra bo nefoedd wen yn bod.

Gwilym Hiraethog, 1802-83
Caneuon Ffydd, rhif 205

Ac meddai Adrian:

> Rwy'n gwybod bod Duw yn fy ngharu i, beth bynnag ddaw. Mae'n gysur yn y cyfnodau heriol, ond mae'n fy argyhoeddi hefyd nad oes angen i fywyd fod yn gystadleuaeth. Does gen i ddim byd i'w brofi, felly rwy'n rhydd i garu eraill yn yr un modd.

1.1.2 RICHARD JONES

Fe all mai'r storom fawr ei grym a ddaw â'r pethau gorau im

Ganed Richard yn Rhosllannerchrugog, Wrecsam, yn 1945, yn fab ieuengaf i William Thomas a Gwladys Jones ac yn frawd i'r diweddar John, Gareth, a Delwyn. Fe'i haddysgwyd yn Ysgol y Bechgyn, Rhos, Ysgol Ramadeg y Bechgyn, Rhiwabon, a'r Coleg Normal, Bangor. Yn 1970, pan briododd â Beryl, gadawodd y cartref i fyw yn Wrecsam. Cawsant dri o blant: Euros, Mared, ac Arwyn.

Mared

Cafodd Richard yrfa lwyddiannus fel pennaeth Ysgol Bwlchgwyn, Ysgol y Rhos ac yna fel pennaeth cyntaf Ysgol Gymraeg I. D. Hooson, Rhos, pan y'i ffurfiwyd yn 1980. Bu hefyd yn gyflwynydd radio, yn organydd Capel y Groes, Wrecsam, ac yn Brif Ymgynghorydd Addysg i Gymdeithas Syndrom Down yn Llundain ac yn aelod a Chadeirydd Côr Meibion y Rhos.

Deuthum i adnabod Richard o bell pan fyddai fy ngŵr a minnau'n aros dros y penwythnos gyda Mam yn Wrecsam gan fynychu'r un dafarn â Richard a Mared ar nos Wener. Byddem yn dotio at agosatrwydd a chariad y tad a'r ferch a'u dwy awr arbennig o siarad a rhannu dros beint.

Yna buom yn cydweithio yn rhinwedd fy swydd fel Athro Ymgynghorol yn cefnogi ysgolion cylch Wrecsam i baratoi ar gyfer gweithredu'r Cwricwlwm Cenedlaethol. Roedd Ysgol Gymraeg Hooson yn un o'r ysgolion hynny a Richard yn bennaeth cwrtais, croesawgar, a golygus â'i lygaid yn pefrio'n chwareus. Roeddwn wedi dotio at gyntedd yr ysgol a'i furlun dramatig yn deyrnged i'r 'Band Undyn', I. D. Hooson (*Y Gwin a Cherddi Eraill*, Gwasg Gee, 1948, tud. 59). Trefnodd Richard fod disgyblion Ysgol Hooson yn cael y profiad o orymdeithio drwy'r pentref gyda'r Band Undyn. Roedd yr arddangosfa yng nghyntedd yr ysgol yn wefreiddiol.

A'r cerddor yn ymrwyfo
Bron, bron â suddo i lawr
Fel hwyl-long mewn enbydrwydd
Dan rym y gwyntoedd mawr.

Bryd hynny, roedd gen i gyfrifoldeb penodol am hyfforddi ysgolion i sicrhau cyfleoedd digonol i'r plant mwyaf abl a thalentog. Bûm yn ymweld ag ysgolion niferus mewn ardaloedd breintiedig megis Bray ar Afon Tafwys, er mwyn dod â'r cysyniadau yn ôl i ysgolion Sir Clwyd. Roeddwn ar ben fy nigon yn rhaeadru'r syniadaeth a'r syniadau i benaethiaid y sir. Roedd neuadd Gwesty Palas Beaufort, Sychdyn, yn llawn o benaethiaid a minnau'n cychwyn yn frwd ar yr hyfforddiant cyffrous. Ond roedd un pennaeth yn heclo drwyddi draw – yn anghytuno a chicio yn erbyn pob awgrym! Richard oedd hwnnw. Yn ddiweddarach deuthum i ddeall pam.

Yn 1978 roedd Richard ar ben ei ddigon, mor gyffrous ac mor falch bod ei wraig, Beryl, wedi geni eu hail blentyn – merch fach yn chwaer i Euros.

Ganwyd Mared – y ferch fach y buwyd yn dyheu amdani – yn hwyr yn y nos. Aeth Richard i'r ysbyty y diwrnod canlynol i groesawu ei ferch fach newydd-anedig i'r byd:

Roedd dyfodol disglair o'n blaenau
Cerddes i mewn i'r ysbyty'n llawn asbri – yna sefais yn stond. Sylwais yn syth bod rhywbeth o'i le. Doedd dim gwên ar wyneb Beryl: yn amlwg roedd hi'n celu rhywbeth. 'Drycha arni'n iawn,' meddai'n dawel. Edrychais ar ei dwylo bach a'i thraed bach hi – yna gweles y tafod yn dod allan. Es i'n oer: *mongol* oedd hi. (Doedd y term 'Syndrom Down' ddim yn bodoli bryd hynny.)

Gofynnodd Beryl i mi gau'r llenni ac fe griodd yn hidl. Nid wyf yn berson emosiynol, ond wir, cefais frwydr rhag crio wrth afael yn dynn am fy ngwraig. Sylweddolodd y ddau ohonom fod ein breuddwyd yn deilchion a'n bywyd ar amrantiad wedi newid – am byth.

Yn fy nychymyg, gwelais ddyfodol llwm iawn i'm seren fach ddiffrwyth a fyddai'n cael ei herlid gan ei chymdeithas:
–*mongol*
–mynediad i ysgol arbennig (dim dewis, dim integreiddio)
–iaith y cartre'n newid i'r Saesneg
–dim annibyniaeth
–plant yn gwawdio.

Pan gyfarfu Richard â'r meddyg teulu i ymofyn cyngor, ei ymateb oedd:

Mae gen ti groes i'w chario am weddill dy oes, boio, ond fe fyddi di'n iawn am rywun i chwynnu'r ardd.

I ryw raddau, roedd adwaith haerllug y meddyg o gymorth i Richard. Newidiodd ei feddylfryd ar amrantiad.

Yn sydyn, teimlais ryw benderfyniad cadarn yn cydio ynof. Roeddwn i'n dad i hon; hi oedd fy **merch** i. Byddai'n rhaid i ni fyw realiti ein bywyd rŵan – nid byw'r freuddwyd. Byddai'n Mared ni yn rhan ganolog ac annatod ohonom o'r funud honno ymlaen!

Er mor gadarn oedd fy mhenderfyniad, dim ond dechrau sylweddoli hyd a lled y newidiadau a oedd o flaen Beryl a minnau ac Euros bach oeddwn i.

Y noson honno, breuddwydies fod llawer o wynebau'n edrych arnaf a phob un ohonynt yn gwenu arnaf, er na chofiaf unrhyw beth arall a hyd yma nid wyf wedi deall na gwybod ei arwyddocâd. Roedd o'n od a dw i byth wedi ei anghofio.

Gorfu i Beryl a fi ddelio â'r sefyllfa yn sydyn i sicrhau fod Mared yn rhan annatod o fywyd y teulu yn syth. Yn hynny o beth, cawsom gysur mawr o weld ymateb Euros i ddyfodiad chwaer fach.

Cafodd agwedd ei dad, William Thomas Jones, effaith fawr ar Richard a'i helpu i sadio a'i ysgogi i fynd ati gyda gobaith a brwdfrydedd i sicrhau magwraeth gariadus lawn i'w ferch.

Bu fy nhad – hen goliar ym Mhwll yr Hafod – yn dipyn o ddiwinydd erioed. Bu drwy'r Rhyfel Byd Cyntaf a bu'n cynnal un o ddosbarthiadau mwyaf llwyddiannus y capel. Roedd amryw o enwogion blaengar y dref yn mynychu'r dosbarthiadau yn rheolaidd. Ond doeddwn i ddim isio pregeth ganddo ac mi ddwedes i hyn wrtho yn ddigon plaen, er mawr gywilydd imi.

Un peth a wnaeth fy nhad i mi ychydig cyn iddo farw oedd fy ngwahodd i ymuno â fo am beint i'r Wynnstay yn Rhiwabon. 'Rwyt ti'n mynd trwy dipyn o storm y dyddie hyn, machgen i, ond mi dalith o i ti yn y pen draw.' Ac yna dwedodd y buodd yn 'sidro llawer amdanaf a chymryd amser i dreiddio i mewn i'r holl emynau. Roedd yn credu'n siŵr fod ein holl emynwyr yn ysgrifennu o brofiad personol. Dywedodd bod un emyn penodol yn llwyr ddiffinio fy sefyllfa. Mae'n ofid i mi hyd heddiw na chymerais fwy o sylw o'r hyn ddwedodd o am yr emyn yma. Mynnodd adrodd hwn i mi:

Fy nhad o'r Nef, O gwrando 'nghri:
un o'th eiddilaf blant wyf fi;
O clyw fy llef a thrugarha,
a dod i mi y doniau da.

Pwysleisiodd y geiriau hyn:
Fe all mai'r storom fawr ei grym
a ddaw â'r pethau gorau im ...

Dw i 'di meddwl lot amdano. Rwy'n difaru na roddais sylw digonol i'w eiriau ar y pryd ond maen nhw wedi glynu ataf byth ers hynny.
    Am etifeddiaeth i'w gadael i mi jyst cyn ei farwolaeth; trueni na welodd i mi wireddu ei gyngor.

Yn ddiweddarach sylweddolodd Richard faint yr ymdrech enfawr a wnaeth ei dad i ddod i'w gyfarfod yn y Wynnstay y diwrnod hwnnw ac yntau mor wael.

Nid anghofiaf fyth ei ymdrech, ei gariad, a'r angor a roddodd i mi yng ngeiriad yr emyn hwn a ddewisodd i mi. Byddaf yn dewis hwn bob tro y bydda i'n cymryd rhan arweiniol mewn gwasanaeth.

Gwyddai Richard a Beryl fod ganddynt frwydr fewnol ac allanol o'u blaenau. Nid oeddent wedi sylweddoli maint y frwydr o ran delio ag anwybodaeth a rhagfarn cymdeithas. Ar brydiau, cawsant eu synnu gan agwedd swyddogion arbenigol proffesiynol a chan wrthwynebiad gwleidyddion i wrando a chymryd sylw. Penderfynodd y ddau sicrhau fod Mared yn cael y bywyd mwyaf naturiol posib. Aethant ati hefyd i ymuno ag eraill i wella'r sefyllfa i'r dyfodol.

Ymunodd Beryl â grwpiau lle roedd mamau eraill yn yr un sefyllfa â hi. Byddent yn gweithio gyda seicolegwyr clinigol i dderbyn cyngor ar sut i gael y gorau allan o'r plant. Ymunodd Beryl a Mared â'r Cylch Mam a Phlant Cymraeg yn Wrecsam gyda golwg ar y dyfodol. Cawsant groeso ac, yn fuan iawn, daeth Mared yn rhan naturiol o'r grŵp.

Ymhen ychydig, roedd Mared yn rhan annatod o'r cartre ac Euros bach wrth ei fodd o gael chwaer fach. Penderfynon ni ein dau y byddem yn gweithio i gynnal eraill ar ein taith newydd, a thrwy gefnogi Adran Clwyd o Gymdeithas Syndrom Down (CSD) datblygwyd pethau positif iawn fel:
–sefydlu Adran Clwyd CSD
–cynrychioli'r gymdeithas mewn cyfarfodydd a chyrsiau
–mynychu pwyllgorau cenedlaethol yn Llundain i ailwampio'r gymdeithas.

Cyn hir, oherwydd profiad Richard fel pennaeth ysgol, fe'i rhoddwyd yn gyfrifol am ffurfio Adran Addysg y Gymdeithas Genedlaethol i gefnogi rhieni plant Syndrom Down ac i'w galluogi i ddewis addysg prif lif neu arbennig. Dadl Richard oedd bod addysg prif lif yn golygu:
–ymdoddiad plentyn i ddosbarth
–fod y plant eraill yn elwa o bresenoldeb anabledd, petai ond o safbwynt amynedd a goddefgarwch
–wrth iddynt dyfu trwy'r ysgol, buasent yn arfer efo hyn a'i dderbyn fel rhan o fywyd.

Dechreuodd Richard arwain CSD cenedlaethol:
–cyhoeddi cylchgrawn misol o'r enw *Assessment* i rannu hynt a helynt rhieni a'u deisyfiadau
–codi proffil ac ymwybyddiaeth drwy annerch grwpiau ledled Prydain, gan gynnwys Gogledd Iwerddon
–cynnig cyngor pellach i rieni
–delio â llythyrau rhieni
–cynrychioli rhieni mewn tribiwnal
–holi swyddogion addysg arbennig am seiliau eu polisïau.

Addysg prif lif cynradd
O safbwynt personol, roedd Beryl a minnau yn gweithio ar leoliad addysg Mared. Nid af i fanylu ar ein taith anodd. Yn y diwedd, bu

Adran Addysg Clwyd yn wych wrth iddynt ddechrau arbrawf ar integreiddio gyda Mared. Cafodd Mared weinyddes i sicrhau ei bod yn cael help ychwanegol yn hytrach na bod yr athrawes yn gorfod rhoi gormod o sylw personol iddi ar draul y plant eraill. O dipyn i beth, sylwyd nad oedd Mared 'ar waelod y dosbarth' gyda'i darllen o bell ffordd! Roedd Beryl yn gweithio'n galed gyda hyn adre ac roedd awyrgylch cwbl Gymreig y cartre yn golygu fod ei llafar o safon well na llawer o'r lleill.

Rhaid cofio hefyd fod Mared yn hoff iawn o siarad a golygai hyn yn aml y byddai'n mynd at ddrych a siarad gyda hi'i hun! Arweiniodd hyn at ambell gŵyn gan rai rhieni fod y ffaith fod Mared ar y blaen i'w plentyn hwy yn golygu bod rhywbeth o'i le ar y dysgu! Yn sgil hyn, awgrymais wrth y Pennaeth y buasai Beryl a minnau yn cefnogi defnyddio'r weinyddes er lles y grŵp i gyd. Roedd o'n cefnogi hyn oherwydd roedd Mared wedi ymdoddi'n llwyr i arferion a disgyblaeth y dosbarth ac mi roedd yn darllen yn weddol. Mewn rhai agweddau, megis mathemateg ac ysgrifennu, roedd Mared ar ei hôl hi. Penderfynwyd, felly, mai doethach fyddai iddi aros am flwyddyn arall yn y Babanod. A dyna a fu.

Roedd gweddill cyfnod Mared yn Ysgol Gynradd Bodhyfryd yn canolbwyntio ar ei dysgu i ymddwyn yn briodol, i siarad yn well, ac i fwynhau Cymreictod yr ysgol. Doedd ein dyheadau ddim yn afresymol o uchel. Roedd Beryl a fi yn tu hwnt o lawen bod Mared mewn cynefin naturiol ... a Chymreig.

Addysg prif lif uwchradd
Doedd dim amheuaeth gan Edward Williams, Pennaeth yr ysgol: Morgan Llwyd oedd yr ysgol iddi hi heb unrhyw lol! Y cwbl a ofynnai oedd i mi fynd i annerch yr athrawon o flaen llaw, gan fod hyn yn brofiad hollol newydd iddynt. Mi roeddwn innau hefyd yn gallu bod yn 'syth' gyda'r athrawon trwy ddweud na ddylent ar unrhyw adeg ddangos ffafriaeth tuag ati ac nad oedd ein disgwyliadau yn aruchel.

Cafodd Mared amser hollol naturiol yn Ysgol Morgan Llwyd. Teithiai gyda'i dau frawd, Euros ac Arwyn, ar y bws bob bore a phnawn. Roedd hi mewn trwbl ambell waith fel cymaint o rai eraill, er enghraifft am ysmygu! Galwyd hi ddwywaith o flaen y Pennaeth: un waith am wneud hwyl ar ben disgybl arall yn dilyn cwyn gan y rhieni!

Llwyddodd Mared i gael 8 TGAU o wahanol raddau, gan gynnwys B mewn Cymraeg a C mewn Economeg y Cartref. Graddau D ac E oedd y lleill. Roedd integreiddio wedi llwyddo uwchlaw ein breuddwydion.

Y capel

Yn 1991, er mawr fudd i Richard a Beryl, cododd deg o'u ffrindiau o Gapel y Groes yn Wrecsam £17,000 i CSD drwy gerdded Llwybr Clawdd Offa o Gas-gwent i Brestatyn. Ymhellach na hyn, roedd aelodau cyffredinol y capel yn rhagorol hefyd yn eu cefnogaeth.

Y Gymdeithas Syndrom Down Genedlaethol

Gwnaethpwyd fideo gan gwmni Sain yn sôn am sefyllfaoedd integreiddiedig pedwar o blant gyda Syndrom Down mewn gwahanol rannau o Glwyd, gyda Mared yn cynrychioli person a oedd yn mynd yn gyfan gwbl trwy'r system addysg. Rhoddodd Mared ymateb iddynt drwy sôn am ei phrofiadau gyda hwy. Roedd hyn i gyd yn Saesneg, gan mai i'r Gymdeithas yn Llundain y gwnaethpwyd y fideo *One of Us*.

Y Gweithle

Mae Richard yn cofio'r dyfyniad hwn a glywodd mewn cynhadledd CSD – ond nid yw'n cofio pwy oedd yr awdur:

Prawf mwyaf cymdeithas yw sut y mae'n trin y gwannaf yn ein mysg.

Roedd y dyfyniad hwn yn cyffwrdd calon Richard ac yn unol â'i brofiadau wrth geisio cefnogi Mared wrth iddi ymgeisio am waith yn ei chymuned leol. I gymharu ag agwedd, croeso, a pharch ei hysgol gynradd ac uwchradd at Mared, roedd agwedd y gweithle yn siomedig.

Cyngor Sir

Ni chafodd Mared waith o unrhyw bwys gyda'r Cyngor Sir. Er iddi wybod pob peth am gyfle cyfartal a hiliaeth a.y.b., doedd paneli dewis ddim yn gwybod beth yn union i'w wneud â hi.

Llenwai ffurflenni cais a bob tro y deuai ar draws y cwestiwn, 'A oes gennych unrhyw nam?' byddai'n gorfod ateb yn briodol. Ond pan ddeuai at y cwestiwn nesaf, 'Sut mae hyn yn effeithio arnoch?' ni wyddai sut i ateb. Atebodd fod ei hanabledd yn effeithio ar eraill, er nid arni hi ei hun. Bu'r nam yn fodd o sicrhau cyfweliad i Mared – dim ond er mwyn ateb i gyfraith cyfartaledd.

Roedd Mared yn bendant nad oedd ganddi anabledd oherwydd:
–gallai ddarllen a sgwennu'n rhugl yn y ddwy iaith fel merch o Wrecsam
–gallai nofio, dawnsio *ballet*, darllen yn gyhoeddus, a defnyddio cyfrifiadur yn wych.

Ond doedd pethau fel hyn ddim yn cyfri.

Cyngor y dref
Dro arall, cafodd Mared fynd i ganolfan yn y dref gan obeithio cael gweithio yno yn y swyddfa. Pan welodd y rheolwr hi – person go adnabyddus yn y dre – cyfeiriodd hi'n syth at y toiledau lle roedd gwaith yn ei disgwyl.

Adran Ieuenctid y Cyngor Sir
O'r diwedd, cafodd chwe mis o waith 'i gychwyn' gan yr Adran Ieuenctid yn dilyn cyfweliad llwyddiannus ble roedd wedi ateb y cwestiynau'n wych. Edrychai'n hynod o drwsiadus yn gadael y tŷ i deithio i'w gwaith ar y bws. Derbyniais adborth anffurfiol amdani. Yn amlwg, roedd fel chwa o awyr iach o gwmpas y lle a rhyfeddent at ei gallu, gan dderbyn ei ffaeleddau. Chwe mis union i ddiwrnod ei hapwyntiad, galwodd y Cyfarwyddwr Addysg hi i'w swyddfa gan ddatgan bod ei swydd chwe mis yn dod i ben y diwrnod hwnnw. Diolchodd iddi am ei gwasanaeth. Daeth Mared adre yn crio mewn anobaith.

Yn ddigon naturiol, ysgrifennais ato i ofyn beth oedd y gêm. Roedd yn bennaeth ar tua 6,000 o weithwyr – ac fel Mared roedd llawer ohonynt ar gytundebau dros dro. Atebodd yn ffeithiol gywir. Cynigiodd bargyfreithiwr gymryd yr achos i fyny yn y llys. Fodd bynnag, wedi meddwl yn ddyfnach, teimlais na ddylai Mared fynd fel tyst i'r llys ac ateb llu o gwestiynau di-ri. Ni fu hyn erioed yn fwriad. Felly, rhoddais y ffidil yn y to y tro hwnnw – gyda'n calonnau yn gwaedu drosti.

Debenhams
Yn 2008 roedd Debenhams ar fin agor yn Wrecsam a cheisiodd

Mared am swydd a bu'n llwyddiannus. Cafodd swydd fel gweinyddes yn y caffi newydd sbon. Gweithiodd yno am 12 mlynedd a daeth y swydd i ben pan gaeodd Debenhams eu holl dai bwyta.

Cwestiwn dyrys

Anghofiaf fi byth mo Mared yn gofyn i mi un diwrnod a oeddwn wedi fy siomi i ni eni merch gyda Syndrom Down, a chysidro'r holl drafferthion fu ynghlwm â hyn. Soniodd am ei dau frawd hynod o ddisglair a oedd wedi graddio'n uchel mewn prifysgolion, wedi cael swyddi da, ac wrthi'n magu teuluoedd. Credai'n gydwybodol ei bod yn hollol ddiwerth mewn cymhariaeth. Achosodd hyn gryn loes i mi ei bod yn meddwl fel hyn.

Wrth wynebu ac ateb y fath gwestiwn, dim ond y gwir fyddai'n ddigonol iddi. Atebais fod magu Euros ac Arwyn wedi bod yn *boring* gan eu bod yn llawn o frêns a phrin angen unrhyw help yn yr ysgol. Ond gyda hi, roedd sialens a hwyl o hyd ac roedd ceisio ei helpu yn ein herio bob tro. Roedd rhaid iddi gofio hefyd i'w dau frawd gael llawer o hwyl yn helpu allan pan oeddwn i'n methu.

Cymryd rhan yn gyhoeddus

Pleser mawr i Beryl a fi oedd gweld Mared yn cymryd rhan yn y capel. Roedd Arwyn a Kate am iddi ddarllen yn eu priodas yn Eglwys Gadeiriol Llandaf. Roedd hi'n forwyn briodas ac yn edrych yn *gorgeous!* Mewn eglwys weddol lawn a Chôr Meibion Taf yn chwyddo'r gynulleidfa, aeth y lle yn fud pan gerddodd Mared i'r pulpud i ddarllen. Roedd y rhan gyntaf yn eglurhad i deulu Kate o gynnwys ei darlleniad Cymraeg, sef penillion gan Gwyndaf. Yn amlwg, roedd Mared yn destun edmygedd gan bawb. Er i Beryl a minnau ei chlywed yn darllen yn gyhoeddus droeon, teimlem ein dau mor falch ohoni.

Roedd Arwyn, y priodfab, ac Euros, ei was priodas, hyd yn oed yn fwy balch o Mared na ni! Does rhyfedd, felly, iddynt ill dau enwi eu merched hwythau ar ôl Mared.

Osgoi eraill tebyg

Mae Mared yn hoffi dillad lliwgar ffasiynol a cholur a bydd yn hapus a hyderus yn tynnu sylw ati'i hun drwy wisgo'n ddel. Fodd bynnag, sylwodd Richard iddi osgoi bod yng nghwmni plant eraill â Syndrom

39

Down. Gofynnodd i'w ferch egluro. Atebodd Mared nad oedd yn hoffi bod yn eu cwmni oherwydd gallai weld ei 'diffygion' hi ynddynt hwy. Roedd yn cymharu'r profiad i edrych arni hi ei hun mewn drych a doedd hi ddim yn hoffi beth a welai yno chwaith.

Daeth rhywun o raglen *Pobol y Cwm* ar ffôn y tŷ unwaith i wahodd Mared i fod yn aelod o'r cast oedd â Syndrom Down. Rhoddais y ffôn iddi a derbyniodd y rôl yn hapus, nes iddi sylweddoli y byddai disgwyl iddi fynychu clyweliad o ryw ddwsin o ymgeiswyr. Gwrandewais arni'n gwrthod gan rannu'i rhesymeg. Ni symudai gam o'i safbwynt.

Fodd bynnag, cafodd ran yn *Rownd a Rownd* ac Euros neu finne yn ddynion tacsi yn ei chludo o Wrecsam i Borthaethwy yn y bore bach!

Sgiliau cymdeithasol
Mae Mared yn hyderus, hwyliog, a chymdeithasol iawn. Mae rhai pobl yn ymateb yn naturiol i hyn ac eraill yn ei hanwybyddu o embaras.

Mae hi a'i chyfnither, Bethan, yn addoli ei gilydd. Buont yn sgwrsio ar y ffôn bob nos Iau yn ddi-ffael ers blynyddoedd. Mae nifer o'i ffrindiau da ar chwâl dros y byd. Maen nhw tu hwnt o annwyl a byddant yn ei gwahodd allan i ginio efo nhw bob tro y dônt adre. Hoffai Mared gwmni aelodau Côr y Rhos a phan ymddeolais o'r côr ychydig yn ôl ni faddeuodd Mared i mi.

Diddordebau
Bellach, mae ar fin chwilio am waith eto ond, yn sicr, mi fydd y gystadleuaeth yn anodd. Mae gan Mared lawer o ddiddordebau. Yn eironig ddigon, mae garddio – ac yn enwedig chwynnu'r ardd – yn un o'i chas bethau!

Clwb Gwawr, Wrecsam

CDs	gwrando ar amrediad o gerddoriaeth gyda gwybodaeth eang tu hwnt
Gliniadur	gwrando ar Clic
Ffôn symudol ac e-bost	cysylltu â'i ffrindiau
Y We	mae'n gaffaeliad mawr i Beryl a minnau!

Ffrindiau	mynd allan efo nhw
Chwarae (ac ennill)	Wordsearches a Scrabble gyda Beryl a
	fi yn ystod cyfnod y clo
Teulu	mae hi a'i brodyr a'i nithoedd a'i
	neiaint yn addoli ei gilydd

Yn 1990 derbyniodd Richard y dyfyniad hwn gan athro o'r Brifysgol Agored. I Richard, mae'r ychydig eiriau hyn yn dweud y cyfan:

Pan fydd un ohonom ni yn cyfarfod ag un ohonoch chi, yn enwedig os yw am y tro cyntaf, mi fyddwn, yn fwy na thebyg, yn brin o sgiliau ar gyfer cyfathrebu llwyddiannus. Fyddwn ni ddim yn gallu meddwl am unrhyw beth addas i'w ddweud nac ychwaith i'w roi yn y geiriau priodol na rheoli'n mynegiant gyda'r wyneb.

Ond mi fyddwch chithau hefyd yn dangos prinder sgiliau. Mi fyddwch chithau hefyd yn teimlo cywilydd. Ni fyddwch chi'n gallu meddwl am unrhyw beth addas i'w ddweud a.y.b.

Mae'r nam yma, felly, yn gweithio'r ddwy ffordd. Mi rydym yn rhannu'r nam gyda chi.

Y gwahaniaeth yw ei fod yn ein brifo ni pan drowch chi ymaith; ond mae'n rhyddhad mawr i chi pan drown ni ymaith. Yn hyn y gorwedd ein nerth ni – a'ch angen chi.

Does rhyfedd, felly, i Richard gael ei anrhydeddu gan Orsedd y Beirdd yn 2018 yn Eisteddfod Genedlaethol Caerdydd. Pa mor addas, yn wir, iddo gael ei urddo yn yr 'Eisteddfod heb ffiniau' am ei waith diflino ledled Cymru ac yn ehangach i sicrhau cydraddoldeb, chwarae teg, a dewis i blant â Syndrom Down yn eu haddysg.

Richard – yn 'Fand Undyn' ynddo'i hun. Gwn y bydd unrhyw gydnabyddiaeth i Richard yn anghysurus. Bydd yn gweld hyn fel clodfori ei hun. Cofiaf drafodaeth eithaf tanllyd yn Seiat Capel y Groes un noson pan oedd Richard a phawb yn datgan eu hembaras os oedd unrhyw un yn credu eu bod yn 'ben mawr' neu'n 'ben bach'. A dweud y gwir fe gollais y plot – dw i yn yr un clwb â Stifyn Parri sy'n cael dim trafferth yn disgleirio ac ymfalchïo ynddo fo'i hun a'i lwyddiannau. Gan mai fy nghyfrol i yw hon, mawrygaf eich gwaith, Richard (a Beryl a Mared) ac nid wyf yn ymddiheuro am ddatgan hynny ar goedd. Ie ... 'Y Band Undyn':

Fel hwyl-long mewn enbydrwydd
Dan rym y gwyntoedd mawr.

Mawrygwn dy dad, William Thomas Jones, am roi i ti graig gadarn wedi
iddo 'sidro i ddarganfod yr emyn a fyddai'n dy gefnogi fwyaf: syniad
ardderchog i ni i gyd ei efelychu.

Fy Nhad o'r nef, O gwrando 'nghri:
un o'th eiddilaf blant wyf fi;
O clyw fy llef a thrugarha,
a dod i mi y doniau da.

Nid ceisio 'rwyf anrhydedd byd,
nid gofyn wnaf am gyfoeth drud;
O llwydda f'enaid, trugarha,
a dod i mi y doniau da.

J. G. Moelwyn Hughes, 1866-1944
Caneuon Ffydd, rhif 691

1.2 Magwraeth

1.2.1 DOROTHY SELLECK

Dal ati ar gyfer y diniwed, yr anabl,
a'r difreintiedig

Ganwyd Miss Selleck yn 1932 yn y Bala, yn unig blentyn i George a Nancy Selleck. Yn gyntaf, mynychodd ysgol gynradd tre'r Bala ac yna ym Mryn Coed Ifor, Rhyd-y-main, wedi marwolaeth ei mam yn 1942. Yn ddiweddarach bu'n ddisgybl yn Ysgol Ramadeg y Merched yn y Bala, a'r coleg ym Mangor. Bu'n athrawes yn Ysgol Glyndyfrdwy, yn Sir y Fflint, ac yn un o ysgolion mawr Birmingham. Yn ystod ei gyrfa bu'n fyfyriwr ym Mhrifysgolion Llundain a Lerpwl. Bu'n rhedeg ysgol am gyfnod cyn ei phenodi'n ddarlithydd yng Ngholeg y Drindod, Caerfyrddin, yn 1967. Ddwy flynedd yn ddiweddarach aeth Miss Selleck ymlaen i swydd fel Arolygydd Ei Mawrhydi (AEM). Gwasanaethodd y sefydliad arolygu hwn am 20 mlynedd gan weithio ar draws Cymru, rhannau o Loegr, ac ysgolion Prydeinig y Dwyrain Pell. Yn 1992 fe'i hanrhydeddwyd gydag OBE am ei chyfraniad

i addysg a phlant difreintiedig. Yn 1995 fe'i hanrhydeddwyd gyda Gwisg Wen Gorsedd y Beirdd. Ei henw yng Ngorsedd yw Eiddona – ar ôl yr afon sy'n llifo drwy Ryd-y-main. Bu Miss Selleck yn gwirfoddoli i OMEP (Organisation Mondiale pour l'Education Préscolaire) ac UNESCO (The United Nations Educational, Scientific and Cultural Organization) ar draws ei gyrfa i helpu plant difreintiedig, ac yn 2010 fe'i hanrhydeddwyd hi am ei hymroddiad i'r maes. Ers rhai blynyddoedd bellach mae hi wedi ymgartrefu yn Wrecsam.

Ceisiais blesio Miss Selleck ers rhai blynyddoedd drwy gyfeirio ati fel 'Anti Dot' neu 'Dorothy', er mor ddieithr oedd hynny. Penderfynais wrth lunio'r bennod hon na allaf wneuthur hynny hyd yn oed i'w phlesio a hithau bron yn 90 mlwydd oed. Miss Selleck – enfawr ei pharch – yw hi i mi a dyna fydd hi weddill f'oes.

Cofiaf iddi – y darlithydd newydd benfelen, 'The Blonde Bombshell' – gyrraedd Coleg y Drindod yn 1967. Edrychwn ymlaen yn fawr at fynychu ei darlithoedd. Soniodd yn frwdfrydig am Montessori, Piaget, a'r Institute. Rhaid cyfaddef, bryd hynny, mai ei hesgidiau bach secsi grëodd yr argraff fwyaf arnaf. Rwy'n parhau i chwilio am rai tebyg!

Cyrhaeddodd Miss Selleck y coleg yr un diwrnod â marwolaeth ddisymwth fy nhad. Cymerodd ddiddordeb personol ynof o'r diwrnod hwnnw ymlaen – fel rhyw angel gwarchodol yn y cefndir. Cefais swydd mewn pum ysgol i gyd a byddai'n ymddangos yn yr ysgolion hynny'n ddirybudd nawr ac yn y man. 'Cadw golwg, cariad bach, ar fy *past students*. Prowd ohonoch chi.' Nid fi oedd ei hunig gyw; gwn iddi gadw llygad gwarchodol ar nifer ohonom.

Yn 1969 penodwyd Miss Selleck yn AEM. Roedd criw o AEM bryd hynny yn uchel iawn eu parch. Cofiaf yn arbennig y diweddar Gareth Davies Jones ac Elen Ogwen – a Miss Selleck, wrth gwrs. Roeddent ill tri ar yr un donfedd wrth arolygu ysgolion, sef bod plentyn yn cael ei ddyledus le, ei ddyledus addysg, a'i ddyledus barch. Sail yr addysg hon oedd y Cwricwlwm Cymreig. Yn ddiddorol iawn, sefydlwyd y syniad o gwricwlwm Cymreig gan Brif Arolygydd cyntaf Cymru, Syr O. M. Edwards, a hanai o bentref a oedd 12 milltir o gartref Miss Selleck. Ffurfiolwyd y cwricwlwm hwnnw mewn geiriau a'i roddi ar waith mewn ysgol am y tro cyntaf yn 1939 yn Ysgol Gymraeg Aberystwyth dan arweiniad y pennaeth, Miss Norah Isaac:

> Meithrin dinasyddiaeth, bywyd Cristionogol a chariad at bryd-
> ferthwch ydyw uchelgais ysgol a hwnnw ar sail diwylliant Cymru.
>
> J. E. Meredith (gol.), *Credaf: Llyfr o Dystiolaeth Gristionogol,*
> Gwasg Aberystwyth, 1943, tud. 50

Roedd Miss Isaac hithau yn ddarlithydd – Pennaeth yr Adran Gymraeg a Drama – yng Ngholeg y Drindod yr un pryd â Miss Selleck.

A dyma stori Miss Selleck:

> Fe'm ganwyd wedi i Mam golli sawl plentyn. Trigai fy nheulu o ochr
> Mam yn Nolgellau. Ganwyd a magwyd fy nain yn Llundain,
> siaradai Gymraeg gydag acen Cockney! Hanai teulu fy nhaid o

Feirionnydd. Gallai ef ddilyn ei achau yn ôl at y Crynwyr. Roedd nifer o'r rheiny wedi ymfudo i Pennsylvania. Roedd cartref Nain a Taid Selleck yn llawn miwsig a barddoniaeth. Gyda nhw eu dau cefais fagwraeth hapus a chariadus a fi oedd eu hunig wyres.

O ganlyniad, roedd gan Miss Selleck *repertoire* eang o rigymau Cockney a Chymraeg. Mae'n amlwg i hynny ddylanwadu arni. Cofiaf gyda gwên y byddai'n draddodiad ar ddiwedd ei chyrsiau hi i gynnal cyngerdd ar noson olaf y cwrs. Byddai Miss Selleck yn agor y cyngerdd wedi ei gwisgo yn ei gwisg Gymreig yn canu'r alaw werin adnabyddus, 'Ble rwyt ti'n myned?' Disgwylid i ni bob un hefyd gymryd rhan. Deallaf iddi wisgo'i gwisg Gymreig wrth fynychu cynadleddau UNESCO ar draws y byd.

Hanai teulu 'nhad o Sir Amwythig a gorllewin Lloegr. Buont yn byw bywyd digon llewyrchus ym Manceinion cyn penderfynu byw'r bywyd gwledig yn Rhyd-y-main. Roedd eu cartref hwy yn llawn llyfrau a byddent yn gwrando ar raglenni radio diddorol ar y BBC Home Service. Darllenai Taid y *Manchester Guardian*. Saer dodrefn ac ymgymerwr oedd Taid – a Nain yn fydwraig a oedd yn gallu troi ei dwylo at unrhyw beth. Roedd fy ewyrth yn rhugl yn y Gymraeg, yn llawn hwyl, wastad yn tynnu coes ac roedd wrth ei fodd yn dysgu canu yn y Gymraeg.

Felly, cyn i Miss Selleck ddechrau ar ei haddysg ffurfiol yn yr ysgol, roedd yn gallu siarad dwy iaith ac wedi ei thrwytho mewn dau ddiwylliant – Cymraeg a Saesneg.

Pan gychwynnais yn ferch fach denau benfelen yn yr ysgol feithrin meddyliodd fy nghyfoedion mai Almaenes oeddwn i. Nid oedd ots gennyf am hynny oherwydd byddai Taid wedi bod yn darllen Chwedlau'r Brodyr Grimm i mi. Roeddwn wrth fy modd yn chwarae yn y tywod a'r dŵr ac yn gwatwar lleisiau'r cymeriadau ar y radio nes bod pawb yn chwerthin a chael hwyl.

Daeth Miss Selleck i ddeall yn ifanc iawn bod hiwmor yn ffordd o oroesi anawsterau.

Damwain newidiodd popeth
Yna, trawodd trychineb. Anafwyd fy nhad yn ddifrifol mewn damwain ar y rheilffordd a chollodd ei goes. Cefais innau *diptheria*

ac fe'm hachubwyd drwy bowltis nionod. Yn raddol, cefais wellhad drwy gyfuniad o foddion aeron ysgawen fy nain, cawl maeth, a llaeth gafr.

Roedd hwn yn amser heriol iawn i deulu Miss Selleck, fel i deuluoedd eraill drwy'r wlad: anawsterau economeg dwys a'r brenin yn ymwrthod â'i goron a phriodi Americanes ysgaredig. Er ei bod yn blentyn bychan ac eiddil, roedd yn benderfynol o ddelio gyda'r sefyllfa:

Yn yr ysgol tueddwyd i'm hanwybyddu oherwydd fy maint. Nid oeddwn yn cyfrif i'r plant a oedd yn fwy a chryfach na fi, felly ciliais i mewn i'm dychymyg gan dreulio fy amser yn llunio storïau yn y ddwy iaith.

Ymunodd rhai o fechgyn ifanc y gymuned â'r gweriniaethwyr yn y Rhyfel Cartref yn Sbaen (1936-1939). Fel canlyniad, dihangodd llawer o blant Sbaenaidd o'r wlad a daeth rhai i fyw i Ryd-y-main. Pwy fuasai'n meddwl bryd hynny y buasem ym Medi 1939 yn cychwyn ar frwydr lawer mwy ein hunain, yr Ail Ryfel Byd?

Yr Ail Ryfel Byd
Gyda hyn, newidiodd bywyd a gwelwyd llawer o blant ofnus yn ein hysgol ac yn ein cartrefi.

Cafodd bwyd, dillad, ac esgidiau eu dogni'n llym a gorfu i bawb ddefnyddio'u dychymyg a'u sgiliau i greu prydau blasus a dillad anarferol o wahanol ddarnau o ddeunyddiau. Fel plant, dysgom chwarae gemau o Lerpwl, Birmingham – a chanolbarth Ewrop, hyd yn oed. Dros nos daethom yn gymysgedd lliwgar o ieithoedd a diwylliant.

Ond yr hyn a oedd bwysicaf i'r plant oedd chwarae wrth y llyn neu'r afon ac yn yr ogofâu. Doedden nhw ddim yn ymwybodol o unrhyw berygl – y chwarae oedd yn mynd â'u bryd.

Dyna ni, plant adeg rhyfel yn dianc o erchylldra'r Blitz ac yn gydradd. Ond yn ystod y nos byddwn yn deffro gan sŵn yr awyrennau Almaenig ar eu ffordd i fomio Lerpwl a byddai'r gorwel i'r dwyrain yn disgleirio'n goch oherwydd effaith y bomiau. Eto, er eu hofn a phryder eu ffrindiau am orfod gyrru trenau 'miwnisions', safodd fy rhieni yn gadarn drwy'r cwbl. Rhywsut, fel canlyniad, daeth y cyfyngder â'r gymuned yn agosach at ei gilydd. Yn wir, cryfhau wnaeth ymagwedd pawb wrth wynebu'r dyfodol ansicr gyda'i gilydd.

Marwolaeth ei mam

Ond yna, cefais y sioc fwyaf a minnau megis naw oed – bu farw fy mam yn ddisymwth o strôc a chwalodd fy myd bach yn deilchion.

Nid Miss Selleck oedd yr unig blentyn bach i golli rhiant yn ystod y cyfnod hwn. Dyna fu rhawd llawer o'r plant noddedig (*evacuees*) hefyd.

Dros nos, fe'm gyrrwyd i fyw at Nain a Taid Selleck ym mhentref Rhyd-y-main. Roeddynt yn tu hwnt o gefnogol ac amyneddgar a doedd yr ysgol ond milltir i lawr y ffordd. Dodo Lizzie, cyfnither Mam, oedd yr athrawes babanod. Ond yn yr ysgol, 'Miss Jones' oedd hi i mi. Ar ôl yr holl drallod, nid oeddwn am ddysgu ond dywedodd Miss Jones, 'Cofia, Doli bech, buasai dy fam eisiau i ti wneud dy orau. Yr wyt yn gallu gwneud yn dda.' Do, cefais hwb gan Dodo Lizzie, Llanfachreth, athrawes yn ysgol Bryn Coed Ifor yn y pedwardegau.

Yn ffodus, roedd tri phlentyn arall yr un oed â mi yn byw'n gyfagos. Roeddynt hwythau wedi colli brawd hŷn oherwydd effaith *diabetes*. Prin iawn oedd y gefnogaeth feddygol yn yr amser hwn.

Oherwydd y rhyfel gorfodwyd teulu o Awstralia, teulu Tom Jones, i aros yn y cyffiniau nes i'r rhyfel ddod i ben. Eu bwriad oedd dychwelyd i Awstralia pan fyddai'n ddiogel iddynt wneud hynny. Er ein bod yn dlawd yn ariannol, roeddwn yn gyfoethog o ran ffrindiau a'm dychymyg. Wrth chwarae a dringo'r coed roedden ni wastad yn dychmygu ein hunain yn hedfan i Awstralia.

O fewn pum mlynedd rhwng 1944 a 1949 – a hithau yn ei harddegau cynnar – collodd Miss Selleck ei nain a dau daid a dychwelodd ei ffrindiau i Awstralia.

Teimlais yn unig iawn o'u colli ond penderfynais y buaswn yn astudio'n galed er mwyn eu dilyn i ben arall y byd. Yn 1983 fe lwyddais i wneud hynny!

Tra mynychodd fy ffrindiau o'r pentref yr ysgol uwchradd leol, mynychais i Ysgol Ramadeg y Merched, y Bala. Unwaith eto yn fy mywyd dyma fi'n gadael fy ffrindiau. Y tro hwn, nid yn unig y bu'n rhaid i mi addasu i fywyd ysgol newydd ond gorfu i mi addasu i fywyd cartref gyda 'mam' newydd hefyd. Perthynas bell a ddaeth yn llysfam i mi. Doedd hi ddim eisiau plant ac yn wir doedd hi ddim ychwaith yn hoffi plant. Nid af i fanylu ond roedd yn amser anodd iawn wedi i mi arfer â chariad fy mam.

Yn ffodus, roedd staff yr ysgol yn hynod gefnogol a derbyniodd Miss Selleck addysg ardderchog yn llawn cyfleoedd bendigedig. Serennodd yn y Gymraeg a datblygodd ei sgiliau siarad cyhoeddus yn y ddwy iaith. Er ei llwyddiant yn yr ysgol, bwriad ei llysfam oedd iddi roi'r gorau i'w haddysg a gweithio yn y siop leol er mwyn iddi gyfrannu'n ariannol at rediad y cartref. Oni bai am ymyrraeth bendant ddiflewyn-ar-dafod y pennaeth, Miss Dorothy Jones, dyna fuasai tranc Miss Selleck, AEM, OBE wedi bod. Canlyniad hyn oedd cytundeb gyda'i thad a'i llysfam iddi barhau gyda'i haddysg a'i hyfforddi'n athrawes.

Yn fy meddwl i, Cymraes oeddwn i mi fy hun ond pan gychwynnais ar fy astudiaethau ym Mangor doeddwn i ddim mor sicr. Roedd croeso i unrhyw un ymaelodi yn y côr, beth bynnag eu hiaith. Sylweddolais fod y côr yn wir yn un rhyngwladol a dyna sut y deuthum innau i adnabod fy hun.

Wedi cymhwyso, perswadiodd ei thaid hi i chwilio am swydd yn Lloegr. Gyda chyfenw fel 'Selleck', credai y buasai gan ei wyres well cyfle yno a dyna a fu – yn Birmingham a gogledd Llundain yn dysgu plant o bob cwr o'r byd.

Buan iawn y daeth Miss Selleck i sylweddoli a gwerthfawrogi'r cymysgedd diddorol o ddiwylliannau a bwydydd a oedd yn bodoli ac yn helpu i gyfoethogi bywyd.

Dychwelais i Gymru oherwydd salwch teuluol. Fy nhro i rŵan oedd edrych ar ôl fy nheulu gan dalu'n ôl am eu cefnogaeth gynnar i mi. Sut bynnag, gorfu i mi newid llawer. Lle roeddwn yn gallu colli fy hunan yn y dinasoedd, nid felly mwyach: rŵan yn ffeindio fy hunan yn byw a gweithio'n agos gyda ffrindiau a chymdogion. Roedd y disgwyliadau proffesiynol a chymdeithasol ohonof yn uchel ac mewn dwy iaith.

Eto, drwy'r cwbl i gyd, angerdd Miss Selleck oedd sicrhau chwarae teg i blant. Roedd llawer o'r plant y daeth ar eu traws yn ddifreintiedig a gwyddai o'i phrofiad personol beth oedd arwyddocâd hyn.

Am dros 40 mlynedd dw i wedi gweithio'n wirfoddol gydag OMEP/UNESCO ar draws y byd ac wedi dysgu cyfathrebu yn Sbaeneg. Galluogodd hyn i mi ymweld â sawl gwlad yn Ne America. Wrth ymestyn fy ngorwelion, ymestynnais fy nealltwriaeth yr un pryd am anghydraddoldeb y cyfleodd addysgol difrifol a oedd yn bodoli. Bûm yn gweithio yn Hong Kong a Singapore. Dysgais lawer ar fy nheithiau tramor nid yn unig am ddiwylliannau hynafol y gwahanol wledydd ond hefyd am eu hathroniaeth a'u sgiliau cyfoes.

Daeth Miss Selleck i werthfawrogi pa mor bwysig oedd cael meddwl agored a dangos parch at urddas y gwahanol boblogaethau ac am eu dealltwriaeth o'u tirwedd, amgylchfyd, hinsawdd a sut maent yn cynnal eu hadnoddau naturiol i gyfoethogi eu bywydau.

Erbyn heddiw, yn fy wythdegau, dw i'n wir werthfawrogi popeth i mi ei weld a'i ddysgu gan y gwahanol ddiwylliannau dros y blynyddoedd a'r ffordd maent yn rhyngweithio yn ein cyfarfodydd OMEP/UNESCO. Ein ffocws ydy sicrhau darpariaeth well a thecach i blant ledled y byd: her enfawr o gofio'r miliynau nad ydynt yn derbyn unrhyw fath o addysg o gwbl. Felly, ni allwn laesu'n dwylo. Rhaid dal ati: dal ati ar gyfer y diniwed, yr anabl, a'r difreintiedig.

Gyda'r teithio wedi lleihau a minnau yn mynd yn hŷn – ac er bod fy myd yn crebachu – rydwyf wedi ymuno â mwy o grwpiau cyfrwng Cymraeg, yn cynnwys ysgrifennu creadigol, hanes lleol, a'r Grŵp Rheilffordd.

Mae gwreiddiau Cymreig Miss Selleck mor gadarn ag erioed. Bydd yn cefnogi plant yn yr ysgol leol sy'n gwasanaethu ardal ddifreintiedig yn Wrecsam.

Dw i'n gwrando ar eu straeon ac yn eu hybu i fwynhau eu haddysg. Maent angen hwb i'w hyder a chyfle i ddisgleirio fel y cefais i pan oeddwn i'n blentyn yn Rhyd-y-main.

Ers fy nyddiau cynnar cyn ac yn ystod yr Ail Ryfel Byd, dw i wedi dysgu bod yn gadarn, yn gefnogol, meithrin meddwl eang, helpu'r llai ffodus i gerdded yn dal ac yn syth ac i ddefnyddio eu talentau ar eu cyfer eu hunain ac i helpu eraill. Mae pawb yn cyfrif, pawb yr un fath. Pawb yn gydradd.

Diolch am fy ngwarchod i, Miss Selleck. Cofiaf yn benodol i chi fy nhynnu gerfydd fy ngwar i gwrs wythnos AEM yn ystod gwyliau'r haf. Cawsom brofiadau cofiadwy dan eich arweiniad ysbrydoledig. Rydych yn esiampl i ni oll yn y byd addysg – mae eich ffyddlondeb i blant difreintiedig yn batrwm amhrisiadwy.

Hoff emyn Miss Selleck yw:

> Iesu, Iesu, 'rwyt ti'n ddigon,
>   'rwyt ti'n llawer mwy na'r byd;
> mwy trysorau sy'n dy enw
>   na thrysorau'r India i gyd:
>   oll yn gyfan
>   ddaeth i'm meddiant gyda'm Duw.
>
> Y mae gwedd dy wyneb grasol
>   yn rhagori llawer iawn
> ar bob peth a welodd llygad
>   ar hyd wyneb daear lawn;
>   Rhosyn Saron,
>   ti yw tegwch nef y nef.

William Williams, 1717-91
Caneuon Ffydd, rhif 32

1.2.2 STIFYN PARRY

Y fi 'di fi

Ganed Stifyn yn 1962 yn Rhosllannerch-rugog, yn fab ieuengaf i Ted a Marilyn Parry ac yn frawd bach i Anthony. Casglwr rhent i'r cownsil oedd ei dad ac roedd ei fam (Marilyn Siop Chips) yn rhedeg siop ar y groesffordd yng nghanol y pentref. Bu'n ddisgybl yn ysgolion babanod ac iau y pentref. Yna i Ysgol Uwchradd Morgan Llwyd, Wrecsam, lle roedd yn serennu mewn drama a cherdd.

Yn wreiddiol, roedd Stifyn yn adnabyddus fel actor a chanwr ac erbyn hyn mae'n ddiddanwr byd-enwog. Oherwydd ei gwmni,

MR PRODUCER, caiff ei gydnabod nid yn unig fel *entrepreneur* ond am drefnu a llwyfannu digwyddiadau cofiadwy. Bu'n gyfrifol am gyngherddau Canolfan Mileniwm Cymru yn 2009 a Gala Agoriadol i ddathlu ymweliad cyntaf twrnamaint golff Cwpan Ryder â Chymru yn 2010. Bu Stifyn yn serennu ar y teledu mewn rhaglenni sebon fel *Brookside*. Bu hefyd yn disgleirio ar lwyfannau'r West End yn Llundain mewn sioeau megis *Les Misérables*. Yn ddiweddar, cyhoeddodd BAFTA Cymru iddynt ei benodi'n Ymgynghorydd i'r sefydliad oherwydd ei brofiad eang. Mae ganddo rwydwaith eang o gyfeillion hir oes ar draws y byd. Mae nifer yn cydnabod ei gefnogaeth ddiffuant iddynt pan fyddant naill ai'n dathlu neu'n galaru. Mae'n gwneud gwahaniaeth i fywydau'r dihyder drwy ei gynllun mentora llwyddiannus.

Ymgartrefodd Stifyn yn Sain Ffagan, Caerdydd. Mae'n cydnabod ei ddyled i'w fam am iddi ei garu yn ddiamod a'i hybu i fod beth a fyn. Bydd yn cysylltu â hi'n ddyddiol. Dyma ddywedodd am ei gefndir:

Cefais fy magu mewn tŷ llawn dop o gariad a chefnogaeth: chefais i erioed fy mherswadio i gymryd llwybr nad oeddwn eisiau ei gymryd.

Disgrifia bentref ei fagwraeth fel ardal gerddorol a chelfyddydol tu hwnt:

Cymuned glòs, falch yn llawn gwragedd dramatig a dynion mud.

Doeddwn i ddim fel pawb arall na byth eisiau bod chwaith. Roeddwn yn dewach na'r rhan fwyaf, yn dlotach na llawer, a doeddwn i ddim yn athrylith yn fy ngwaith ysgol fel fy mrawd. Doeddwn i ddim mor *butch* â'r bechgyn o'm cwmpas. Siaradais Gymraeg a gwisgais yn unigryw er mwyn i mi sefyll allan. Roeddwn i'n hoff iawn o ennyn sylw.

Dw i wastad wedi bod yn hapus ac yn ddedwydd ynglŷn â phwy a be ydw i. Dw i'n derbyn a chofleidio fy ngwendidau yn ogystal â'm cryfderau.

Deuthum ar draws Stifyn gyntaf pan oeddwn yn beirniadu caneuon actol Eisteddfodau Cenedlaethol yr Urdd. Roedd yntau'n llenwi'r llwyfan ac yn dangos hyd a lled ei allu a'i hyder wrth bortreadu cymeriadau amrywiol dan gyfarwyddyd celfydd y diweddar Gwawr Dafis (Mason gynt).

Yn 2019, fel Cymrawd fy hun, roeddwn yn bresennol ym Mhrifysgol

Glyndŵr, Wrecsam, pan anrhydeddwyd Stifyn fel Cymrawd am ei wasanaeth i'r celfyddydau perfformio. Roedd cynnwys a steil i'w anerchiad i'r graddedigion: 'Be the BEST version of YOU!' Roedd pawb ar eu traed yn cymeradwyo'n frwd. Ers yn ifanc iawn, mae Stifyn wedi bod yn glir iawn o'i hunaniaeth. Byddai'n datgan yn gyhoeddus – fel y gwnaeth ym Mhrifysgol Glyndŵr – iddo sefyll allan fel rhywun nad oedd fel pawb arall. Mae'n hapus yn ei groen ac yn hapus i fod yn wahanol i bawb arall. Rhannodd stori amdano'i hun yn y dosbarth derbyn. Erbyn diwedd ei wythnos gyntaf dywedodd ei brifathrawes, 'Os na fyddi di'n *producer*, Stephen Parri, mi fwyta i'n het.'

Gwelir crynodeb clir o'i athroniaeth bersonol yn rhagair ei hunangofiant, *Allan â Fo!* (Gwasg Gomer, 2019). Yn wahanol i'r arfer mewn cyfrol o'r fath, mae Stifyn yn diolch i'r rhai hynny nad oedd yn fwriad ganddynt ei gefnogi:

> Diolch yn arbennig i ambell un sydd wedi ceisio lladd fy mrwdfrydedd neu geisio newid fy mryd gan mai nhw sydd wedi helpu i grisialu fy ngreddf i ddilyn fy nhrwyn.

Yn amlwg, mae Stifyn wedi hen arfer defnyddio'r math yma o negyddiaeth fel *springboard* i'w ysgogi i ddal ati yn ei yrfa ac 'i'w deud hi fel dw i'n 'i gweld hi'. Mae'n gadarn yn ei hunaniaeth.

Roedd ei frawd mawr, Anthony, yn datblygu i fod yn dipyn o athrylith a'i fam yn dechrau ecseitio am hyn. Yn bendant, doedd Stifyn ddim am fodloni i fod yng nghysgod y Mr Professor bach hwn! Felly, aeth ati i greu ei *spotlight* ei hun – ar y llwyfan.

Teimlai Stifyn bryd hynny fod un athrawes yn mynd allan o'i ffordd i'w fychanu'n gyhoeddus gan ei gymharu'n anffafriol gyda'i frawd ar bob cyfle posib. Teimlodd Stifyn hyn i'r byw a disgrifio'r profiad fel 'cyllell yn fy nghalon ac yn gwneud i mi deimlo cywilydd o flaen fy nosbarth.' Felly, penderfynodd ddylunio bathodyn mawr crwn gwyn gyda llythrennau bras coch:

FY ENW I YDY STEPHEN AC <u>NID</u> ANTHONY

Roedd y diwrnod hwnnw'n arwyddocaol iawn oherwydd ei ben-derfyniad, er mor ifanc, y byddai'n dweud ei ddweud a sefyll ei dir:

> Wnaeth hi byth ein cymharu ni ein dau wedi hynny. Ffeindies fy hyder a'm llais i fod yn fi fy hun a chymryd DIM sylw o'r barnu. A dyna fu diwedd ar y bwlio!

Bu farw ei dad yn sydyn yn 49 mlwydd oed, pan oedd yn 16 mlwydd oed ac yn ddisgybl yn Ysgol Morgan Llwyd, Wrecsam. Cred bod y golled enfawr hon wedi siapio ei gymeriad. Roedd yn ddigon aeddfed i sylweddoli bod y digwyddiad erchyll hwn yn gyfle i ddysgu gwers i'r dyfodol. Eglura'r profiad fel hyn:

Teimlais mod i wedi ennill rhywbeth o golli 'nhad ... teimlo ei fod wedi rhoi rhywbeth amhrisiadwy i mi.

Cred Stifyn bod ei dad wedi cysylltu â fo cyn iddo dderbyn y neges swyddogol gan y prifathro ei fod wedi marw'n ddisymwth. Cred iddo deimlo hynny yn ystod gwers mathemateg y bore tyngedfennol hwnnw. Roedd y rhagarwydd ysbrydol yna wedi ei helpu i ddod i delerau â'r cyfnod galaru a oedd yn ymddangos yn hirfaith. Dyma ddywed Stifyn:

Roedd y dyddiau'n dilyn marwolaeth Dad yn anodd tu hwnt. Cysgu, crio, blino, crio, a chysgu eto a deffro bob hyn a hyn a'r stafell ffrynt yn llawn o bobl wahanol i'r tro dwetha agorais fy llygaid ... y gegin wedi troi'n gaffi llawn-amser a Mam jest yn ailadrodd y digwyddiadau hyd at ei farwolaeth am oriau, drosodd a throsodd. Ond y gwir oedd nad oedd neb yn deall sut oeddwn i'n teimlo a doeddwn i ddim yn gwybod sut oedd fy mrawd yn teimlo a'r un ohonom yn deall sut oedd Mam yn teimlo.

Mae Dad yn rhan annatod o fy mywyd hyd heddiw ac yn medru dylanwadu ar fy mhenderfyniadau, fy meddyliau, a 'mhrofiadau. Mae Dad rhywsut yn teimlo'n agos ataf mewn sefyllfaoedd eithriadol. Mi alla i deimlo rhywbeth o hyd ond mae'n rhy gymhleth i'w ddisgrifio. Efallai mai fy nychymyg yw hyn neu fi'n chwilio am gysur.

Drwy farwolaeth ei dad sylweddolodd pa mor fregus yw bywyd. Felly, penderfynodd fyw ei fywyd hyd yr eithaf. Golyga hyn iddo fwynhau pob eiliad a phob person am fod bywyd mor fyr.

Does gen i ddim ofn, dim amheuaeth, dim affliw o *if onlys* yn fy nghysgodi. Mi rydw i'n byw bywyd i'r eithaf.

Mae Stifyn yn hyderus, o'i brofiad, bod un drws bob amser yn agor pan fo un wedi cau. Mae'n argyhoeddedig ei bod yn ddyletswydd arnom i ddathlu, mwynhau, a byw bywyd yn *true to nature* i ni ein hunain.

Fyddwn ni ddim yma'n hir ond mi allwn fod yma yn hapusach o lawer o wir dderbyn fod popeth da a drwg yn dod i ben.

Dydw i ddim yn coelio mewn lwc – dim ond gwaith caled a *karma*. Fues i erioed yn un am boeni am ddisgwyliadau pobl eraill ohonof i. Arf sydd wedi fy nghadw'n saff erioed ydy'r penderfyniad i fod ar fy ngorau ac i gyflwyno'r fersiwn gorau ohonof fy hun.

Dydw i ddim yn meddwl mod i'n arbennig a dydw i ddim yn meddwl mod i'n eilradd chwaith. Nid cystadleuaeth ydy bywyd er bod sawl un yn ceisio lladd arna i o bryd i'w gilydd a gwneud i mi deimlo'n eilradd neu'n ddibwys.

Byw bywyd ydy'r tric.

Mae ofn mentro yn bechod a dw i'n cael y pleser mwya o ddadrwymo pobl a'u gadel yn rhydd.

Mae Stifyn yn cynnig sesiynau mentora 'Be the BEST version of YOU!' i wella a chryfhau gwendidau, hunanhyder, sgiliau cyflwyno, a thechnegau cyfweld. Bydd hefyd yn dysgu ymarferion anadlu i helpu delio gydag adegau pryderus.

Cred Stifyn bod Eisteddfod Genedlaethol 2018, a leolwyd ym Mae Caerdydd, yn dyngedfennol iddo ef yn bersonol. Cyfeirir at 'Eisteddfod Mas ar y Maes' fel un heb ffiniau a oedd yn llythrennol yn agored i bawb. Doedd dim un prif fynedfa na thocyn mynediad. Felly, cafwyd ymdeimlad agored a chroesawgar heb ffiniau na rhwystrau.

Dyma'r tro cyntaf i mi deimlo bod fy rhywioldeb a'm Cymreictod wedi dod at ei gilydd yn un.

Nid ef oedd yr unig un i leisio'i ryddhad o gael ei gydnabod a'i groesawu'n frwd. Symudodd yr ŵyl hon ymlaen i groesawu pawb – nid yn unig ein beirdd a'n cantorion amlwg a'n henwogion o fri. Gwerthfawrogodd Stifyn agwedd iach swyddogion a mynychwyr yr Eisteddfod honno i'w barodi hwyliog: gwisgodd wisg Orseddol ddramatig pinc llachar i wneud hwyl am ben y pomp, y seremoni, y cystadlu, a'r gliterati. Cafodd gynulleidfaoedd eang bob nos a llawer o chwerthin iach. Diolchodd am y derbyniad ac am gyfle iddo ef – fel Cymro hoyw – lwyfannu *extravaganza* 'Mas ar y Maes'.

Mae Stifyn yn sefyll ar graig gadarn yn prysur goncro ei fyd ei hun yn ei ddull unigryw ei hun.

Cofia ei fam yn canu emyn 'Y Milwr Bychan' iddo pan oedd yn blentyn. Cyfansoddwr yr alaw yw Joseph Parry (1841-1903):

'R wyf innau'n filwr bychan,
    Yn dysgu trin y cledd
I ymladd dros fy Arglwydd
    Yn ffyddlon hyd fy medd.
Pererin bychan ydwyf
    Yn cychwyn ar ei daith,–
O! arwain, Arglwydd grasol,
    Hyd dragwyddoldeb maith.

Cytgan:
Iesu cu, bydd gyda ni,
    Tra fôm yn y rhyfel;
Heb un cledd, canu wnawn mewn hedd
    Yn y nefoedd dawel.

Thomas Levi, 1825-1916
Llyfr Emynau y Methodistiaid Calfinaidd a Wesleaidd
1927, rhif 757

1.3 Camdriniaeth

1.3.1 HEATHER JONES

Mae'r olwyn yn troi

Ganed Heather yn 1949, yn ferch i Brindley Arthur a Marjorie Jones ac yn chwaer i Malcolm (Mac) a Gareth. Buont yn byw yn Ffordd Sant Brioc, y Waun (Heath), ardal weddol newydd o ddinas Caerdydd, am 20 mlynedd. Bu farw ei thad yn 1977 a'i mam 40 mlynedd yn ddiweddarach yn 2017. Mynychodd Heather ysgolion cynradd Caerdydd ac Ysgol Uwchradd Cathays. Dysgodd Gymraeg fel ail iaith. Ei gŵr cyntaf oedd y cerddor a'r cyfansoddwr, Geraint Jarman, a chawsant ferch, Lisa Grug. Yn 1987 priododd Heather y drymiwr, Dave Coates, ac mae ganddynt fab, Sam, a merch, Megan Fflur. Bu Heather yn flaengar yn y sin cerddoriaeth werin ers yr 1970au.

Bu Heather yn aelod o fand Meic Stevens am flynyddoedd. Un o'i chaneuon mwyaf adnabyddus oedd 'Colli Iaith'. Rhyddhawyd ei record gyntaf, yr EP *Caneuon Heather Jones*, yn 1968 ar label Welsh Teldisc. Ymddangosodd ar deledu am y tro cyntaf yn 1966 ar y rhaglen *Hob y Deri Dando*. Flwyddyn yn ddiweddarach, rhyddhawyd sengl *Ddoi Di* ar label Cambrian, a ffurfiodd grŵp 'Y Bara Menyn' gyda'i darpar ŵr, Geraint Jarman. Enillodd gystadleuaeth Cân i Gymru yn 1972 gyda'r gân 'Pan Ddaw'r Dydd' a ysgrifennwyd gan Geraint Jarman. Yn 1972 hefyd cafodd gyfres deledu ei hun, sef *Gwrando Ar Fy Nghân*. Flwyddyn yn ddiweddarach, daeth y cyfle gan Sain i recordio ei halbwm cyntaf, *Olwyn Yn Troi*.

Bûm yn edmygu Heather fel canwr a chyfansoddwr ers blynyddoedd maith. Byddwn yn dotio at ei gallu i gyfleu profiadau ei bywyd mewn ffordd deimladwy. Ni ddychmygais erioed iddi gael ei threisio – hyd nes i mi ddarllen ei datganiad a'i chyngor i ddioddefwyr eraill yn 2017. Ni feddyliais y buaswn yn siarad â'r seren ddisglair hon am gudd gleisiau ei chalon.

Diolchaf i Heather am ei dewrder yn rhannu effaith y profiad hunllefus hwnnw arni. Rwy'n gwerthfawrogi hefyd iddi ymddiried ynof i gyflwyno'i stori yn sensitif. Gobeithio y bydd gonestrwydd Heather yn gymorth i eraill eu rhyddhau eu hunain o gadwyni tebyg sy'n eu gwasgu.

A dyma stori Heather:

Cafodd fy rhieni ddau o fechgyn – a fi, y trydydd plentyn, oedd yr hir-ddisgwyliedig FERCH! Roedd fy nheulu yn deulu clòs iawn. Doedd gennym ni ddim llawer o arian ond roeddem ni'n gyfforddus ac roedd gennym ni gar a theledu. Byddem yn mynd ar wyliau bob blwyddyn i rywle yng Nghymru. Roedd nifer o blant yn byw yn yr un stryd â ni a byddai pawb yn mynd i'r eglwys fore a nos bob Sul. Byddwn i a fy mrodyr yn mynd i'r Ysgol Sul yn y prynhawn hefyd. Digwyddai popeth drwy gyfrwng y Saesneg. Doedd Mam a Dad ddim yn siarad Cymraeg gyda'i gilydd. Fodd bynnag, roedd fy nhad-cu, William Jones (tad fy nhad), yn byw yn Aberaeron, yn Gymro rhonc ac yn rhugl yn y Gymraeg. Roedd e'n mwynhau mynd â fi i lawr i'w ardd er mwyn i ni siarad Cymraeg gyda'n gilydd. Roedd e'n gwybod fod gen i ddiddordeb mawr mewn siarad Cymraeg. Roedd fy niddordeb yn yr iaith yn rhannol am fy mod yn dwlu ar Marion Rees, fy athrawes Gymraeg. Roeddem fel teulu yn byw mewn cymdeithas glòs iawn. Gellid dweud mai cymdeithas weddol gul a diniwed oedd hon ond roeddem yn hapus iawn. Byddem yn dweud *Grace* cyn pob pryd o fwyd ac roedd yn rhaid i ni ddweud ein *Prayers* cyn mynd i'r gwely. Felly, cawsom ein magu mewn awyrgylch grefyddol iawn. Roedd fy nhad yn *sidesman* yn yr eglwys. Yn ôl pob tebyg, roedd fy hen hen fam-gu yn reidio ar gefn ceffyl i bregethu yn ardal Cas-gwent (Chepstow). Ei henw hi oedd Elizabeth Moxley-Blake ac fe adawodd gofnodion diddorol o'r dyddiau hynny.

Eglurodd Heather ychydig am ei gyrfa a'i hagwedd at ganu a chyfansoddi:

Cantores sydd hefyd yn cyfansoddi ydw i. Fues i erioed yn gwneud unrhyw beth arall. Dechreuais ganu pan oeddwn yn 14 oed – a dyma fi'n dal wrthi rŵan bron i 60 mlynedd yn ddiweddarach! Yn anffodus, erbyn hyn mae fy mysedd yn llawn cryd cymalau, felly mae'n anoddach i mi ganu'r gitâr – ond dw i'n dal wrthi ac yn dal i fwynhau!

Rhaid i mi gyfaddef i mi fwynhau bod yn enwog ond, mewn gwirionedd, dw i jyst isio bod yn hapus. Bu miwsig yn bopeth i mi – heb gerddoriaeth fydda i'n ddim.

Mae canu i bobl a rhoi rhywbeth iddyn nhw y maen nhw'n ei fwynhau yn rhoi gwir bwrpas i fy mywyd. Byddaf yn mwynhau canu'r caneuon y mae'r gynulleidfa yn dewis eu clywed – nid dim ond beth rwyf fi'n eu hoffi. Hyn sydd yn peri hapusrwydd i mi.

Byddaf yn mwynhau canu mewn cartrefi gofal. Mae gwneud rhywbeth i eraill yn gwneud i mi deimlo'n hynod o hapus. Mi dybiaf fod hyn yn deillio o fy magwraeth Gristnogol gyda fy rhieni. Yn bendant, rwy'n parhau i siarad gyda Duw a'm hangylion.

Mae Heather yn credu'n ffyddiog bod Duw yn gofalu am ei phlant, Lisa Grug, Sam, a Megan oherwydd bydd yn gofyn am gymorth bob dydd. Nid yw eto wedi gwneud ewyllys gan ei bod yn bell o feddwl am farwolaeth. Fodd bynnag, mae hi wedi dechrau clirio'r tŷ sydd, yn ôl pob tebyg, yn dasg enfawr!

Dw i'n *hoarder* sy'n 'i ffeindio hi'n andros o anodd taflu pethau i ffwrdd a dweud 'ta-ta' wrth bethau arwyddocaol, yn enwedig dillad. Mae'n amlwg bod yn rhaid i mi ddal ati.

Yna, mae Heather yn rhannu'r stori am y noson erchyll honno pan gafodd ei threisio a hithau yn 22 mlwydd oed.

Roeddwn yn nabod y boi ddaru fy nhreisio yn dda. Roeddwn yn ei drystio fo ond fe dwyllodd fi. Cynigiodd lifft adref i mi ar ôl gig ac fe dderbyniais. Ond fe stopiodd y tu allan i'w fflat gan ddweud mai eiliad fydda fo – jyst diffodd yr haearn smwddio neu rywbeth.

Dywedodd ei fod yn pryderu am fy ngadael yn ei gar ar fy mhen fy hun yn y tywyllwch. Awgrymodd y byddai'n well i mi bicio i mewn – a dyna a wnes i yn ferch ifanc ddiniwed a naïf.

Roedd yn foi mawr cryf a finnau'n brin chwe stôn – doedd dim gobaith i mi. Cydiodd amdanaf o'r tu ôl, tynnu fy nillad, a'm treisio'n ffyrnig. Roedd gen i gymaint o ofn – roedd yr holl beth yn hunllef llwyr.

Ar ôl y digwyddiad, cydiodd Heather yn ei bywyd – ond, mewn gwirionedd, roedd ei bywyd wedi newid yn llwyr. Ddwedodd hi ddim gair wrth yr un adyn byw a fyddai neb wedi sylwi ar ei loes.

Ddwedes i ddim wrth neb, oherwydd roedd gen i gymaint o gywilydd. Felly, fyddai neb wedi dychmygu bod unrhyw beth wedi digwydd i mi. Cuddiais fy mhen yn ddwfn yn y tywod ac roeddwn yn teimlo'n isel am tua mis ar ôl y digwyddiad.

Yna, gofynnais i Dad roi lifft adre i mi fel nad oeddwn byth eto ar fy mhen fy hun ond ddwedes i ddim wrtho fe nac wrth yr un adyn byw pam. Prynais gar i oresgyn y broblem teithio.

Yn 22 mlwydd oed tyfais lan dros nos. Dysgais y noson honno na allwn drystio'r un adyn byw byth eto. Wnes i erioed anghofio'r noson hunllefus honno. Fe symudodd y boi o Gaerdydd ac roedd yn haws i mi anghofio am ychydig.

Fodd bynnag, roeddwn mor brysur yn shapo i ddysgu caneuon newydd, rihyrsio gyda'r band a pharatoi ar gyfer fy nghyfres deledu fy hun ar y BBC. Roedd cael cyfres deledu bryd hynny yn gam enfawr ymlaen yn fy ngyrfa.

Byddai'r digwyddiad ar fy meddwl byth a beunydd – ddwedais i ddim gair wrth neb ar hyd y blynyddoedd. Yn bendant, doeddwn i wir ddim isio i fy rhieni wybod. Roedd gen i ofn y byddai Dad yn mynd rownd i fflat y boi a'i smasho fe. Byddai Dad hefyd mewn helynt wedyn.

Pwysodd y gyfrinach a'r cywilydd yn drwm arnaf ar hyd y blynyddoedd. A dyma fi rŵan, 50 mlynedd yn ddiweddarach, yn dweud fy stori.

Gwelais y boi yn ddiweddar a llifodd yr holl brofiad erchyll yn ôl i'm cof. Mae'n edrych yn hagr iawn erbyn hyn.

Gwyddwn fod llawer o gymorth emosiynol ar gael ond wnes i ddim rhannu fy nghyfrinach. Roeddwn i'n ofni popeth:
–ofni barn pobl
–ofni y byddai pawb yn fy meio
–ofni y syndrom 'Sdim mwg heb dân'.

Yn dilyn hyn, perfformiais mewn nifer o gyngherddau i Women's Aid a Battered Wives oherwydd roedd hon yn ffordd o ddeall sefyllfa merched eraill ac uniaethu â nhw mewn ffordd.

Rwyf wedi elwa ar draws y blynyddoedd o fynychu sesiynau cynghori i'm helpu gyda phroblemau eraill yn fy mywyd ond eto wnes i erioed siarad am y trais. Wrth edrych yn ôl, efallai mai hwn oedd gwraidd fy holl helbulon.

Credaf y byddai'n fantais i mi fynd am gymorth yn awr. Yn bendant rwy'n gryfach ac yn barod i siarad.

Er dwndwr prysur fy mywyd, rwy'n parhau i deimlo fy mod ar fy mhen fy hun yn hyn o beth gan gwestiynu a:
–ydy e'n rhy hwyr i mofyn cymorth?
–ydw i'n rhy hen?

Yn ddiweddar, bûm yn siarad â dau ffrind annwyl a gafodd eu cam-drin yn rhywiol yn eu harddegau gan weinidogion uchel eu parch. Mae'r ddau yn ddynion deallus, proffesiynol, a chyfrifol. Nid oedd yr un o'r ddau – hyd yn oed yn ddienw – yn fodlon rhannu eu profiadau yn y gyfrol hon. Yn wir, bu'n dasg anodd a phoenus iawn i'r naill a'r llall yn ei dro gyfaddef yr effaith echrydus a gafodd eu profiad ar eu hunanddelwedd a'u hunanhyder. Roedd y ddau yma, fel Heather, yn poeni:
–y byddai'n amlwg pwy oedd eu hymosodwyr
–na fyddai neb yn credu'r stori
–y byddai'r syndrom 'Sdim mwg heb dân' yn codi ei phen.

Yn dilyn ein sgyrsiau dwys, newidiodd un ei feddwl a chytuno i rannu effaith ei brofiad yma am y tro cyntaf. Fodd bynnag, gan nad yw erioed wedi rhannu hyn efo'i deulu, ei wraig na'i ffrindiau, mae'n cyfrannu'n ddienw. Yn ddewr, ac wedi cryn fesur a phwyso, penderfynodd ddweud ei stori. Mae'n dymuno canolbwyntio ar yr hyn a fu o gymorth iddo wrth ei ryddhau ei hun o grafangau'r gyfrinach hir-oes.

Nid yw rhannu gwir feddyliau a theimladau fy nghalon yn dod yn hawdd i mi oherwydd rwy'n ddyn mawr sensitif sydd yn ymddangos yn hyderus, hapus, a chymdeithasol.

Eto, er mwyn helpu eraill, dyma ei stori:

Ar hyd y blynyddoedd, cyflyrodd fy sgyrsiau gyda fy nghymar i mi wneud rhywbeth na fyddwn byth wedi'i ragweld, sef rhyddhau fy nghyfrinach gudd am brofiad a gefais yn fy arddegau yn y chwedegau pell. Ni ddatgelais y fath beth i unrhyw un arall yn y byd gan gynnwys fy rhieni, fy ngwraig, fy mhlentyn, na'm ffrindiau.

Gwthiais yr holl brofiad anffodus i berfedd fy enaid am dros hanner canrif. Fodd bynnag, rywsut byddai'n chwydu ei ffordd i'r wyneb yn weddol reolaidd ond deliais yn dynn yn fy nghyfrinach.

Achosodd y profiad gryn boen meddwl i mi dros y blynyddoedd a dilema mewnol. Yn ddiarwybod i unrhyw un arall, byddwn yn cymryd diddordeb mawr mewn erthyglau, llyfrau, cylchgronau, a rhaglenni teledu a radio ar effeithiau cam-drin plant ar y dioddefwr.

Cefais fagwraeth hapus ar aelwyd gariadus gyda chefnogaeth teulu ymestynnol agos mewn cymdeithas bentrefol, wledig. Er hynny, deuthum dan ddylanwad gweinidog uchel ei barch a phoblogaidd gydag ieuenctid y capel. Fe'm denodd i ymrannu mewn gweithredoedd rhywiol, cwbl groes i'm natur. Ni allaf gredu na dirnad sut y digwyddodd hynny; roedd gen i gymysgedd o deimladau gan gynnwys cywilydd ac ofn a sioc.

Roeddwn yn fachgen ysgol ifanc, yn hapus iawn yng nghwmni merched ond yn ddibrofiad yn rhywiol. Effaith y profiad a maint y gyfrinach a'm lloriodd gan fy ngorfodi i boeni ar fy mhen fy hun yn nhermau:
–cwestiynu fy rhywioldeb
–teimlo cywilydd bod fy nghorff wedi ymateb
–pryderu rhag ofn i'r stori fynd yn gyhoeddus
–gofidio y buaswn yn siomi pobl ac y byddent yn fy marnu
–becso y byddai eraill yn colli parch tuag ataf ac yn edrych i lawr arnaf.

Mae'n parhau i rannu ei stori fel hyn:

Dryswch llwyr
Er mor anodd y bu hi mewn cymdeithas fach i gadw unrhyw beth dan y mat, fe lwyddais ac fe gedwais yn gwbl glir o'r gŵr. Taflais fy hun i'm gwaith ysgol a'm gyrfa yn gwbl argyhoeddedig bod fy isymwybod wedi ei anghofio neu efallai nad oedd erioed wedi digwydd gan mor anghredadwy ydoedd.

Yn ystod yr hanner canrif diwethaf, chwydodd yr effeithiau hyll i'r wyneb sawl tro gan ddryllio fy hunanhyder a'm hunanddelwedd.

Mae rhannu'r baich wedi bod yn ollyngdod enfawr ac wedi cael effaith bositif ar fy ymddygiad a oedd yn medru bod yn danllyd os byddwn yn derbyn unrhyw bluen o feirniadaeth. Erbyn hyn, rwy'n deall a derbyn fy hunan yn awr a bu'n ollyngdod enfawr i'w rannu a chael fy ngharu'n ddiamod.

Fydd o byth yn diflannu o'r isymwybod – ond fi sydd yn rheoli fy mywyd yn awr – nid fy nghyfrinach.

Yn dilyn ei benderfyniad i rannu profiad, treuliais innau oriau maith yn ceisio deall effaith y profiad ar ei ymddygiad. Gwnes ymchwil dwys a dyfal i geisio bod yn gefn ac o gymorth.

Dyma ganran fechan o beth a ddysgais fel ymchwilydd answyddogol yn fy ymgais i ddeall effeithiau profiadau tebyg ar y dioddefwr:

Gall y profiadau greu:
–sgil-effeithiau a sioc tebyg i ddamwain car
–creithiau mewnol fel ôl llosgi mewn tân
–cleisiau seicolegol
–rhwystredigaeth heb y geiriau 'cywir' i fedru siarad am y profiad
–ymdeimlad o gywilydd ac euogrwydd
–hunllefau, gorbryder, ac iselder
–ymddygiad 'afresymol'
–pryder ac ofn i rywun wybod
–ofni'r ymdeimlad o golli pŵer – nid hunllef y weithred rywiol
–siom, colli ymddiriedaeth mewn unrhyw un wedi bradychiad.

Gall hyn fod o gymorth pwerus:
–amynedd
–cariad diamod
–siarad a rhannu gyda pherson sensitif diffuant
–cofnodi'r profiad
–cydnabyddiaeth a chlod.

Gall y geiriau hyn gysuro:
–'diolch i ti am ymddiried ynof fi'
–'dw i ar gael i wrando'
–'mae'n wir ddrwg gen i i ti fynd drwy'r profiad yma'
–'dw i eisiau i ti deimlo'n ddiogel gyda mi yn emosiynol ac yn gorfforol'
–'dw i'n drist bod hyn wedi digwydd i ti'.

Gwaddol:
–teimlad bod rhyw yn fudr ac anifeilaidd
–anhawster cyfuno rhyw a chariad emosiynol
–amau a chwestiynu rhywioldeb
–aroglau yn gallu dwyn i gof brofiadau dyrys.

Diolchaf eto i Heather a'm ffrind dienw am rannu eu profiadau a'r effaith andwyol arnynt. Os nad oes gennym brofiad uniongyrchol o hyn ein hunain prin iawn y gallwn ddechrau deall maint a dyfnder y creithiau. Mae hyn yn wir, wrth reswm, am bob argyfwng. Gwn y bydd eu geiriau yn hybu eraill i'w rhyddhau eu hunain o gadwynau eu cyfrinachau hunllefus. Mae eu dewrder yn f'atgoffa am eiriau 'Fy Nymuniad':

> Pan wyt yn unig
> dymunaf Gariad i ti;
>
> pan wyt yn drist
> dymunaf Hapusrwydd i ti;
>
> pan fydd pethau'n dy boeni
> dymunaf Dangnefedd i ti;
>
> pan mae pethau'n gymhleth
> dymunaf i ti weld Harddwch syml;
>
> pan fydd pethau'n ymddangos yn dywyll,
> dymunaf i ti Obaith.

> addasiad Aled Lewis Evans
> yn D. Geraint Lewis, *Geiriau Gorfoledd a Galar*,
> Gwasg Gomer, 2007, tud. 101

Dewisodd Heather 'Daisies are our silver' fel ei hoff gân, un y mae hi wedi ei recordio yn y Gymraeg a'r Saesneg i elusen newydd o'r enw Cwtch Baby Bank: https://pin.it/3TSJaH7 ac ar CD *Hwyrnos*, 'Heulwen yw f'arian'.

1.4 Cydraddoldeb

1.4.1 KRISTOFFER HUWS

Hawl i ddisgleirio

Ganed Kristoffer yn 1971 ym mhentref Llanberis, yn blentyn hynaf o bedwar i Gillian ac Alan Hughes. Bu'n ddisgybl yn Ysgol Gynradd Dolbadarn ac ysgolion uwchradd Brynrefail a Bodedern. Aeth ymlaen i astudio Technoleg Anatomaidd Batholegol yng ngogledd Cymru. Yna symudodd i Los Angeles i astudio gwyddoniaeth fforensig a llofruddiaeth ac i weithio yn y maes. Erbyn hyn mae'n gweithio fel swyddog profedigaeth a Thechnegydd Anatomaidd Batholegol mewn marwdai ar draws Prydain Fawr.

Datblygodd ei ddiddordeb yn y derwyddon gan raddio i ymuno â The Order of Bards, Ovates and Druids. Erbyn hyn, Kristoffer yw pennaeth Urdd Derwyddon Môn. Drwy hyn, taniwyd ynddo ddiddordeb mewn chwedloniaeth a mytholeg Gymreig.

Cychwynnodd ei yrfa fel awdur yn 2007 ac erbyn hyn mae wedi cyhoeddi naw o lyfrau ar baganiaeth a mytholeg Gymreig.

Maggi Noggi

Mae Kristoffer yn gweithio'n broffesiynol fel actor ar raglenni S4C. Ef yw'r wyneb tu ôl i gymeriad llachar Maggi Noggi. Cawn ei weld yn rheolaidd ar faes Eisteddfod Genedlaethol Cymru. Mae'n parhau i fyw ar Ynys Môn.

Gwelais Kristoffer am y tro cyntaf ychydig wythnosau'n ôl ar raglen S4C, *Sgwrsio Dan y Lloer*. Ychydig iawn o deledu fydda i'n ei wylio, mewn gwirionedd, ond denodd stori Kristoffer fi i wrando ar y cyfweliad gorfoleddus a byrlymus hwn ar ei hyd. Hoffais holl ehangder ei bersonoliaeth gymaint nes i mi ei wahodd i rannu ei athroniaeth a'i weledigaeth yn y gyfrol hon. Ni chefais fy siomi: ymatebodd yn brydlon. Ar y teledu buaswn yn tyngu nad oedd cwmwl yn ei awyr las. Fodd bynnag, pan gofnododd daith ei fywyd gwelwn yn glir na fu'n hawdd iddo ymdopi â bod o wahanol anian yn rhywiol i'w ffrindiau. Rwy'n deall fymryn o ble mae Kristoffer yn dod oherwydd fe gymerodd hi 15 mlynedd i mi 'ddod allan' o'm perthynas gyfrinachol a phriodi'r dyn a oedd 20 mlynedd yn hŷn na mi. Gwyddwn na fuaswn yn ffitio norm fy ffrindiau a oedd yn gyplau o'r un genhedlaeth â mi. Tydy hi ddim yn hawdd bod yn wahanol mewn 'clwb' sy'n rhannu'r un set o werthoedd a disgwyliadau. Dw i wir wedi cymryd at Kristoffer. Deallaf le Maggi Noggi yn ei fywyd wedi iddo egluro natur ei waith yn delio â chyrff y meirw a galar y teuluoedd yn ddyddiol.

Dyma a ddywed am ei fagwraeth:

Roedd pentref bach Llanberis yn baradwys i blentyn yn y 70au. Dyna i chi le arbennig o brydferth i fywiogi'r ysbryd gyda'i goedwigoedd, ei fynyddoedd, a'i afonydd cyflym digon dwfn i nofio ynddynt. Roedd yr ardal yn berffaith i blentyn chwarae ynddi a darganfod ei hun o fewn ei chymdeithas. Yn anffodus, doedd fy myd mewnol i ddim yn adlewyrchu prydferthwch y byd allanol. Roeddwn mewn penbleth cynyddol. O'm cwmpas, roedd fy ffrindiau'n bachu cariadon ac yn datblygu hyder yn eu rhywioldeb erbyn cyrraedd 13 oed, ond nid myfi. Dysgais yn sydyn iawn sut i osgoi sefyllfaoedd anghyfforddus. Felly, byddwn yn gwario mwy a mwy o amser ar fy mhen fy hun er mwyn i mi osgoi eu cwestiynau lletchwith:

'Pam 'sgen ti'm cariad?'
'Wyt ti'm yn licio genod?'
'Sisi wyt ti yn de?'

Peth anodd iawn oedd tyfu i fyny gyda'm teimladau gwrthgymdeithasol, yn enwedig yn y 70au. Wrth lwc – a thrwy ddylanwad genynnau fy nhaid – roeddwn yn fachgen mawr, tal, a chryf. Felly, gallwn f'amddiffyn fy hun yn gorfforol pe bai raid. Ond, mewn gwirionedd, brwydr feddyliol oedd hon, nid brwydr gorfforol. Oherwydd deallais nad y genod oedd yn tynnu fy sylw, ond bechgyn (a dynion) yr ysgol a'r pentref. Yn ifanc, ni wyddwn beth ddiawl oedd arwyddocâd hynny.

Pam bod hyn yn digwydd i mi?
Pam bod o'n digwydd dim ond i mi?

Am a wyddwn i, doedd neb o'm teulu na'm ffrindiau yn brwydro yn erbyn pryderon dybryd oherwydd eu rhywioldeb. Roeddent oll yn ymddangos yn mwynhau bywiogrwydd eu hormonau fel y mynnent. Gorfodais fy hun i nofio gyda'r llif i drio fy ngorau i osgoi pechu a siomi fy nheulu a'm ffrindiau agosaf. A deud y gwir, roeddwn angen eu cydnabyddiaeth, eu cariad, a'u hedmygedd yn fwy nag erioed oherwydd mod i'n sylweddoli mod i allan o *sync* efo pawb. Ni allwn wneud unrhyw synnwyr o bwy oeddwn i. Roeddwn yn ansicr iawn ohonof fy hun.

Gwn erbyn hyn nad yw nofio gyda'r llif byth yn gweithio os yw yn erbyn greddfau ac ewyllys. Dim ond pysgod marw sy'n mynd gyda'r llif. Fe ges fy llarpio'n rhacs gan euogrwydd o fethu â byw i fyny i ddisgwyliadau arferol fy nheulu a'm ffrindiau. Roedd yn sefyllfa annioddefol. Gwn rŵan bod rhaid i ni wynebu a derbyn ein hunain fel rydan ni, faint bynnag o siom fydd hyn yn ei achosi i'n teulu agos a'n ffrindiau.

Deallais ymhellach ymlaen mai ymddangos yn 'strêt' oedd rhai o'r bobl briod, barchus o'm cwmpas. Mewn gwirionedd, roedd nifer ohonynt yn yr un picil yn cwffio yn erbyn eu teimladau i gadw parch ac edmygedd eu teulu a'u cymdeithas.

Ynghanol yr ansicrwydd meddyliol yma, torrodd priodas fy rhieni ac ar ôl yr ysgariad symudodd fy chwaer a finnau draw i Gaergybi, Ynys Môn, i fyw at Mam.

Roedd Caergybi yn dref fawr, yn borthladd ac iddi ddylanwad Seisnig a Gwyddelig a oedd yn wahanol i gulni cymharol Llanberis. Er gwaetha problemau cymdeithasol, y dref hon oedd yn gyfrifol am f'achub rhagof fy hun. Roeddwn yn hynod o ffodus o gariad ac ehangder meddwl Mam. Roedd yn help bod mab ei ffrind yn hoyw a'i brawd yn ddeurywiol. Felly, dw i'n rhyw dybio bod Mam wedi sylwi bod gennyf dueddiadau hoyw. Gwyddwn ei bod yn fy ngharu a'm derbyn am bwy oeddwn i – a oedd yn golygu llawer iawn i mi, wrth reswm. Roedd fy llystad hefyd yn ddyn goddefgar, ffeind.

Ysywaeth, roedd sefyllfa fy ffrind yn wahanol iawn i fy sefyllfa i. Pan ddywedodd wrth ei rieni ei fod yn hoyw, fe'i taflwyd allan o'u cartref ac o'u bywyd oherwydd eu cywilydd ohono. Roedd yn fachgen annwyl a doedd o ddim yn haeddu hynny. Fe'i lladdodd ei hun. Collais ffrind da am nad oedd ei rieni'n gallu ei dderbyn am bwy oedd o.

Yng Nghaergybi cefais y cyfle i adnabod fy rhywioldeb ac i brofi fy nghyswllt rhywiol cyntaf gyda dyn. Mae'r cof o'm hymgais i gusanu merch yn aros fel hunllef hyd heddiw. Cofiaf y teimlad cryf ddaeth drosof fy mod i'n gneud rhywbeth amheuthun. Suddodd fy stumog a llifodd rhyw dristwch oer drosta i.

Wedyn, ymdrechais i gael cyfathrach rywiol gyda merch. Roedd hwn yn drychineb o'r dechrau. Gadawodd hynny fi mewn cyflwr ofnadwy. Doeddwn i jyst ddim yn deall pam oeddwn yn teimlo'n gyfoglyd llwyr. Dw i'n cofio sefyll o flaen y drych yn yr ystafell ymolchi yn crio'n hidl. Ro'n i'n methu'n glir â deall pam nad oedd pethe 'i lawr fanna' yn gweithio. Be ddiawl oedd yn bod efo fi? Yn amlwg, roedd pethe'n gweithio'n iawn i bob bachgen arall heblaw amdanaf fi.

Newidiodd hynny'n llwyr pan gwrddais â dyn yn y dref. Roedd hwn yn ddyn tal, cyhyrog, golygus, ac yn amlwg roedd 'na sbarc rhyngom o'r dechrau. Roedd fy nghorff ar dân a theimlais ymateb cynhyrfus newydd sbon. Roedd popeth yn gweithio'n berffaith y diwrnod hwnnw. Alla i jyst ddim disgrifio'r rhyddhad o ddarganfod pwy oeddwn i go-iawn. Drwy fy ffrindiau newydd yng Nghaergybi, cefais y cyfle i gyfarfod llawer o ddynion hoyw. Roedd yn gymaint o ryddhad i wybod nad fi oedd yr unig un hoyw. Ond rŵan – wedi darganfod fy hun – gorfu i mi wneud rhywbeth â'm bywyd.

Mae Kristoffer yn cofio'n glir, pan oedd yn wyth mlwydd oed, gwylio cyfres ddrama am anturiaethau patholegwyr yn Los Angeles, *Quincy ME*, ar y teledu. Sylweddolodd mai dyna'n union be oedd o eisiau ei wneud gyda'i fywyd neu fod yn *commercial airline pilot*.

Yn anffodus, roedd fy nheulu'n rhy dlawd i fforddio'r hyfforddiant i mi gael hedfan. Y RAF oedd yr unig opsiwn arall. Roeddwn yn ymwybodol o'r ffaith fod byd y RAF yn fyd gwrywaidd dros ben. Duw a ŵyr sut y gallai bachgen ifanc hoyw ymdopi yn y byd yna.

Fodd bynnag, yn dilyn cwrs hyfforddiant arlwyaeth, cafodd Kristoffer gyfle yn ystod yr haf i weithio yn Officers' Mess RAF Fali. Yno cafodd flas ar y byd militaraidd strwythuredig a daeth i adnabod uwch-swyddog mawr ei barch. Cafodd y person hwn ddylanwad positif a thyngedfennol ar ei fywyd.

Ac yno cwrddais â dyn arbennig iawn oedd yn ei 30au. Roedd hwn – dyn hoyw mewn byd hollol wrywaidd – yn swyddog yn y RAF. Roedd ei gyd-weithwyr yn ei edmygu a'i barchu. Yn amlwg, roedd wedi plethu ei fywyd personol a'i fywyd proffesiynol yn llwyddiannus a chytûn. Newidiodd hwn fy agwedd gan fy arwain i ddarganfod gwirionedd fy ngwerth a disgleirio ac i fod yn oleuni yn y byd, ymhlith yr holl dywyllwch. Fe ddywedodd hyn wrthyf un diwrnod:

They fear your light for they cannot comprehend or deal with the depth of their own darkness. People cannot conceptualise that which they have no concept of. All you must do is shine, never dim your light, but remember, bright lights cast dark shadows, learn to love your shadow, deny him and he will destroy you, love him and he will cause you to shine brighter.

Cafodd ei barch ef a'i gyngor a'i hyder effaith enfawr arnaf wedi fy holl amheuon. Felly, byddaf yn ysgrifennu'r geiriau hyn ar dudalen gyntaf fy nyddiadur newydd bob blwyddyn rhag ofn i mi eu hanghofio nhw. Sylweddolais nad fy rhywioldeb sydd yn fy niffinio i. Dw i'n fwy na hynny. Newidiodd y swyddog dewr, llwyddiannus hwnnw fy mywyd – rhoddodd i mi barch a hyder a oedd yn feddyginiaethau i fy meddwl. Diolchaf amdano ac am y trobwynt hwnnw yn fy mywyd.

Am y tro cyntaf, daeth Kristoffer wyneb yn wyneb ag oedolyn llwyddiannus, poblogaidd a oedd yn dosturiol ac yn deall o brofiad ei benbleth: dyn hynod lwyddiannus ac yntau yn hoyw.

O ganlyniad, dilynodd Kristoffer ei freuddwyd a'i hyfforddi yn Quincy go iawn! Cymhwysodd mewn Technoleg Anatomaidd Batholegol wedi pedair blynedd o hyfforddiant a phedair blynedd yn dysgu ac ymarfer. Cymhwysodd fel myfyriwr gorau'r flwyddyn ym Mhrydain Fawr gyfan. Teithiodd ef a'i rieni i Lundain i seremoni anrhydeddus ble derbyniodd gydnabyddiaeth deilwng iawn a thystysgrif anrhydedd.

Er na chefais wrthwynebiad gan fy rhieni tuag at fy rhywioldeb, roeddwn i'n dal i deimlo i mi rywsut fod yn siom iddynt.

Ond newidiodd hynny'n ddramatig pan ddaeth fy nhad draw i'r marwdy i fy ngweld wrth fy ngwaith. Cafodd sioc pan syl-weddolodd hyd a lled fy ngwaith. Roedd wedi ei syfrdanu mod i'n gallu ymdopi efo'r fath beth. A dywedodd, 'Faswn i byth yn medru gwneud beth wyt ti'n ei wneud yn fan hyn.' Roeddwn angen ei gydnabyddiaeth yn fawr iawn ac fe'i cefais. O'r diwedd, gallwn wneud rhywbeth na allai ef ei hun ei wneud. Roedd ei edmygedd ohonof yn amlwg ac yn ddigon i ladd ei siom.

O'r diwedd, roedd yn falch ohonof. Yn 2005 bu farw fy nhad yn 54 mlwydd oed. Er mawr siom, nid oedd yn dyst i fy ngyrfa fel awdur. Er hynny, dw i'n ffyddiog fod rhyw damaid bach tragwyddol ohono yn llawn balchder.

Roeddwn yn ffodus iawn o gwrdd â phobl arbennig yn fy mywyd, pobl garedig a meddylgar. Cafodd y rheiny ddylanwad enfawr arna i. Ar y llaw arall, deuthum ar draws pobl greulon a aeth allan o'u ffordd i'm bychanu a gwneud i mi deimlo'n israddol.

Yn gyntaf, roeddwn wir yn dymuno perfformio – canu ac actio – ond ni chefais fy nerbyn. Am ba bynnag reswm, ni chefais gyfleoedd i ymwneud â diwylliant fy ngwlad fel y buaswn wedi hoffi. Felly, prin oedd y cyfleoedd a gefais i ddathlu a mynegi fy Nghymreictod yn y byd eisteddfodol – y sefydliad mwyaf Cymreig yn y byd.

Yn ail, roeddwn yn awchu i fod yn awdur, ond cefais fy nghau allan o fanno hefyd. 'Tydy dy Saesneg ddim yn ddigon da,' meddai un athro.

Bûm yn ymladd yn erbyn yr ymdeimlad o israddoldeb a'r teimlad nad oeddwn yn deilwng o'r un cyfleoedd â phawb arall. Gwn am dri bachgen sydd wedi'u lladd eu hunain oherwydd gwrthodiad cyson a diffyg parch. Gwelaf nifer yn y marwdy hefyd sydd wedi darganfod cysur a hedd ar ddiwedd rhaff. Maent yn gallu suddo i gyflwr lle maent yn credu nad yw eu llais yn cyfri a'i fod yn well i bawb iddynt eu diddymu eu hunain o'r byd hwn.

Â Kristoffer ymlaen i egluro ei athroniaeth am fywyd:

O fy ngwaith yn y marwdai, sylweddolaf pa mor frau a byr yw ein bywyd ar y ddaear.

O hynny, gwelaf yn glir bod gennyf fi a phob un arall ohonom gyfrifoldeb i fyw ein bywyd yn llawn. Rhaid i ni ddefnyddio pob lliw yn ein bocs creons cyn iddi fynd yn rhy hwyr.

Mae'n rhaid i ni fod yn realistig a deall fod pobl yn dewis lliwiau gwahanol i ni. O fy mhrofiad i, mae gormod o bobl yn credu mai dim ond eu dewisiadau nhw sydd yn gywir. Felly, i ffitio i mewn i unrhyw 'glwb' penodol rhaid i ni ddefnyddio'r un creonau i beintio'r un llun er mwyn cael ein derbyn. Fodd bynnag, mae gennym y dewis i aros neu i adael y clwb.

Y peth anoddaf a phwysicaf i mi oedd dysgu caru fy hun. Dw i wedi dysgu bod pobl yn defnyddio eu meini prawf nhw a gwerthoedd eu magwraeth nhw i farnu bywydau pobl eraill. Mae pobl yn dueddol o'n caru ni am ein bod yr un fath â nhw. Felly, gwae ni os byddwn yn wahanol!

Yn fy marn i, mae bywyd yn cyflwyno cyfres o ddewisiadau i ni. Credaf ei fod yn gyfrifoldeb ar bob un ohonom i ddewis ein llwybrau ein hunain. Ein hunig wir ddyletswydd yw DISGLEIRIO.

Dysgais ei fod yn gyfrifoldeb arnaf i ddarganfod fy ngoleuni mewnol fy hun a dangos ei ddisgleirdeb yn onest ac yn llachar. Os nad yw pawb o'n cwmpas yn medru ymdopi â ni, mae'n gyfrifoldeb arnom i ddal yn dynn a hyderus yn ein hunaniaeth. Yn bendant, dylem wrthod pylu, gwrthod diffodd ein golau ac yn bendant gwrthod diflannu i dywyllwch. Yn syml, fe fydd rhaid i eraill wisgo sbectol haul i ddygymod â'n disgleirdeb ni. Felly, y neges yw: KEEP SHINING BRIGHT! Mae Maggi Noggi, fy mam, fy mhartner hir oes, a fy ffrindiau agos yn derbyn hyn – diolch byth.

Wrth reswm, byddaf innau yn llawenhau yn eu disgleirdeb hwythau. Mae'n gweithio ddwy ffordd!

O ia, a pheth arall, felly – doeddwn i ddim yn medru ysgrifennu yn y Saesneg!?

Wel, dw i wedi llwyddo i ysgrifennu naw o lyfrau yn y Saesneg ers 2005 ac maent yn gwerthu'n dda. Yn amlwg, rwy'n dysgu'n gyflym!

Diolchaf i Kristoffer am rannu ei hanes mor agored – ei lwyddiannau ysgubol ac effaith gair neu weithred gas. Bid siŵr bod gennym oll ein hofnau sydd naill ai yn ddiogel dan y mat neu sydd heb weld golau dydd eto.

Cyflwynaf emyn William Williams yn flanced gynnes drosom bob un:

> Cymer, Iesu, fi fel 'rydwyf,
>   fyth ni allaf fod yn well;
> d'allu di a'm gwna yn agos,
>   f'wyllys i yw mynd ymhell:
>   yn dy glwyfau
>   bydda' i'n unig fyth yn iach.

William Williams, 1717-91
Caneuon Ffydd, rhif 494

1.5 Dibyniaeth

1.5.1 CAROL HARDY

Wrth fy ngwendid trugarha

Ganed Carol ym Methesda, Gwynedd yn 1955, yn unig ferch i Eluned (Lyn) ac Ifor Wyn, adeiladwr wrth ei waith. Yn ddechreuol, datblygodd Carol yrfa fel athrawes ysgol uwchradd. Priododd y darlledwr, John Hardy, yn 1977 a chawsant ddau o blant, sef Daniel a Geraint. Mae Carol yn nain i bedwar o wyrion. Erbyn hyn, Carol yw Rheolwraig Stafell Fyw Caerdydd a gaiff ei rhedeg dan adain Adferiad Recovery, sy'n elusen gofrestredig ers 2019.

Deuthum ar draws stori adferiad Carol o alcoholiaeth un nos Sul ar raglen *Dechrau Canu, Dechrau Canmol*. Bu gennyf ddiddordeb arbennig yn ei stori gan fod fy nghyfnither, Elisabeth, hefyd wedi dioddef o'r salwch caethiwus hwn. Ysywaeth, roedd stori'r ddwy yn dra gwahanol. Fe'm syfrdanwyd gan ddewrder a chryfder Carol.

Ganed Elisabeth yn 1948 yn Urmston ar gyrion Manceinion ar aelwyd gysurus a oedd yn ymddangos yn berffaith. Roedd hi'n debycach i chwaer i mi na chyfnither a mawr oedd fy ngofid pan fyddai yn ei harddegau hwyr yn diflannu'n ddisymwth gan ddychwelyd adref yn y man. Nyrs oedd hi wrth ei galwedigaeth ac fe briododd uwch-arbenigwr un o ysbytai mwyaf y ddinas lle roedd y ddau yn gweithio. Cawsant briodas gofiadwy a minnau'n forwyn iddi ac fe symudodd y ddau i 'nyth' hyfryd nid nepell o gartref ei rhieni.

Torrodd y briodas, priododd eilwaith, collodd un swydd ar ôl y llall, bu farw ei mam. Bu gwylio ei distrywiad yn hunllef. Byddwn naill ai'n heglu allan ganol nos i Fanceinion i chwilio amdani neu yn erfyn ar arbenigwyr y Manchester Royal Infirmary (MRI) i'w chadw'n ddiogel dros y Nadolig. Cofiaf eu llarpio yn fy nagrau pan oeddent unwaith eto yn delio â hi fel *street vermin* – eu geiriau hwy, nid fy ngeiriau i. Cofiaf atgoffa rheolwr yr ysbyty: 'my cousin was once a respected member of your staff and but for the grace of God this could well have been you.' Cafodd aros dan eu hadain yn ddiogel am gyfnod byr.

71

Doedd gan Elisabeth ddim pŵer personol. Roedd ei diffyg hyder a hunan-werth yn druenus i ferch mor brydweddol, nyrs mor ofalus, cymeriad mor annwyl. Dadansoddodd darddiad ei gwendid fel:
–cenfigen ei mam a'i rheolaeth drosti drwy ei bychanu'n barhaus
–diffyg parch a chariad ei thad a oedd yn ei cham-drin yn rhywiol
–dadleuon teuluol lle roedd disgwyl iddi barhau'n ffyddlon i safbwynt ei mam
–penderfyniad ei mam i'w dilyn i'w chartref priodasol oherwydd ei hunigrwydd fel gweddw.

Er f'ymdrechion gydag amrywiol unigolion o'r gwasanaethau cymdeithasol, y meddyg teulu, yr ysbytai, cyfreithwyr, rheolwyr banciau, a warden y cartref gofal, doedd dim adferiad i Elisabeth. Yn y diwedd, diflannodd fel lleidr yn y nos i niwl strydoedd y ddinas. Byddaf yn meddwl amdani ac yn gweddïo drosti beunydd ond ni wn hyd heddiw a yw'n fyw neu'n farw.

Nid felly stori Carol. Cafodd hi adferiad llwyr ac erbyn hyn ar ôl 15 mlynedd sych, hi yw Cyfarwyddwr y ganolfan gymunedol, Stafell Fyw, yng Nghaerdydd. Yma, mae hi'n defnyddio ei hunllefau personol i gynnig help llaw i eraill ddringo allan o'u pydew a'u hanobaith. Mae'r ganolfan yn cynnig cefnogaeth i bobl gyda dibyniaeth ar alcohol a chyffuriau, ymysg pethau eraill. A dyma ei stori.

Cychwynna trwy ddisgrifio'r digwyddiad rhyfeddol a newidiodd ei bywyd yn llwyr:

> ... yn araf, yn wan a sigledig, camais oddi ar y gris olaf i'r llawr, ac yna fe ddigwyddodd ... Yn ddiarwybod i mi, roedd yr eiliadau nesaf yn mynd i fod yn sylfaen annatod cryf i fy nyfodol bregus: eiliadau a sicrhaodd newid cyfeiriad llwyr imi.
>
> Pa mor aml mewn cyfarfodydd cefnogi Alcoholics Anonymous ro'n i wedi clywed ... ein bod yn alcoholigion ac yn analluog i reoli ein bywydau ein hunain. Ac na fedrai unrhyw bŵer meidrol, yn ôl pob tebyg, ein rhyddhau ni o'n halcoholiaeth. Ond bod Duw yn gallu, ac am ein rhyddhau, pe byddem yn ei geisio Ef.

Yn blentyn bach, bu Carol yn lwcus o'i magwraeth yn Eglwys y Plwyf ym Methesda ac yn yr Ysgol Sul. Cafodd ei chyfareddu gan holl nodweddion addoli Duw: storïau'r Beibl, emynau, gweddïau, y defosiynau, a'r gwisgoedd. Treuliai oriau bob Sul yn ail-greu'r sefyllfaoedd hyn yn ei stafell wely ar ei phen ei hun. Hi fyddai'n chwarae rhan y ficer – yn gwasanaethu yn ei *dressing gown!* Ei hoff emyn bryd hynny a hyd heddiw yw (ac yn enwedig y ddwy linell olaf):

Wrth fy ngwendid trugarha,
paid â'm gwrthod, Iesu da.

Ymhellach ymlaen, canai ac adroddai yr emynau a'r salmau, y Magnificat, y Credo, y Deg Gorchymyn, y Gwynfydau, Drama'r Wythnos Olaf, y Dioddefaint a'r Groes cyn Sul yr Atgyfodiad. Yn 12 oed fe'i derbyniwyd yn aelod llawn o'r Eglwys gan Gwilym, Esgob Bangor.

Fodd bynnag, cafodd Carol brofiad brawychus pan oedd oddeutu saith oed a hithau'n ymweld â chymydog ar ran ei mam. Nesaodd at ddrws cefn y tŷ lle roedd ci'r cymydog yn cysgu; deffrodd ei hymddangosiad sydyn y ci o'i drwmgwsg. Yn ei fraw, ymosododd yn ffyrnig ar Carol a'i brathu a'i brifo. Er ei braw a'i briwiau, ni chriodd ac ni rannodd y profiad gyda pherchennog y ci na gyda'i mam.

Wrth edrych yn ôl, gallaf weld i mi sefydlu patrwm y diwrnod hwnnw o gadw'n dawel a chladdu fy mhoen a 'mhryderon yn ddwfn yn fy nghrombil fy hun. Un rheswm am hyn oedd i mi geisio gwarchod fy mam. Roeddwn ofn iddi waelu a hithau wedi gorfod mynychu ysbyty arbenigol yn Llundain i gael llawdriniaeth enfawr ar ei chalon.

Yn ei harddegau cynnar cafodd Carol brofiad erchyll arall a newidiodd ei byd o ddiniweidrwydd plentyndod i realaeth hyll merch ifanc ymysg oedolion gwrywaidd creulon.

Un dydd chwalwyd fy myd drwy weithred oedolyn roeddwn yn ei drystio. Gadawyd fi mewn sioc, poen, a phenbleth emosiynol. Ond, ar waetha'r profiad dychrynllyd, dilynais fy mhatrwm arferol o beidio â chrio, peidio â galaru, a pheidio â dweud wrth unrhyw adyn byw. Gwthiais yr holl brofiad hyll i ebargofiant – i waelodion fy modolaeth.

Cadwodd Carol y profiad hunllefus yn gyfrinach. Er y boen, gwisgodd fasg unwaith eto gan wthio'r atgof a'r emosiwn yn ddyfnach i'w hisymwybod. Bu'r masg yn rhan annatod o'i bywyd am flynyddoedd lawer ar draul ei heddwch mewnol.

Er mor gariadus a gofalus oedd aelwyd fy nheulu yn blentyn ac ymhellach ymlaen fel oedolyn, nid oedd siarad allan yn agored am bopeth yn rhan o'r senario. Felly, etifeddais yr un patrwm o beidio â rhannu a thrafod pryderon.

Cydiodd y mantra negyddol, niweidiol ynof a gwasgodd yn dynnach amdanaf gan effeithio ar fy holl fodolaeth gan ladd fy hyder a'm hunan-werth yn llwyr. Ar yr wyneb gwisgais fasg, ond yn fy nghalon 'gwyddwn' nad oeddwn:
–yn ffitio i mewn
–yn perthyn
–yn ddigon da.

Chwiliodd Carol am falm i leddfu'r boen, i dawelu'r anesmwythder mewnol, ac i 'reoli daeargryniadau salwch dybryd fy enaid llesg':

Felly, sleifiodd 'gwin y gwan' – y botel – i mewn i fy mywyd yn gymar ffals i'm bywyd beunyddiol. Roedd gorddibyniaeth ar alcohol yn bodoli yn fy nheulu agos ac fe lithrais innau i'r un patrwm ac i'r un pydew.

Troais fy nghefn ar Dduw. Chwerwais, digiais, a deuthum yn was crynedig i ofnau duon a chysgodion hyll parhaus a oedd yn rheoli pob agwedd ar fy modolaeth. Pe bai unrhyw un wedi gofyn i mi:
–beth wyt ti'n credu ynddo?
–oes 'na Dduw?
–wyt ti'n credu?
buaswn wedi brwydro i gynnig unrhyw ateb. Methais yn llwyr â dal fy ngafael ar realaeth.

Ac felly y bu. Tyfodd y masg, yfais fwyfwy, dirywiodd fy hunan-werth, a dyfnhaodd fy unigrwydd mewnol mewn byd prysur, swnllyd, problemus lle na welwn le i mi ynddo.

Fel y gwaethygodd patrwm yfed Carol allan o bob rheolaeth, gwnaeth y teulu eu gorau i geisio normalrwydd. Yn y diwedd, fodd bynnag, aeth y sefyllfa yn drech na nhw. O ganlyniad, mynychodd Carol glinig arbenigol ar gyrion Aberystwyth am dri mis a hithau'n 40 mlwydd oed. Yn anffodus, pan ddychwelodd adref fe hitiodd waelod y pydew eto. Hwn oedd un o'r cyfnodau gwaethaf i'r teulu wedi iddynt obeithio y byddai Carol yn cael rhywfaint o wellhad – ond nid dyna a fu. Felly, symudodd Carol i fyw ar ei phen ei hun.

Ac meddai:

Costiodd y botel yn ddrud iawn i mi a fy ngŵr a fy meibion annwyl. Er ceisio cymorth dynol o bob llun a siâp, parhaodd y chwalfa i ddatblygu yn gyhoeddus ond gan mil gwaeth yn fewnol. Nes yn y diwedd, rhaid oedd fy ngadael ar fy mhen fy hun. Roedd y cyfan yn dorcalonnus i bob un ohonom. Gwelodd y teulu hyd a lled pŵer y ddibyniaeth ar alcohol arnaf ond ni allent fy achub – dim ond sefyll o'r neilltu yn hollol ddiymadferth a gwylio'r drasiedi. A dyna a fu.

Dywedodd ei mab, Geraint:

Byddem – Daniel a minnau – yn mynd i weld Mam ond os oedd hi wedi meddwi byddem yn gadael ar ein hunion. Os byddem yn darganfod poteli, byddem yn eu gwagu i geisio achub Mam o afael y ddiod greulon. Nid oedd yn hawdd i'r un ohonom. Rhyw fath o *tough love*.

Meddai Carol:

A dyna lle roeddwn i, ar fy mhen fy hunan mewn stafell wely oer ym mis Ionawr, heb ymolchi, na newid fy nillad na bwyta ers misoedd. Un diwrnod, deffrais o gwsg ysbeidiol alcohol a gwelais gip ohonof fy hun yn nrych mawr y *dressing table*: y golwg difrifol a'r dirywiad truenus, y ffasiwn olwg. Yng nghornel fy llygad de roedd y botel yn disgwyl amdanaf, ond gwaeddais yn gynhyrfus, yn wylofus, yn uchel: 'DUW, OES RAID I MI?'

Disgynnais yn ôl ar y gwely, sipian cegaid fach neu ddwy o'r 'gwenwyn' yn sigledig a syrthio'n ôl i gysgu.

Agorais fy llygaid a chlywais y llais tawel, tawel yn siarad yn bwyllog awdurdodol ond yn dyner: 'Rhaid i ti fynd adra. Mae'n bwysig i ti fynd adra, rŵan. Rhaid i ti fynd yn ôl at y plant.'

Sipiais gegaid neu ddwy eto. Yna, cysgais a deffrais eto. Clywais y llais yn syth bin yn f'annog eto ond yn fwy bwriadus, 'Rhaid i ti ffonio dy ffrind am lifft. Rhaid i ti fynd adra, rhaid i ti. Bydd hi'n rhy hwyr os nad ei di.'

Cefais yr un profiad droeon am ryw ddeuddydd a'r llais, er yn dawel, yn dyfalbarhau ac yn cryfhau.

Wedi cyrraedd yn ôl adra, yfais y diferyn olaf o'r alcohol a oedd yn y tŷ a dringo'n fregus a gwan i fyny'r grisiau, i orwedd yn fy ngwely… i farw, am wn i.

Wedi sawl diwrnod erchyll, medrodd Carol godi o'i gwely ac anelu i fynd i lawr y grisiau. Ac yna, ar waelod y grisiau y digwyddodd … gwyrth.

Teimlais bresenoldeb fel anadl egnïol yn teithio drwy fodiau fy nhraed i fyny drwy fy nghorff, heibio f'ysgwyddau i'm corun ac allan! SYFRDANOL – ac yna, roeddwn yn GWYBOD mod i'n well! Roedd diflastod dudew'r pwysau wedi fy ngadael a'r gwacter anobeithiol wedi diflannu.

Sythais f'ysgwyddau, cymerais anadl ddofn a cherddais i mewn i'r gegin gan sylwi o'r newydd ar y blodau hyfryd yn ffenest fy nghymydog gyferbyn.

Ar y pryd, doeddwn i ddim yn deall yn iawn beth oedd newydd ddigwydd na beth oedd ar waith.

Ymhen hir a hwyr, es at y drws i godi rhywfaint o'r post a oedd yn fy nisgwyl. Agorais lythyr hir-ddisgwyliedig – a oedd wyth mis yn hwyr yn fy nghyrraedd – i'm gwahodd i ffonio'r clinig gwasanaeth dibyniaeth lleol. Yn rhyfeddol ac fel cyd-ddigwyddiad anhygoel, roedd ganddynt le i mi dderbyn cymorth meddygol … os oeddwn yn barod!

Doedd dim amheuaeth ym meddwl Carol iddi deimlo presenoldeb Duw y diwrnod hwnnw ac iddi brofi deffroad ysbrydol.

Digwyddodd hyn ar ôl i mi geisio cymorth Duw yn fy ngwaedd a'm herfyniad a'm gweddi daer gyntaf erioed, sef 'DUW, OES RAID I MI?'

Mewn encil ysbrydol ger Caeredin un bore Sul rai misoedd yn ddiweddarach, teimlodd Carol gadarnhad pellach fod Duw wedi maddau iddi.

Roeddwn mewn addoliad mewn capel ac ardal na fûm ynddynt o'r blaen. Syllais allan drwy ffenestr wydr, enfawr y capel ymhell dros y lawnt werddlas hir o'm blaen at groesbren anferth yn y pellter. Syllais yn hir arni a'm dagrau'n powlio i lawr fy ngruddiau.

Dagrau o lawenydd oedd y rhain oherwydd i mi ddeall o'r newydd wir ystyr y Groes wag a'r aberth enfawr. Teimlais ym mêr fy esgyrn fod maddeuant a chariad Duw yn bodoli yn oes oesoedd – i minnau. Gwyddwn fod lle i mi ar y groesbren honno – pechadur fel ag yr oeddwn ac yr wyf. O'r diwedd, roeddwn i'n perthyn ac roedd gennyf sylfaen yng nghariad diamod Duw.

Penderfynodd Geraint, ei mab – cyflwynydd radio a theledu – lunio rhaglen ddogfen am alcoholiaeth ei fam. Darlledwyd *O'r Galon – Yr Hardys: Un Dydd ar y Tro* ar S4C ym mis Rhagfyr 2015.

Dywedodd Geraint:

Ffocws y rhaglen oedd profiad o alcoholiaeth o ogwydd personol.

Dangoswyd yn y rhaglen y graddau y gwnaeth y teulu – a'i dad, John – warchod y gyfrinach am alcoholiaeth Carol fel na doedd eraill yn cael gwybod am eu trybini mewnol. Yn y rhaglen, mae Geraint yn dwyn i gof ddyddiau tywyll y plant, sef ef ei hun a'i frawd, Daniel, pan fyddai ei fam dan ddylanwad y ddiod. Byddai'r ddau yn gwneud eu gorau glas i'w gwarchod rhag yfed ond er mawr siom a chryn bryder iddynt, methu'n llwyr a wnaethant.

Ychwanegodd Geraint:

Am flynyddoedd, bûm i a'r teulu yn cuddio'r holl sefyllfa dan y mat. Yna penderfynais dynnu sylw pobl at y salwch hwn oherwydd maint y stigma sydd ynghlwm â'r cyflwr. Pan fyddwn yn digwydd crybwyll alcoholiaeth fy mam, buasech yn credu'n siŵr iddi fod yn llofrudd. Felly, teimlwn gyfrifoldeb i ddatblygu ymwybyddiaeth y gwylwyr mai salwch yw alcoholiaeth a'r salwch sydd yn achosi'r ymddygiad, nid y 'claf' ei hun.

Wedi byw drwy'r profiad hunllefus a dysgu ohono, mae Carol a'i meibion yn gweithio i helpu eraill i:
–dderbyn a sylweddoli mai salwch ydy alcoholiaeth sydd angen gofal meddygol a seicolegol arbenigol
–lleihau'r stigma sydd ynghlwm ag alcoholiaeth
–arwain teuluoedd at gymorth a chefnogaeth.

Y sicrwydd bod Duw yn ei derbyn a'i charu yw sylfaen bywyd beunyddiol Carol bellach. Oherwydd hynny, mae ganddi sylfaen gref na all unrhyw un ei sigo. Drwy hyn, rhyddhawyd Carol o'i huffern bersonol i fyw a mwynhau ei bywyd yn llawn.

Meddai Carol:

> Yn fy ngwaith efo pobl sy'n gaeth i ddibyniaethau niweidiol, dw i'n ceisio rhannu'r gobaith a gefais i am fywyd o'r newydd gyda nhw. Gobeithiaf y bydd yn eu helpu i deimlo'r rhyddhad hwnnw sy'n bosib iddynt hwythau hefyd. Ceisiaf ddangos iddynt nad yw ofn yn bodoli lle bo ffydd: lle bu tywyllwch ac anobaith ac ofn dudew mae goleuni a chariad yn bodoli ...

Yn rhan o'r rhaglen, datgelodd Geraint iddo gael dewis cymryd prawf gan arbenigwyr ym Mhrifysgol Caerdydd i weld a oedd yntau hefyd yn cario'r un mesur o ddibyniaeth. Profodd yn negyddol.

Estynnodd Geraint deyrnged i'w fam:

> Ailadeiladodd Mam ei bywyd ac rwy'n hynod falch ohoni. Mae hi'n berson agored a oedd yn fwy na hapus i ymwneud â'r rhaglen hon. Gobeithiaf yn wir y bydd y rhaglen yn helpu eraill i sylweddoli y fath effaith dybryd y mae alcoholiaeth yn ei gael ar deulu ac yn enwedig ar blant. Gobeithiaf y bydd ysgolion yn dangos y rhaglen i ddisgyblion sydd efallai yn mynd drwy'r un math o brofiad â ni. Mae'n angenrheidiol iddynt wybod nad ydynt ar eu pennau eu hunain yn delio â'r sefyllfa.

Bu Carol yn sobr ers dechrau 1999 – sydd bellach yn 22 mlynedd. Bu'n gweithio yn Stafell Fyw Caerdydd ers Ebrill 2013. Yn awr hi yw Rheolwraig Stafell Fyw Caerdydd. Mae Carol yn dangos fod adferiad o ddibyniaeth yn bosib.

Ac meddai:

> Fy sylweddoliad arwyddocaol yn hyn oll yw mai fi gefnodd ar Dduw ac nid Duw gefnodd arnaf fi. Derbyniaf mai plant i Dduw ein Tad nefol ydym oll, Tad sydd yn ein caru ni bob un yn ddiamod.

Hoff emyn Carol ers yn blentyn yw:

Iesu tirion, gwêl yn awr
blentyn bach yn plygu i lawr:
wrth fy ngwendid trugarha,
paid â'm gwrthod, Iesu da.

Charles Wesley, 1707-88
cyf. W. O. Evans, 1864-1936
Caneuon Ffydd, rhif 373

Diolchaf i Carol am rannu ei stori a gobeithiaf y byddwn bob un yn fwy ffyddiog yn ein hyfory oherwydd ei honestrwydd hi:

Cans gwn yn siŵr mai Tad wyt Ti
A wêl bob tro ein gorau ni.

Cyfieithiad T. James Jones o weddi Eli Jenkins
yn *Dan y Wenallt* (1968)

1.5.2 WYNFORD ELLIS OWEN

Ildio i ennill

Ganed Wynford yn 1948 yn Llansannan, yn fab ifancaf o dri o blant i'r Parchg Robert Owen ac Elizabeth Georgina (Beti) Ellis. Roedd ei dad yn Weinidog gyda'r Methodistiaid Calfinaidd ar Gapel Henry Rees ym mhentref amaethyddol Llansannan, Dyffryn Clwyd. Yn ddiweddarach, symudodd i ofalu am eglwys Salem yn ardal chwarelyddol Llanllyfni, Dyffryn Nantlle. Mynychodd Wynford Ysgol Uwchradd Dyffryn Nantlle, Coleg Addysg Cyncoed, a Choleg Cerdd a Drama Cymru, Caerdydd. Ymunodd â'r BBC yn 1969. Mae'n enwog am greu ac actio'r cymeriad 'Syr Wynff ap Concord y Bos' a ymddangosodd yn y rhaglenni teledu plant, *Teliffant* ac *Anturiaethau Syr Wynff a Plwmsan*, ac am ei bortread yn *Dinas*, yr opera sebon enwog. Crëodd y gyfres gomedi deledu, *Porc Peis Bach*, ac actiodd gymeriad y gweinidog, y Parchg Donald Parry, yn y gyfres honno.

Fel oedolyn, bu'n gaeth i alcohol a *valium*. Cafodd driniaeth am

79

ddibyniaeth yng nghanolfan Rhoserchan yn Aberystwyth a bu'n sobr ers 20 Gorffennaf 1992. Graddiodd mewn Cwnsela Dibyniaeth yn 2008 ac ar 1 Hydref 2008 cychwynnodd weithio fel Prif Weithredwr Cyngor Cymru ar Alcohol a Chyffuriau Eraill.

Datblygodd ganolfan gymunedol Stafell Fyw Caerdydd i gefnogi pobl gyda dibyniaeth ar gyffuriau yn ardal Caerdydd. Agorwyd y ganolfan yn 2011. Ymddeolodd o Stafell Fyw Caerdydd ar 31 Awst 2017, er ei fod yn parhau i weithio ar brosiectau penodol fel ymgynghorydd cwnsela arbenigol i CAIS, rhiant gwmni'r Stafell Fyw.

Fe'i hurddwyd i'r Wisg Werdd yn Eisteddfod Genedlaethol Ynys Môn 2017. Mae'n briod â Meira ac maent yn byw yng Nghreigiau ac mae ganddynt ddwy ferch, Bethan a Rwth.

Roeddwn yn gyfarwydd â gwaith Wynford dros y blynyddoedd ac yn ymwybodol o'i gyfraniad i ddiwylliant ac adloniant yng Nghymru. Yn fwy diweddar, yn dilyn fy sgyrsiau ar raglenni Beti George a Dei Tomos ar BBC Radio Cymru, anfonodd Wynford e-bost ataf. Roedd ei negeseuon yn golygu llawer i mi gan ei fod yn diolch i mi am fod yn agored am fy nhor priodas, hunanladdiad fy nhad, a *dementia* fy ngŵr.

Mae Wynford – oherwydd ei brofiad personol a'i fywyd proffesiynol – yn credu bod y gallu a'r parodrwydd i siarad yn agored am faterion sensitif yn hollbwysig i oresgyn trawma bywyd. Wrth lunio'r gyfrol hon, roedd ei wahodd i gyfrannu yn weithred naturiol oherwydd ei brofiad a'i arbenigedd penodol. Cytunodd a gwerthfawrogaf ei barodrwydd yntau i gyfrannu mor agored ac onest am ei drawma personol.

Mae Wynford yn cynnig eglurhad o ystyr y gair 'trawma' iddo fo:

Nid yn yr hyn sy'n digwydd i ni y mae'r trawma, ond yn y ffordd yr ydym ni'n ymateb i'r hyn sy'n digwydd i ni. Fel y bachgen hwnnw a redodd mewn ofn a dychryn mawr o'r môr i fynwes ei fam ar y lan pan dorrodd ton anferth tros ei ben ef a'i gyfaill; wyddai o ddim y gallai nofio, dal ei ben uwchben y dŵr fel ei gyfaill, a mwynhau bod yn y môr. Yn yr un modd, wyddwn innau ddim chwaith bryd hynny bod bywyd i'w fwynhau ac nid i ddianc oddi wrtho.

Mae ei gyfraniad yn cychwyn gyda'i atgofion ohono'n blentyn chwech i saith oed. Mae'n disgrifio meddylfryd dyrys yn llawn ofnau. Roedd ofn yn 'tra-arglwyddiaethu' ei blentyndod:

–ofn i rywbeth ddigwydd i'm rhieni

–ofni beth fyddai'n digwydd i mi pe byddai un ohonynt yn marw

–roedd Mam yn gaeth i dabledi cysgu cryfion ac yn dioddef o *bulimia* (cyn i'r gair ddod i fod)

–ofni cael stŵr am wneud rhywbeth a fyddai'n adlewyrchu'n negyddol ar fy rhieni – yn enwedig fy nhad, Gweinidog yr efengyl uchel ei barch

–ofni creu sgandal ac achosi i'r 'praidd' bwyntio bys at y Gweinidog.

Roedd disgwyl i'r Gweinidog fod yn sant ac roedd yr un disgwyliad bryd hynny yn llethol ac yn ymestyn i'w wraig a'i blant.

Wynford oedd yr ieuengaf o dri o blant. Roedd wyth mlynedd rhyngddo ef a'i chwaer, Rowenna, a phum mlynedd rhyngddo ef a'i frawd, Arwel. Fel 'bach y nyth' roeddent yn cyhuddo Wynford o gael ei sbwylio.

Dysgais yn ddiweddarach nad oedd o fewn gallu fy rhieni i ddangos cariad digonol *all or nothing* i mi fel roeddwn ei angen. Yn fy marn i, ni all unrhyw riant fodloni dyhead y galon ddynol i gael ei charu amdani hi ei hun. Rydym ni i gyd yn gorfod aberthu peth o'n hunaniaeth er mwyn bodloni rheolau a disgwyliadau cymdeithas, a'n rhieni druan sy'n cael y dasg o wneud hynny. Gallwch ddeall, felly, efallai pam fy mod i'n galw'r rhan fwyaf o'n problemau yn 'mamyddiaeth' – i raddau llai, 'dadyddiaeth'! Yn blentyn, sut bynnag, ni wyddwn hynny ac ymhellach ymlaen nid oedd gennyf yr adnoddau seicolegol i ddelio â'r sylweddoliad trawmatig hwn. Nid oedd gennyf ychwaith y gallu i faddau i'm rhieni am fethu fy ngharu, ac i bawb arall hefyd.

Unwaith mae meddylfryd anobeithiol fel hyn wedi gwreiddio, yr unig achubiaeth yw chwilio amdano yn ein perthynas â'n Tad nefol. Dim ond y cariad dwyfol hwnnw all fodloni dyhead y galon ddynol i gael ei charu *warts and all*. Dyma'r cariad diamod 100% y mae'r galon ddynol yn awchu amdano. Ond chwilio amdano yn y llefydd anghywir wnes i.

Osgoi drwy hurtio

Chwiliais am unrhyw beth a fyddai'n fy hurtio rhag wynebu'r caswir nad oeddwn yn cael fy nghydnabod, fy nerbyn na'm caru fel fi fy hun.

Yn y byd sydd ohoni, coeliwch chi fi, mae 'na gant a mil o wahanol ffyrdd o hurtio'n hunain – sy'n amrywio o'r sbectrwm isaf i'r sbectrwm uchaf. Dyma beth a wnes i:

–teledu   gwyliais y tennis yn ddibaid ar bnawn Sul (isel)
–cyffuriau llyncais dabledi cysgu fy mam (uchel)
–bwyd   camddefnyddiais fwyd yn fy llencyndod (uchel)
–rhyw   hunanbleserais a ddaeth yn obsesiwn (uchel)
–yfais   *Eureka!* (uchel)

Alcohol

Roedd fy mhrofiad cyntaf o yfed alcohol fel profiad ysbrydol. Diflannodd pob ofn, pob ansicrwydd, pob pryder ac ing; teimlwn yn gyflawn:
–yn un â mi fy hun
–yn un â'm cyd-ddyn
–yn un â'r creawdwr.

Hwn oedd y datrysiad i'm holl broblemau!

Chwiliais yn ofer ymhob man posib tu allan i mi fy hun, cyn canfod yr atebiad mewn hylif a oedd yn waharddedig i mi wrth dyfu i fyny.

Y botel wnaeth y gweddill a'm perswadio i ddefnyddio'r hylif i:
–newid y mŵd
–newid y ffordd ro'n i'n teimlo
–newid y ffordd ro'n i'n meddwl
–newid fy hun i fod yn rhywun na fwriadodd y Bod Mawr i mi fod.

Efallai, wedyn, rhesymwn yn fy niod, y cawn fy ngharu?

Ond fel sydd yn wir am bopeth arall sydd y tu allan i ni ein hunain – pethau materol ac ego-ganolig – byr yw eu heffaith. Rhaid ailwneud drachefn a thrachefn i geisio ail-greu'r effaith berffaith.

Dyna'r broses, wrth gwrs, sy'n arwain at ddatblygu arferiad (*habit*). Dyw defnyddio'r blaen-ymennydd (yr *intellect*) ddim yn rhan o unrhyw arferiad. Gwnes i fy yfed yn arferiad, heb unwaith herio'r ymddygiad na chwaith y celwydd yr oedd yn ei gynnal. Yfais fel robot, yn union fel petawn i mewn trans.

Mae'r cyfan yn ddibynnol ar goelio ein celwyddau a'm celwydd creiddiol i oedd: bod dim pwrpas i fy mywyd. Dyna oedd fy nghredo graidd a ffurfiodd y sgript ro'n i'n ei hactio allan yn fy mywyd. Deuthum i'r casgliad hwnnw pan oeddwn yn blentyn chwe neu saith mlwydd oed. Concritiwyd y syniad yn fy isymwybod dros y blynyddoedd.

Doedd fy mhlentyndod i ddim yn fêl i gyd nac yn sylfaen gadarn i fy mywyd. Pen draw fy meddylfryd oedd y gred gynyddol fod hunanladdiad yn opsiwn atractif fel modd i ddianc yn derfynol o'r bywyd dibwrpas hwnnw. A'r hyn ro'n i'n drio'i wneud oedd defnyddio alcohol fel yr arf angheuol.

Wrth gwrs, roedd rhaid i mi ddifa fy nghydwybod i ladd y teimladau o euogrwydd a chywilydd o weld yr effaith roedd fy yfed yn ei gael ar fy ngwraig a'm plant, ar fy nheulu estynedig, ac ar fy ngyrfa.

Canlyniad hynny oedd unigrwydd llethol ac ymdeimlad o arwahanrwydd a oedd yn nodweddu blynyddoedd olaf fy yfed. Dim ond adict sy'n gwybod beth yn union yw unigrwydd llethol wedi iddo wahanu ei hun oddi wrth:
–ei hunan,
–ei gyd-ddyn
–ei Dduw.

Mae adict fel adyn ar gwch bychan eiddil ar fôr tymhestlog heb falast na chapten ar ei bwrdd, heb obaith, heb ddim. Caiff ei daflu o don i don yn ddidrugaredd, a chyda phob eiliad, daw yn fwy amlwg na all yr un pŵer meidrol ei achub. Yr hyn sy'n gyrru cwch pob alcoholig yw:
–hunanoldeb
–hunan-dyb
–ofn
–dig
–balchder ac
–ymwadiad.

Mae alcoholiaeth (a sgitsoffrenia) yn un o'r ychydig gyflyrau sy'n mynnu dweud wrth y claf nad oes dim yn bod arno.

Mae Wynford yn credu mai'r grym mwyaf creadigol yn ein bywyd yw dioddefaint. Yn aml mae'r dioddefaint hwnnw'n mynd â pherson at geg angau, hyd yn oed, ac yn ei orfodi i ddewis rhwng byw neu farw.

Yr adferiad

Yn fy achos i, diolch i'r drefn, ar waethaf anhydrinedd fy mywyd a'r dynfa at hunanladdiad, dewisais fyw. Unwaith roedd y penderfyniad yna wedi'i wneud, roedd fel petai'r bydysawd ei hun yn troi ar ei echel i gefnogi a hwyluso fy mhenderfyniad. Dechreuais adfer ar waethaf fi fy hun!

Mae Wynford yn egluro beth ddaeth ag ef i'r groesffordd honno:

–nid y dioddefaint corfforol (er cefais broblemau gyda fy stumog a'm hymysgaroedd ar hyd fy oes)
–nid fy stad feddyliol
–nid fy stad emosiynol fregus ro'n i ynddi chwaith (er bod iselder a gorbryder yn fy llethu'n aml).

Beth ddaeth â Wynford ar ei liniau i'w alluogi i ildio'n gyfan gwbl i'r drefn oedd:
–sylweddoliad nad oedd ganddo syniad pwy na beth oedd o
–ymwybyddiaeth o'i dlodi ysbrydol.

Ffydd yng Nghrist

Mae un adnod yn Efengyl Tomos yn cyfeirio at y tlodi hwn pan mae Tomos yn dyfynnu Crist, sy'n dweud: 'Pan dach chi'n nabod chi'ch hun dach chi'n nabod Duw'r Tad; pan nad ydach chi'n nabod chi'ch hun dach chi'n byw mewn tlodi – chi yw tlodi.'

A dyna'r tlodi y bûm i'n trigo ynddo am bron i chwarter canrif a pham y bûm yn ysglyfaeth i alcohol. Bu bron iawn i'r ymlyniad fy lladd. Y datrysiad i'r ymlyniad, felly, oedd dod i adnabod fi fy hun a derbyn y da a'r drwg. Gorfu i mi hefyd dderbyn y ffordd ro'n i'n teimlo a meddwl. Penderfynais mai dyna fyddai'r ffordd ymlaen i mi.

Pwy neu beth yw Duw?

Gwyddwn:
–y byddwn angen pŵer mwy na fi fy hun i adfer yn llawn
–fy mod yn ddi-rym i effeithio unrhyw newid heb y pŵer hwnnw
–y byddwn angen ffydd i deithio'r ffordd honno
–na allai neb na dim f'amddiffyn rhag ofni beth a ddeil yfory
–y byddai'n rhaid i mi rywbryd ateb y cwestiwn 'pwy neu beth yd Duw?'

Sylweddolais y byddai'n rhaid i mi ateb y cwestiwn hwnnw fel oedolyn ac nid trwy lygaid plentyn clwyfedig.

Derbyn cyfrifoldeb

Wrth gwrs, roedd gwneud iawn am y niwed a achosais i'm hanwyliaid ac eraill yn uchel iawn ar fy rhestr o flaenoriaethau. Yn gyntaf, gorfu i mi amgyffred yn llawn fy ngwir gyflwr a gwir effaith fy ymlyniad i alcohol arnyn nhw. Dyna yw fy niffiniad i o wallgofrwydd: 'yr anallu i amgyffred yn llawn fy ngwir gyflwr.' Dyna'r ymwadiad (y *denial*) sy'n nodweddu pob dibyniaeth. Bu raid i mi dderbyn cyfrifoldeb am fy holl gamweddau cyn symud gam ymhellach. Dyna'r broses boenus y bu raid i mi fynd drwyddi er mwyn cael fy adfer i'm hiawn bwyll.

Ymlyniad

Lle bynnag mae yna ymlyniad (*attachment*) mae yna ganlyniadau negyddol iddo, oherwydd mae ymlyniad yn diffinio pwy ydan ni ac yn penderfynu sut ydan ni'n teimlo ac yn meddwl. Awn, yn aml yn ddiarwybod i ni'n hunain, yn ysglyfaeth iddo. Fy ymlyniad i oedd alcohol. Ac wrth gwrs, o ganlyniad, roedd yna niwed i mi fy hun ac i'r rhai ro'n i'n proffesu'u caru.

Pan rois i'r gorau i yfed yn 1992, ro'n i'n meddwl mai dyna fyddai diwedd ar fy holl broblemau. Ond mi wnes i ddarganfod bod yna sawl ymlyniad arall a oedd yn diffinio pwy oeddwn i ac yn penderfynu sut ro'n i'n teimlo ac yn meddwl.

Felly, golygodd y daith i sobrwydd i mi ollwng yr ymlyniadau hyn hefyd.

Ymlyniad fel:
–gwaith
–llais beirniadol fy rhieni yn fy mhen
–pres
–pŵer
–beth oedd pobol eraill yn feddwl ohonof
–gorbryderu.

Fe lwyddais i wneud hynny – eu gollwng bron i gyd. Fe wnes i hyn gyda help Meira, fy ngwraig, a'r genod, Bethan a Rwth, a'r pŵer rhyfeddol yma sydd yn fy mywyd i heddiw, ac sy'n fwy, llawer iawn mwy na mi. Mae'n caniatáu i mi wneud y pethau hynny a oedd yn

85

amhosib. Fe'm helpodd i ddatblygu i fod yn rhoddwr yn hytrach nag yn gymerwr fel yn y dyddiau drwg. Yn y fan yna yn rhywle, wrth gwrs, y mae cyfrinach hapusrwydd.

Symud ymlaen: gwneud iawn a helpu eraill

Rhyddhawyd llif o greadigrwydd wedyn – sgwennais dri llyfr, tair drama lwyfan, llawlyfr i helpu eraill, un ffilm, drama radio, a saith o gyfresi radio a theledu. Dychwelais i'r brifysgol, graddio, a dechrau mewn swydd newydd pan oeddwn yn 60 oed.

Sefydlais ganolfan y Stafell Fyw i helpu pobl 'run fath â mi.

Rwy'n Ymgynghorydd Cwnsela Arbenigol ac yn arwain ar Cynnal, y gwasanaeth cwnsela i glerigwyr, gweinidogion yr efengyl, gweithwyr Cristnogol, a'u teuluoedd.

Rwy'n arwain Enfys, y gwasanaeth cwnsela i ddoctoriaid a gweithwyr meddygol.

Rwy'n cynghori ar gamblo, sef Curo'r Bwci. Hwn yw'r gwasanaeth sy'n helpu gamblwyr eithafol a'u teuluoedd. Rwy'n gynghorydd lleol hefyd; fi yw ysgrifennydd y Grŵp Trawsbleidiol ar gamblo eithafol yn y Senedd; ac rwy'n aelod o banel sy'n cynghori'r Gweinidog Iechyd Meddwl, Llesiant a'r Gymraeg yn Llywodraeth Cymru am ddulliau i leihau'r niwed sy'n deillio o gamblo.

A'r cyfan oherwydd i mi dderbyn fy amherffeithrwydd, mod i'n ddi-rym dros alcohol, a bod fy mywyd yn anhydrin!

Cynnal sobrwydd

Dim ond cyrraedd a chynnal sobrwydd oedd fy nod ar ddechrau 'nhaith. Mae medru cyflawni hynny – sef gwneud rhywbeth na fedrwn ei wneud drosof fi fy hun cyn hynny – yn wyrth ynddi'i hun. Ond ar ben hynny, erbyn hyn mae gen i'r gallu i fyw gydag urddas, i garu fy hun ac eraill, i chwerthin, ac i ddarganfod llawenydd a phrydferthwch yn fy amgylchfyd.

Hunan-ddadansoddiad

Ond ai alcoholiaeth oedd fy nibyniaeth waethaf? Nage wir, nid o bell ffordd. Dyw rhoi'r gorau i unrhyw ddibyniaeth neu ymlyniad yn dda i ddim heb i chi hefyd newid y ffordd yr ydych yn meddwl. Roedd fy ffordd 'ddu a gwyn' o feddwl – a oedd wedi cefnogi'r ddibyniaeth a rhoi i mi'r esgus, y cyfiawnhad, a'r ymwadiad – wedi fy ngalluogi hefyd i lynu at ymddygiad a oedd yn niweidiol i'm lles corfforol, meddyliol, ac ysbrydol. Oni bai i mi newid y ffordd ro'n i'n meddwl – *all or nothing thinking* yw term y Sais amdano – mwy na thebyg y byddwn yn dal i yfed hyd heddiw. Bu'n rhaid i mi ddysgu cofleidio'r cysyniad o baradocs – y gallu i ddal ynghyd ddau eithaf mewn un llaw ar yr un pryd a gwneud synnwyr perffaith o'r ddau. Mae'r gwirionedd bob amser rywle yn y canol – byth yn eithafion y 'du' neu'r 'gwyn'. Er mwyn newid natur pethau, felly, un ai tu mewn i'n hunain neu mewn eraill, mae'n rhaid newid nid y digwyddiad, ond y meddyliau hynny a grëodd y digwyddiad yn y lle cyntaf.

Cwestiwn parhaol

Ond y cwestiwn a oedd yn parhau heb ei ateb, wrth gwrs, oedd 'pwy neu beth oeddwn i yn y bôn?'

Pwy neu beth oedd yn gwneud y byw a'r marw yn enw Wynford?

Bu raid i mi fentro i'r diddymdra mawr tu mewn i mi fy hun i ddarganfod yr atebiad. Roedd hwn tu hwnt i be dach chi'n weld ohono i ar y tu allan, heibio'r croen, y clwstwr o gelloedd. Wrth reswm, mae angen talu ymweliad go hir ag ochr ddu'r enaid – digon hir i wneud ffrindiau ag o, a'r rhagfarnau a'r diffygion cymeriad a oedd yn fy ngwneud i'n ddynol – heibio i'r moleciwlau, yr atomau, a'r gronynnau, ac i mewn i'r gofod anllanwadwy, y diddymdra mawr tu mewn.

Yno y canfyddais yr ateb i'r hyn ydw i mewn gwirionedd.

Digwyddodd ar amrant, mewn dau sylweddoliad

Y sylweddoliad brawychus mod i'n ddim – yn ddim byd – heb ymlyniadau bydol o gwbl i ddiffinio pwy na beth oeddwn i – dim ego na'r hunan: dim. Dychmygwch ofnadwyaeth ddychrynllyd y sylweddoliad yna!

Y sylweddoliad gogoneddus mod i'n bopeth, wrth i'r diddymdra fewnffrwydro fel ton yn amsugno'n ôl i ddyfnderoedd mall y môr. O fod yn ddim, mwyaf sydyn, ro'n i'n bopeth – yn cwmpasu'r byd a phopeth o'i fewn a thu hwnt iddo. Ro'n i'n un â mi fy hun; yn un â'm cyd-ddyn; yn un â'r egni diderfyn – yr egni sy'n creu ac yn cyfarwyddo ac yn cadw. Ro'n i wedi cyrraedd cyflawnder – y cariad 'llawn gras a gwirionedd' hwnnw y bûm i'n chwilio amdano drwy f'oes.

Canlyniad

Mae'r cyflawnder hwnnw'n ei amlygu'i hun yn fy mywyd bellach drwy un o roddion gwerthfawroca'r daith ysbrydol, sef y gallu i fyw yn y foment – pob eiliad effro o'r dydd. Ac yn y foment, wrth gwrs, does dim pryderon o gwbl, dim poen, dim tlodi, dim hunllefau, dim unigrwydd chwaith. Mae popeth yn berffaith yn y foment.

Dyw hyn ddim yn cynnig imiwnedd i mi o'r trafferthion hynny sy'n codi o ddydd i ddydd ac o'r ffaith mod i'n ddynol. Fodd bynnag, mae yn cynnig i mi dangnefedd gan fod gen i'r nerth, y doethineb, a'r gallu i ddelio â nhw'n fuddugoliaethus. Mae'r profiad wedi fy ngalluogi i wneud sens o'r problemau a'r anawsterau hynny yn fwy effeithiol a llawer clirach nag unrhyw beth arall.

WYNFORD

Yn y gwadedd roedd gweddi unig, daer;
ac o'i dweud, corneli
tywyll, pell dy stafell di
a lanwyd â'r goleuni.

Rhys Dafis

Dewisodd Wynford y dywediad hwn sy'n adlewyrchu ei feddylfryd iach:

'Dw i'n gofyn dim; yn disgwyl dim; ac yn derbyn popeth a ddaw.'

Nid rhyfedd ychwaith i Wynford ddewis yr emyn gorfoleddus hwn wedi iddo wynebu a gorchfygu ei dreialon a dathlu bod yr Haleliwia yn ôl yn ei enaid:

Tydi a wnaeth y wyrth, O Grist, Fab Duw,
tydi a roddaist imi flas ar fyw.

W. Rhys Nicholas, 1914-96
Caneuon Ffydd, rhif 791

1.6 Gwaeledd

1.6.1 ALWYN HUMPHREYS

Dyro afael ar y bywyd

Ganed Alwyn ym Modffordd, Sir Fôn, yn 1944 a'i fagu ar fferm Penybryn, yn blentyn canol i Annie a Hugh Bryn Humphreys ac yn frawd i Ann ac Arwel. Gadawodd y cartref yn 1968 i fyw ar Lannau Merswy gydag Esther ac mae iddynt ddau o blant, Deian a Manon. Bron i chwarter canrif yn ddiweddarach, priododd Joy Amman a buont hwythau hefyd yn briod am bron i chwarter canrif. Cafodd yrfa ddisglair fel arweinydd cerddorol a chyflwynydd radio a theledu, ac erbyn hyn mae'n byw ym Mae Caerdydd, yn gweithio ar brosiectau corawl a rhaglenni radio a theledu amrywiol.

Croesodd llwybrau Alwyn a minnau droeon dros y blynyddoedd. Cofiaf gydweithio gydag o yn y nawdegau cynnar ar fideo i athrawon ail iaith Cymru gyfan. Bryd hynny, ef oedd yn gyfrifol am y ffilmio a minnau am y cynnwys. Dyn cwrtais ac annwyl. Yna, yn rhinwedd fy swydd fel Llywydd Llys yr Eisteddfod Genedlaethol byddwn yn ei groesawu fel arweinydd un *extravaganza* mawreddog ac un Gymanfa Ganu gofiadwy ar ôl y llall. Byddai'n serennu ar lwyfan enfawr y Pafiliwn ar bob achlysur. Mae Alwyn yn dda am gofio pobl a'u cydnabod. Pan fyddwn yn cymryd rhan ar *Dechrau Canu, Dechrau Canmol* ac yntau'n sylwebydd, byddai'n groesawgar. Cysylltodd wedi i mi agor fy nghalon ar raglen *Beti a'i Phobl*. Yn amlwg, mae'n ddyn meddylgar a sensitif. Felly – wedi i mi glywed sôn bod ei ail briodas wedi torri – a minnau'n gwybod pa mor boenus fu un chwaliad – cysylltais ag ef i'w wahodd i gyfrannu i'r gyfrol ac fe wnaeth. Diolch, Alwyn.

> Sawl tro dw i wedi gorfod tyngu'n daer wrth geisio perswadio pobl i gredu fy mod i'n berson dihyder. Mae'n anorfod, meddan nhw, bod rhywun sydd yn darlledu'n fyw ar radio a theledu ac yn arwain

corau a cherddorfeydd yn gwbl gyfforddus yn eu croen ac yn amddifad o unrhyw owns o nerfusrwydd.

Ond nid dyna fel mae hi o gwbl, ac mae'n hawdd iawn i mi ddadansoddi ac egluro fy ansicrwydd a'm diffyg hyder. Mi ges fy magu ar ffarm – tyddyn reit gyffredin mewn gwirionedd – ac oni bai fy mod wedi cael fy ngeni yno yn hytrach nag mewn ysbyty, fe fyddwn yn hollol grediniol bod fy rhieni wedi derbyn y babi anghywir. Roeddwn i'n casáu arogl yr anifeiliaid ac yn llythrennol fethu stumogi'r menyn roedd fy nhad yn ei greu yn ei gorddwr bob bore Llun. Ar ôl tyfu i fyny, mi fyddwn yn dyfeisio pob math o esgusodion i osgoi helpu yn y cynhaeaf gwair a dyletswyddau diflas, budr eraill.

Doedd fy nhad ddim yn ffarmwr brwdfrydig iawn chwaith. Oherwydd ei allu addysgol anarferol, fe'i symudwyd o'r ail flwyddyn yn Ysgol Ramadeg Llangefni yn syth i'r bedwaredd flwyddyn. Ei dynged oedd cael ei orfodi i aros adra i helpu ar y ffarm. Ar wahân i gyfnod byr ar y môr, dyna lle buodd o am weddill ei oes, yn gwastraffu ei dalent wrth grwydro caeau. Os gwnes i etifeddu casineb fy nhad at waith y tir, yn bendant mi wnes i rannu ei hoffter o ganu. Yn blygeiniol, mi fyddai'n gosod ei gopïau côr meibion ar fwrdd y gegin ac yn ymgolli ym myd Joseph Parry a Daniel Protheroe. Ei frawd, fy Yncl Willie, oedd arweinydd Côr Meibion Bodffordd, ond roedd pawb yn dweud bod fy nhad yn well cerddor. I gyfeiliant y corddwr yn y tŷ llaeth un bora y dysgodd fy nhad i mi fy emyn cyntaf: 'Rwy'n canu fel cana'r aderyn'. Dw i'n dal i orfod ymladd y dagrau wrth feddwl am y peth. Yn nes ymlaen, mi oeddwn i'n ddigon da i gystadlu fel *boy soprano* yn eisteddfodau lleol Môn. Pan oedd corff, llais, ac enaid yn cyd-dynnu'n effeithiol mi oedd y profiad yn fy ngwirioni'n lân! A dyna, felly, oedd fy uchelgais: bod yn denor fel fy nhad i ddechrau, ac yna fel Jussi Bjorling, fy ffefryn ym mysg y recordiau 78 a oedd wedi ymddangos efo gramoffon o rywle.

Yn ddiweddarach, yn Ysgol Uwchradd Llangefni, perswadiwyd Alwyn i gymryd gwersi ffidil, ac yn fuan iawn fe drodd y peth yn hunllef iddo!

Mae'n cymryd amser maith i gael sain weddol dderbyniol oddi wrth y ffidil a doedd gen i mo'r amynedd na'r brwdfrydedd. Ond, ar waetha sawl cri daer, gwrthodwyd fy nghais i'w gwaredu, a rhygnu mlaen fu raid.

I ychwanegu halen at y briw, pan dorrodd fy llais canu, nid olynydd Jussi ymddangosodd ond rhyw greadur efo sain yn ymdebygu i frân wedi cael annwyd. Eto i gyd, yn rhyfeddol, er nad oeddwn i'n gwneud sgrap o waith paratoi, roeddwn i'n cael marciau uchel yn y pwnc Cerddoriaeth yn arholiadau'r ysgol, er mawr syndod i mi. Pan ddaeth hi'n amser llenwi ffurflenni cais prifysgol, a minnau'n awyddus i astudio Cymraeg, roedd yr unben o brifathro'n sicr: 'Music's your subject, boy – change it!' Yn y fan a'r lle, felly, penderfynwyd llwybr fy mywyd gan ffactorau tu hwnt i'm rheolaeth a doedd dim pwrpas gwrthwynebu.

Dewisais Brifysgol Hull gan nad oedd y cwrs Cerdd yno yn ymddangos fel un oedd â phwyslais ar ganu'r piano. Fe wrthodais yr offeryn hwn yn gynnar iawn oherwydd y byddai cerdded trwy bentref Bodffordd efo *music case* wedi bod yn gyfystyr â chyflawni hunanladdiad. Ar yr ochr gadarnhaol, tra'n dal yn yr ysgol, symudais ymlaen o'r ffidil i'r fiola. Dyma weithred a grëodd garwriaeth danbaid, yn gymaint felly fel y deuthum yn flaenwr yr adran yng Ngherddorfa Genedlaethol Ieuenctid Cymru. A gyda llaw, John Cale (o'r Velvet Underground) oedd fy rhagflaenydd!

I neidio ymlaen rhai blynyddoedd, dyna ble roeddwn i yn athro cerdd anfoddog yn Ysgol Uwchradd Caergybi, wedi ffurfio cymdeithas gorawl yn cynnwys disgyblion, athrawon, a rhieni. Roeddem yn paratoi ar gyfer perffformiad o'r *Meseia* gan Handel, pan, yn fy ngwely yn oriau mân y bore un diwrnod, mi ddigwyddodd – BANG!! Roedd y boen yn fy mhen yn annioddefol: roeddwn i'n sgrechian fel babi. Cyn i feddyg allu cyrraedd, mi oeddwn i wedi llithro i goma ac yn ôl Esther, fy ngwraig, mi roeddwn i'n ymarfer y *Meseia* yn fy nhrwmgwsg.

Gwaedlif ar yr ymennydd oedd y salwch – *subarachnoid haemorrhage* – cyflwr hynod ddifrifol, ond wedi triniaeth beryglus ond llwyddiannus yn Ysbyty Walton yn Lerpwl, mi ddois adra i dreulio tri mis yn raddol ddod ataf fy hun a chryfhau. Codi o'r gwely am ryw bum munud y dydd yn unig roeddwn i'n gallu'i ddioddef ar y cychwyn, ond yna, bob yn dipyn, fe ddois yn ôl i fwynhau bywyd cymharol normal. Ond yn ystod y cyfnod yma, bu i mi wynebu'r gwirionedd plaen: fy mod i wedi bod mor agos at fy niwedd. Sylweddolais hefyd y bûm yn poeni am bethau pitw iawn cyn hynny, heb fod yn ymwybodol o ba mor lwcus oeddwn i. Y canlyniad oedd i mi wedyn ddechrau ymddwyn yn afreolus: byw a mwynhau i'r eithaf, bod yn hunanol ac esgeulus, a brifo'r rhai anwylaf ac agosaf ata i. Hwn yn sicr oedd cyfnod mwyaf argyfyngus fy mywyd. Yn naturiol, mae'n hawdd iawn i mi esgusodi fy hun gan roi'r bai ar stad fy meddwl ar y pryd – yn enwedig y gollyngdod o ddod drwyddi, yn bendant. Yn ogystal â hyn, cododd rhyw agwedd eithafol o bositif o ystyried yr hyn allai fod wedi digwydd i mi. O edrych yn ôl, credaf ei fod yn ymwneud â theimlo'r rhyddhad o fedru dianc o afael yr ansicrwydd a'r diffyg hyder a oedd wedi fy nghaethiwo cyhyd.

Cyfnod dros dro oedd o, diolch byth, ond fe adawodd greithiau parhaol, a dw i ddim yn credu y galla i byth gael gwared â'r teimladau o gywilydd am fy ymddygiad. Eto i gyd, bydd canran fawr ohonom yn teimlo rhywfaint o euogrwydd am rywbeth neu'i gilydd. Gobeithiaf fod y sylweddoliad yn gymorth i leddfu'r euogrwydd ac felly ein bod yn medru maddau i ni'n hunain a chymryd cam ymlaen.

Mae Alwyn yn sylweddoli fod ganddo fwy o le i ddiolch na'r rhan fwyaf o bobol, petai ddim ond am y ffaith ei fod yn dal ar y ddaear yma o gwbl. Ac felly, mae cyfri ei fendithion yn pwysleisio'r hyn fyddai wedi ei golli petai wedi ffarwelio â'r byd hwn.

Yn bennaf oll, gwerthfawrogaf fy mhlant, Deian a Manon. Rwyf yn hynod falch o'r ddau. Maent yn arllwys eu cariad a'u gofal arna i yn ddyddiol, sy'n profi bod sefyllfaoedd anodd yn gallu arwain at ddaioni yn y diwedd. I'w mam, Esther, mae'r clod am eu personoliaethau. Mae mwynhau ei chyfeillgarwch hithau hefyd hyd heddiw yn galondid i mi. Yn yr un modd, mae Joy, fy ail wraig, yn parhau yn ffrind agos, ac yn cyflawni gwyrthiau gyda Chôr Orpheus Treforys ar ôl fy ymadawiad.

Dw i wedi petruso cyn crybwyll dau ddarn o gerddoriaeth sy'n codi fy ysbryd mewn adegau anodd. Ar un olwg, maen nhw'n anaddas gan eu bod yn dod â dagrau i'm llygaid bob tro, ond ar yr un pryd mae'r *catharsis* yn hynod fendithiol. Mae'r ddau berfformiad ar gael ar y We:

'Lead kindly light': Mormon Tabernacle Choir
https://www.youtube.com/watch?v=PnIYLEXHeFk

'Komm, susser Tod' – Bach/Stokowski
https://www.youtube.com/watch?v=Jc2hjkMmtv4

Dyma hoff emyn Alwyn ac fe'i ceir yn rhif 596 yn *Llyfr Emynau y Methodistiaid Calfinaidd a Wesleaidd*, 1927, ac meddai:

Emynydd eithaf di-nod ydy'r awdur. Mae'r emyn hefyd yn weddi am lenwi'r gwacter sydd yn llethu'r mwyafrif ohonom o dro i dro. Mae'r un pennill yma, yn fy marn i, yn drysor ac, o gael ei ganu ar yr hen alaw Gymreig, 'Diniweidrwydd', yn falm i'r enaid:

> Dyro afael ar y bywyd,
> Bywyd yw fy nghri o hyd;
> Na'd im gario lamp neu enw,
> Heb yr olew gwerthfawr drud:
> Adeilad gref – y graig yn sylfaen,
> Arglwydd, dyro imi'n awr;
> Llanw f'enaid i â'th gariad
> Tra fwy'n teithio daear lawr.

Arthur Evans o Sir Gaerfyrddin, 1755-1837

1.6.2 CATRIN ANA FINCH

Heddiw yw'r fory y bûm yn poeni amdano ddoe

Ganed Catrin yn 1980 yn Llan-non, Ceredigion, ei mam yn Almaenes a'i thad yn Sais. Hi yw'r ieuengaf o dri o blant. Mae Catrin yn siarad Cymraeg yn rhugl. Mae ganddi ddwy ferch o'i phriodas gyntaf, sef Ana Gwen a Pegi. Erbyn hyn, mae hi wedi ymgartrefu ym Mhentyrch, Caerdydd.

Llun: @Jennie Caldwell

Cefais fy nghyfareddu droeon gan bresenoldeb a pherfformiadau syfrdanol Catrin. Ni ddychmygais erioed y buaswn ryw ddiwrnod yn gwneud rhywbeth mor normal â siarad â hi ar y ffôn i'w gwahodd i gyfrannu i'm cyfrol. Deilliodd fy mharchedig ofn o'i llwyddiannau ysgubol ar draws y blynyddoedd, un acolâd ac albwm ar ôl y llall, holl sylw'r cyfryngau, a'i pherfformiadau byd-eang. Fodd bynnag, nid oedd angen i mi bryderu o gwbl oherwydd roedd Catrin yn gwbl gartrefol, naturiol, agored, ac annwyl. Buom yn cyfathrebu'n aml wedyn drwy negeseuon testun a negeseuon e-bost ac mae'n fraint closio at y ferch hyfryd hon – sy'n bodoli o fewn yr eicon. Daeth geiriau 'Ystafell Fewnol', cerdd Aled Lewis Evans, i'm cof:

> Mae gen i ddyfnder
> na fydda i'n ei ddangos
> i'm ffrindiau'n aml iawn,
> rhyw ddistawrwydd
> sydd tu hwnt i'r miri,
> yn ddyfnach
> na thrio bod yn ddiddorol.
>
> Mae'n ystafell o ryfeddodau
> yn y fi go iawn ...
>
> Ond mae'r ystafell yno
> y tu ôl i'r llygaid,
> ac mae'n lle braf ...
>
> Ond ar ddiwedd y dydd
> pan does neb o gwmpas,
> caf gilio yno'n dawel
> ac wynebu neb ond fi fy hun.
>
> Y fi tu ôl i'r llygaid,
> y fi rwyt ti
> (efallai)
> yn gallu'i weld.

> Aled Lewis Evans, 'Ystafell Fewnol'
> yn D. Geraint Lewis, *Geiriau Gorfoledd a Galar*,
> Gwasg Gomer, 2007, tud. 108

Dechreuodd Catrin ganu'r delyn yn chwech oed ar ôl i'w rhieni fynd â hi i berfformiad y delynores Sbaenaidd enwog, Marisa Robles. Teimlodd Catrin yr awch i ganu'r delyn yn syth. Felly, prynodd ei rhieni delyn fach

Geltaidd iddi a threfnu gwersi iddi gyda Delyth Evans yn Aberystwyth. Yn wyth oed aeth ymlaen i astudio gydag Elinor Bennett yng ngogledd Cymru. Erbyn iddi gyrraedd ei phen-blwydd yn naw oed roedd wedi pasio pob arholiad telyn hyd at Radd VIII gan ennill y marciau uchaf trwy Brydain. Yn ddeg oed daeth yn aelod o'r National Youth Orchestra of Great Britain (NYO-GB) – yr aelod ieuengaf oll i berfformio yn y Proms yn Neuadd Albert, Llundain.

Yn 16 mlwydd oed, ar ôl gwneud ei harholiadau Tystysgrif Gyffredinol Addysg Uwch (TGAU) yn Ysgol Gyfun Aberaeron, mynychodd Catrin The Purcell School for Young Musicians yn Bushey, Llundain. Hon yw ysgol gerdd hynaf Prydain. Mae'n ysgol breswyl cerddoriaeth i 180 o offerynwyr, cantorion, a chyfansoddwyr ifanc, sy'n cynnig addysg gyflawn wedi ei gwreiddio mewn cerddoriaeth. Aeth ymlaen i'r Academi Gerdd Frenhinol gyda Skaila Kanga yn diwtor telyn iddi. Graddiodd yn 2002 gyda chymeradwyaeth y Frenhines am ragoriaeth. Yn ystod ei hastudiaethau, cyflawnodd gampau eraill arwyddocaol, gan gynnwys ennill Cystadleuaeth Ryngwladol Telyn Lily Laskine yn Ffrainc yn 1999 a Chlyweliad Rhyngwladol Artistiaid Cyngerdd Ifanc yn Efrog Newydd yn 2000.

Yn 2000 fe'i hapwyntiwyd yn Delynor Swyddogol Tywysog Cymru. Hi oedd y telynor brenhinol cyntaf ers 1873. Gwasanaethodd am bedair blynedd.

Meddai Catrin:

> Y cam arwyddocaol cyntaf oedd pan benodwyd fi'n delynor i Dywysog Cymru ynghanol fy nghwrs yn yr Academi. Gofynnwyd i mi ailsefydlu'r traddodiad hwn a fu ar gyfeiliorn ers 130 o flynyddoedd. Dangosodd y cyfryngau ddiddordeb yn hyn ac yn fuan iawn arweiniodd at albwm a gynhyrchwyd gan Karl Jenkins gyda Sony Classical. Gadewais Lundain yn 2002 ar ddiwedd fy astudiaethau gan ymgartrefu yng Nghaerdydd.

Lleolwyd Canolfan Catrin Finch ar gampws Prifysgol Glyndŵr, Wrecsam, ac fe'i hagorwyd yn swyddogol ganddi yn 2009. Enwyd y ganolfan ar ôl y delynores ifanc fyd-enwog yn gydnabyddiaeth o'i chyfraniad sylweddol at hyrwyddo cerddoriaeth glasurol a'r delyn i gynulleidfaoedd newydd ac ehangach.

Erbyn hyn, mae Catrin yn berfformiwr, trefnydd, a chyfansoddwr byd-enwog. Hi yw Athro Ymweliadol Coleg Cerdd a Drama Brenhinol Cymru, Caerdydd, yn ogystal â'r Academi Gerdd Frenhinol, Llundain.

Bu'n perfformio fel unawdydd a chyda cherddorfeydd enwoca'r byd ledled Unol Daleithiau America, De America, y Dwyrain Canol, Asia, Awstralia, ac ar draws Ewrop. Mae hi hefyd wedi recordio i brif gwmnïau recordio'r byd gan gynnwys Universal Records, Deutsche Grammophon, EMI, a Sony Classical.

Yn Chwefror 2018, yn fuan ar ôl ei thor priodas a hithau'n 38 mlwydd oed, cyhoeddodd Catrin ei bod yn brwydro canser y fron gradd tri. Derbyniodd driniaeth ddwys yng Nghanolfan Ganser Felindre, Caerdydd, a oedd yn cynnwys saith sesiwn o gemotherapi a llawdriniaeth masectomi dwbl i ddilyn. Flwyddyn yn ddiweddarach, disgrifiodd Catrin ei gollyngdod o ddod allan yr ochr arall yn fyw.

Heb unrhyw amheuaeth, roedd hwn yn gyfnod tywyll iawn. Yn anffodus, canfuwyd fod gen i enyn (*gene*) diffygiol sy'n gallu creu canser y fron. Roeddwn yn gwbl benderfynol o gadw'n bositif drwy'r cyfnod pryderus yma. Rwy'n teimlo'n falch rŵan i mi wneud hynny. Roedd yn bryder gwirioneddol i mi na fyddwn yn medru ymarfer yn ddyddiol yn ôl fy arfer. Roedd hi'n anodd i mi ymarfer ambell waith ond wnes i ddim stopio. Daliais ati i berfformio cymaint ag y medrwn drwy ganran uchel o'r triniaethau. Rhoddodd hyn gryfder imi.

Yn ystod y cyfnodau *chemo*, dim ond dau gyngerdd fu'n rhaid i mi eu canslo yn y diwedd a hynny oherwydd blinder llethol, achos dw i mor styfnig!

Er yr hunllef, gallaf fyw gweddill fy mywyd yn hynod ddiolchgar.

Prysurodd Catrin i ychwanegu nad oes disgwyl i bawb ymateb yn yr un ffordd ag a wnaeth hi. Mae hi'n cydnabod fod pob un yn ymateb yn wahanol i ddiagnosis canser ac i brosesau'r driniaeth.

Bu'r delyn yn rhan annatod o fy mywyd a'm holl fodolaeth ers i mi fod yn chwech oed, felly yn y sefyllfa fregus yma, roedd y delyn unwaith eto'n gefn i mi. Nid yn unig hynny, ond rhoddodd ffocws i mi ymwneud ag agweddau eraill yn hytrach na'r canser.

Roedd y delyn hefyd yn cynnig cyfle i mi fynegi fy hun – agwedd sy'n gwbl, gwbl angenrheidiol i mi.

Ym mis Hydref 2018, yn dilyn triniaethau llwyddiannus yng Nghanolfan Ganser Felindre, derbyniodd Catrin y newyddion ardderchog ei bod yn glir o'r haint. Mae hi'n ymwybodol iawn na fu nifer o fewn yr un ysbyty mor ffodus â hi. Mae hi'n meddwl yn ddwys amdanynt.

> Rhoddais yr holl brofiad y tu ôl i mi ac yn awr rwy'n symud ymlaen gyda'm bywyd. Rwy'n gwerthfawrogi'n fawr fod cyfnod y cymylau duon y tu ôl i mi. Rwyf allan o'r stormydd hynny rŵan ac yn gryf a pharod i wynebu fy mywyd. Rwy'n gwerthfawrogi mod i'n gwneud beth a garaf a bod gen i raglen mor rhyfeddol o brysur a diddorol o fy mlaen.

Ym mis Awst 2017 yn Eisteddfod Genedlaethol Ynys Môn, anrhydeddwyd Catrin yn aelod o Orsedd y Beirdd am ei hymroddiad i'r celfyddydau a'i chydnabod fel un o gerddorion mwyaf blaenllaw Cymru.

Ym mis Rhagfyr 2019 priododd Natalie mewn seremoni breifat yn Ninbych-y-pysgod yng ngŵydd ei theulu a'i ffrindiau agos.

Yn dilyn rhyddhad ei gwellhad, manylodd Catrin ychydig ar ei rhaglen i'r dyfodol agos sydd yn cynnwys cyfansoddi gweithiau newydd a pherfformio yn yr ŵyl Delyn Ryngwladol. Mae'n edrych ymlaen yn frwdfrydig at berfformio gweithiau telynorion Ffrainc a fu'n cyfansoddi gan mlynedd yn ôl a cherddoriaeth Bach, Piazzola, a William Mathias. Mae hefyd yn edrych ymlaen at berfformio yng Ngŵyl Delynau Cymru yn fuan.

> Mae hon yn ŵyl werthfawr iawn sydd yn ysbrydoli'r ifanc a datblygu cynulleidfaoedd. Roedd yn resyn gennyf orfod tynnu allan o Ŵyl Delynau Cymru yn Galeri, Caernarfon, oherwydd fy rhaglen triniaethau. Addewais berfformio yn yr Ŵyl nesaf. Roeddwn mor siomedig gan mai Elinor Bennett – fy athro telyn am flynyddoedd lawer – yw Cyfarwyddwr yr Ŵyl.

Nid yw Catrin yn debygol o fodloni ar yrfa sy'n aros yn yr unfan. Felly, mae hi'n barod yn cynllunio i wthio mwy o ffiniau a darganfod cyfleoedd cyffrous i ymestyn ei cherddoriaeth i diriogaethau hollol newydd.

I'r perwyl hwn, bu'n cydweithio â Seckou Keita, cerddor Senegalese sy'n ddrymiwr a chwaraewr *kora*, math o delyn Affricanaidd. Mae rhai o'r cyfansoddiadau gwreiddiol hyn i'w clywed ar *Soar*, ei halbwm newydd sydd yn barod wedi denu cryn ganmoliaeth.

Dywedodd Catrin mewn cyfweliad diweddar:

> Dw i'n caru canu'r delyn, ond mae'r delyn yn offeryn cyfyng yn y byd clasurol. Felly, dw i bob amser yn hoffi mentro a gwneud pethau eraill. Credaf fod y prosiect arbennig hwn yn cynnig cyfle i fod yn fwy rhydd a hyblyg.

Wynebodd Catrin y cyfnod argyfyngus hwn o'i bywyd yn ddi-syfl a gwnaeth benderfyniadau cryfion.

> Bydd yn ddedwydd yn Nuw.
> ... a pha beth bynnag dy ymdrech a'th uchelgais ... boed i'th enaid gael hedd.

1.7 Marwolaeth plentyn

1.7.1 ALED GWYN

Galar un

Ganed Aled yn 1940 yng Nghastellnewydd Emlyn, yr ifancaf o Fois Parc Nest. Fe'i magwyd ar y fferm gan ei rieni, Gwenni a Gwyn Jones. Hyfforddodd ar gyfer y Weinidogaeth yn Aberystwyth ac Abertawe a graddiodd yn 1963. Cychwynnodd fel Gweinidog ifanc yn Eglwys Henllan Amgoed ym mis Medi 1966. Symudodd i Gapel Soar, Maes-yr-haf, Castell-nedd, yn 1976. Gwasanaethodd hefyd fel cynghorydd sir dros Blaid Cymru.

Roedd yn briod â'r ddarlledwraig, Menna Gwyn, hyd ei marwolaeth yn 2006. Mae ganddynt ddau o blant, Non a Rolant. Aeth Aled ymlaen i ddod yn newyddiadurwr gyda BBC Radio Cymru. Cafodd ei goroni yn Eisteddfod Genedlaethol Cymru Bro Colwyn yn 1995 gan ei frawd, John Gwilym Jones, a oedd yn Archdderwydd ar y pryd. Ysbrydolwyd ei gerdd, 'Melodïau', gan y brofedigaeth o golli ei wyres, Gwennan, yn bum mlwydd oed.

Roeddwn yn bresennol yn y Pafiliwn pan goronwyd Aled Gwyn yn Eisteddfod Bro Colwyn. Cofiaf effaith ei dristwch a godidowgrwydd ei gerddi i Gwennan. Mae Aled, John Gwilym, a Jim Parc Nest yn amlwg iawn yn dod o'r un stabal.

Gwennan

Ergyd greulon i rieni yw sylweddoli bod eu plentyn yn dangos arwyddion afiechyd anesboniadwy. Felly fu hi yn hanes ein teulu ninnau pan sylweddolodd Non, y ferch, a Steve, ei gŵr, bod gan Gwennan, eu merch fach, symptomau anarferol. Digwyddodd hyn yn agos iawn at ei phen-blwydd yn bump oed.

Roedd hi'n gyfle i ninnau, Mam-gu a Thad-cu Caerdydd, a Mam-gu a Thad-cu Hwlffordd, i deithio i Essex ym mhellafoedd Lloegr, lle roedd gwaith Steve a chartre'r teulu. Ond wedi cyrraedd i ymuno yn y dathlu, roedd hi'n amlwg bod amheuon y rhieni yn iawn. Felly, ar ôl archwiliadau yn yr ysbyty lleol yn Southend, trosglwyddwyd Gwennan i Ysbyty Great Ormond Street yn Llundain. Dyma fu'n gartref, bron, i'r teulu wedyn am wythnosau.

Ar ôl cyfnod o ofal, ac arbenigaeth heb ei hail, cafwyd gwybod bod gan Gwennan diwmor ar yr ymennydd a bod y rhagolygon yn wael. Bu'r rhieni yn ymgeledd iddi drwy'r wythnosau. Buont hefyd yn gofalu am Cai, brawd Gwennan, a oedd yn fabi ychydig fisoedd oed. Cafodd y teulu estynedig hefyd gyfle i roi pob help posib.

Wedi cyfnod hir o driniaethau yn Llundain, dychwelodd y teulu bach i fyw yng Nghaerdydd er mwyn bod yn nes at weddill y teulu estynedig. Dan gyfarwyddyd Ysbyty Great Ormond Street, parhaodd y triniaethau yn Ysbyty Llandochau ym Mhenarth. Ond er holl ymdrechion yr ysbytai, a dewrder ac ewyllys Gwennan i ddod drwyddi, bu farw â'i mam a'i thad yn ei hymgeleddu ym mis Mawrth 1994. Daw geiriau'r emyn hwn i'r cof:

Dagrau, poen a galar – daw y rhain i'n bywyd;
pryder, pechod, angau a gaed o oes i oes.

W. T. Pennar Davies, 1911-96
Caneuon Ffydd, rhif 123

Trwy gyfnod tostrwydd Gwennan, un peth a oedd yn amlwg yn ei hagwedd oedd ei dewrder rhyfeddol a'i hawydd i fyw. Yr un dewrder ag a oedd gan ei mam-gu, Menna, a'i galluogodd hithau i wynebu, dros ei bywyd, gyflyrau iechyd enbyd. Dioddefodd o'r gwynegon a sawl triniaeth lawfeddygol, hyd at fynd yn ddiweddarach yn ei bywyd i afael erchyll y clefyd Niwronau Motor (Motor Neurone). Wynebodd y cyfan yn wyrthiol o ddi-gŵyn. Roedd gan Menna, fel rhieni Gwennan, alluoedd dyfnion i ymgynnal yn ddewr ac ymarferol drwy'r cyfan.

Yn achos colli Gwennan a Menna, bu'n rhaid i ni fel aelodau'r teulu roi ystyriaeth i fater triniaeth a gofal lliniarol. Roedd rhieni Gwennan yn gadarn bod amser yn dod lle mae'n rhaid gollwng gafael. Roedd Menna yr un mor bendant bod yn rhaid ildio heb droi at ddulliau cynnal bywyd mewn uned gofal dwys. Cyflëwyd hyn unwaith gan y geiriau doeth ac aeddfed a welir mewn casgliad gan Arthur Hugh Clough:

Thou shalt not kill; but need'st not strive
Officiously to keep alive.

Yn fy achos i, roedd wynebu tostrwydd Gwennan, yr wyres fach, yn anodd iawn. Yn aml, oherwydd bod wynebu'r perygl o'i cholli mor boenus, byddwn yn neilltuo mewn tor calon i gerdded y caeau yn ymyl ei chartref yn Rochford, Southend. Neu weithiau awn i ambell un o barciau Llundain pan fyddem yn aros yno i fod yn agos at Ysbyty Great Ormond Street.

Yn y cyfnod anodd hwnnw â'r tristwch a'r pryder yn llethol, yr unig ollyngdod oedd ymollwng i adrodd yn hyglyw eiriau a brawddegau, a oedd yn gerddi o ryw fath. Ar ôl colli Gwennan, daeth llawer o'r rheiny i fod, fisoedd yn ddiweddarach, yn sail i ddilyniant o gerddi a anfonais i gystadleuaeth y Goron yn Eisteddfod Genedlaethol Bro Colwyn yn 1995 dan y testun 'Melodïau'. Fel is-deitl dyfynnais eiriau Dic Jones:

> Mae alaw pan ddistawo
> Yn mynnu canu'n y co'.

Seiliwyd y cerddi ar nifer o ganeuon a oedd yn ffefrynnau i Gwennan. 'Pen-blwydd hapus i ti ...' oedd y gân gyntaf yn y casgliad. Yn ei pharti pen-blwydd yn bump oed, roedd arwyddion bod Gwennan yn dechrau dioddef:

> Ond roedd rhywbeth o'i le,
> dy gam yn betrus, dy symud yn ansicr
> a'th gynheddfau'n gloff.
> Symptomau'r gofid.
> Tithau wedi dy daro,
> a'th gyfoedion bach bywiog
> yn nabod dy gartref yn well na thi dy hun.

Yna, yn yr ysbyty, daw Postman Pat a'i gath, Jess, ar ymweliad i godi calon y plant yn eu tro, ac yn y ward, ar ôl bod mewn sganiwr enfawr, synhwyrir nodau 'Heno, heno, hen blant bach ...'

> Rwyt ti mor llesg a llwyd, mor wan,
> P'le mae'r nerth fu'n y cyhyrau,
> ac yn y coesau a fu'n pedlo fel chwiban?
> P'le mae'r wasgad, a'r winc, a'r bawd gobeithiol?

Gwaethygodd cyflwr Gwennan dros y misoedd, ac i sŵn 'Pwy sy'n dŵad dros y bryn ...' roedd pawb yn meddwl am y Nadolig:

> Fe aeth dy lythyr di at Santa Clôs,
> fel llythyr pob plentyn arall.
> Fe ofynnaist ti iddo, meddet ti, am bopeth.
> Fe gei di bopeth, efallai,
> ond un peth yn unig yw'r popeth hwnnw i ni.

Erbyn hyn, roedd hi'n rhy wan i fynd i'r ysgol ac yn gweld y plant yn mynd heibio ffenest y tŷ yn y bore:

> Yno yn y stafell ffrynt, mewn rhimyn o olau haul,
> rwyt ti'n ymddiheuro am dy wendid,
> ac yn gofyn ai arnat ti mae'r bai dy fod yn dost.
> Chei di ddim mynd gyda nhw i'r ysgol eto,
> yr ysgol a adewaist cyn i'r gwersi gwpla.

Mae'r cerddi yn cloi gyda'r gân 'O lili wen fach ...'

> Hon oedd y gân ddiwethaf i ti ei dysgu,
> ac fe welaist yr eirlysiau, y saffrwm a'r cennin pedr.
>
> ... a bydd rhaid i ni dderbyn disgyblaeth enbyd yr ildio;
> dy ildio i'r mawredd a'th roes.
>
> Rwyt ti, y wynnaf, yn wan iawn erbyn hyn,
> a'th ocheneidiau ar obennydd yn amlhau.
> Fe'th ildiwn, fe'th ildiwn,
> i felystra tawelwch melodïau a chân.

Bydd Gwennan yn rhan o'n teulu ni tra byddwn.

Dywedodd un anffyddiwr, yn eithaf gwawdlyd wrthyf ar ôl i'r cerddi ymddangos, ei fod yn synnu, gan fy mod yn Weinidog, nad oedd proffes glir o ffydd yn y gwaith. Perygl rhywun mewn galar yw gwneud sioe o unrhyw gred sydd ganddo. Y cysur i mi ac i'r teulu yw bod y byd a'n bywyd yn greadigaethau rhydd, ac y gall unrhyw beth ein taro ar unrhyw bryd. Yn anffodus, mae rhywun rhywle o hyd, bob munud, yn derbyn y newyddion erchyll am ddiwedd bywyd eu hanwyliaid. Un o'r grasusau fu'n help i mi oedd dysgu ymddiried. Fel y dywedodd y bardd R. S. Thomas:

Ni chawn ddewis beth a ddioddefwn yn ein bywyd ond gallwn ddewis ein hymateb.

Un o hoff gerddi Aled wrth iddo gofio Gwennan yw 'Eirlysiau', Waldo Williams (*Dail Pren*, Gwasg Aberystwyth, 1957, tud. 52):

> Gwyn, gwyn
> Yw'r gynnar dorf ar lawr y glyn.
> O'r ddaear ddu y nef a'u myn.
> Golau a'u pryn o'u gwely pridd
> A rhed y gwanwyn yn ddi-glwy
> O'u cyffro hwy uwch cae a ffridd.

> Pur, pur,
> Wynebau perl y cyntaf fflur.
> Er eu gwyleidd-dra fel y dur
> I odde' cur ar ruddiau cain,
> I arwain cyn y tywydd braf
> Ymdrech yr haf. Mae dewrach 'rhain?

> Glân, glân,
> Y gwynder cyntaf yw eu cân.
> Pan elo'r rhannau ar wahân
> Ail llawer tân fydd lliwiau'r tud.
> Ond glendid glendid yma dardd
> O enau'r Bardd sy'n llunio'r byd.

(Ar gof Waldo yn 1942 ac a'i cofnododd yn 1956)

Mae Aled yn uniaethu gyda cherddoriaeth 'Lark Ascending' ('Yr Ehedydd ar Adain'), Vaughan Williams, ac â geiriau'r emyn hwn sy'n ei gynnal wrth iddo gofio am yn ôl.

> Gwna'n daear oll fel Eden gynt,
> yn nefoedd fach i ni,
> a bydded, tra bo'n ddaear mwy,
> yn sanctaidd deml i ti.

R. J. Derfel,1824-1905
Caneuon Ffydd, rhif 234

1.7.2 CATRIN ALWEN

Daeth eto haul ar ein bryniau ni

Catrin a Mari Alwen

Ganed Catrin yn 1970 ac fe'i magwyd ar fferm Esgairieth, Llawr-y-glyn, Sir Drefaldwyn, yn ferch hynaf i Gwilym Pugh ac Elsbeth Pierce Jones ac yn chwaer i Einir Haf. Mynychodd Ysgol Gynradd Trefeglwys cyn symud i Ysgol Uwchradd Llanidloes. Aeth ymlaen i raddio mewn Cyfathrebu yn y Coleg Normal, Bangor, a chymhwyso fel athro ar ôl dilyn cwrs Tystysgrif Addysg i Raddedigion (TAR) ym Mhrifysgol Aberystwyth.

Yn 1993 fe'i penodwyd yn athrawes yn Ysgol Bryn Tabor, Coedpoeth. Yn 2001 priododd â Geraint Wyn, milfeddyg a oedd yn hanu o Eifionydd. Ymgartrefodd y ddau yn Chwilog a chawsant dri o blant: Rhodri Wyn yn 2002, Mari Alwen yn 2004, a Lowri Glyn yn 2006. Ar Ddydd Gŵyl Ddewi 2005, collodd Catrin a Geraint eu merch fach, Mari Alwen, a oedd yn wyth mis oed, mewn damwain car. Er y tristwch, mae Catrin yn llwyddo i deimlo fod 'darn o'r haul draw yn rhywle', dim ots pa mor ddu y bydd hi ar rai adegau. Mae hi'n parhau i gerddori ac yn wyneb mor gyfarwydd ar lwyfannau eisteddfodau a gwyliau lleol a chenedlaethol ag erioed.

Gwelais a chlywais Catrin Alwen droeon cyn ei chyfarfod am y tro cyntaf yn Ysgol Gymraeg Glanrafon, Yr Wyddgrug, lle roedd hi'n helpu ei chwaer, Einir Haf, athrawes yn yr ysgol sy'n gyfrifol am y caneuon actol. Dros y blynyddoedd, bu Catrin yn helpu Einir i gyfansoddi alawon i eiriau'r diweddar Aled Lloyd Davies ar gyfer nifer o'i chaneuon actol. Da deall bod gan Einir Haf y 'feirniadaeth wych' a sgrifennais pan ddaethant yn fuddugol a minnau'n beirniadu'r gystadleuaeth! Cwrddais â Catrin eto pan oeddwn yn arwain arolwg yn Ysgol Bryn Tabor, Coedpoeth, a hithau'n athrawes yno.

Yna, yn 2005, cyrhaeddodd y newyddion erchyll am y ddamwain a'i heffeithiau. Gallwn uniaethu gyda thanbeidrwydd didrugaredd y cyfryngau ynghanol y cyfyngder, eu penawdau hyll, a'u hangen i feio rhywun. Digwyddodd hyn i Mam a minnau ar farwolaeth fy nhad.

Diolchaf hyd heddiw am gryfder fy mam a'i gallu i'n 'lapio mewn blanced' ddiogel i'n gwarchod rhag y tanbeidrwydd a chwestiynau a chyhuddiadau difeddwl y bobl o'n cwmpas.

Dyma ddisgrifiad Catrin o'i chefndir:

Pan briododd fy mam a fy nhad yn 1968, aethant i fyw i Wrecsam am gyfnod ble roedd Mam yn athrawes yn Ysgol Castell Alun. Yn fuan wedyn daeth yr ysfa gref i symud nôl i Lawr-y-glyn, Sir Drefaldwyn, i gynefin fy nhad. Yno buont am dros 40 mlynedd cyn symud yn 2012 i Gellifor yn Nyffryn Clwyd, ardal enedigol Mam. Yn anffodus, bu i ni golli Dad i afiechyd yn 2013.

Cefais fy ngeni ym Mehefin 1970 a dilynodd fy chwaer, Einir Haf, yn 1976. Cawsom fagwraeth hapus ar fferm Esgairieth, Llawr-y-glyn. Ar y pryd, roedd mwyafrif y ffermwyr o'n cwmpas yn Gymry Cymraeg ac roedd yna gymdeithas wledig groesawgar yn y cylch. Mynychais ffrwd Gymraeg Ysgol Gynradd Trefeglwys. Roeddwn wrth fy modd yno ble y gwnaed ffrindiau oes sydd yn dal yn bwysig i mi heddiw ac mi barhaodd hyn trwy Ysgol Uwchradd Llanidloes.

Euthum ymlaen i'r Coleg Normal, Bangor, ble y cwrddais griw o ffrindiau. Mae fy nyled yn fawr iddynt hwythau gan ein bod wedi parhau i gael perthynas agos iawn. Buom bob amser yn gefn i'n gilydd. Wedi graddio, euthum ati i ddilyn fy awydd i droedio llwybr Mam i fod yn athrawes. A dyna a fu. Treuliais flwyddyn yn dilyn cwrs TAR yn Aberystwyth cyn cael fy swydd gyntaf fel athrawes yn Ysgol Bryn Tabor, Coedpoeth. Treuliais gyfnod hapus tu hwnt yno gan fyw am chwe blynedd yn Rhuthun ac ymuno â Chôr Rhuthun. Ar ôl i Geraint a minnau briodi, fe symudon ni i Eifionydd. Yno bûm yn dysgu am gyfnodau mewn ysgolion amrywiol yn y cylch ac erbyn hyn rwyf yn athrawes lanw yn yr ardal.

Cerddoriaeth fu (ac sydd) yn ganolbwynt bywyd Catrin ac yn achubiaeth iddi drwy gyfnod tywyllaf ei bywyd.

Cefais wersi piano gan Miss Mair Meredydd yn Llanidloes. Roedd hi'n aelod o deulu cerddorol iawn yn y dref. Erbyn hyn, mae fy nyled yn enfawr iddi oherwydd iddi roi i mi'r gallu i ganu'r piano: hunan-gyfeilio wrth berfformio mewn cyngherddau, cyfeilio mewn eisteddfodau bach, a chyfeilio i Gôr Eifionydd ac Aelwyd Chwilog. Y rhain oedd y pethau mwyaf pwysig yn fy mywyd ac, yn sicr, fe'm helpodd dros y cyfnod tywyllaf yn fy hanes. Mae'r piano yn un o'm ffrindiau pennaf. Gallaf ymgolli yn chwarae hen ffefrynnau neu botsian drwy gyfansoddi alawon i ganeuon i blant yr ysgol yn y sioeau Nadolig neu'r caneuon actol. Teimlaf yn hyderus wrth y piano a bu'n achubiaeth i mi gan roi llawer o gysur i mi dros y blynyddoedd.

Rwyf wrth fy modd yng nghwmni plant ar lawr dosbarth. Mae'r berfformwraig ynof yn siŵr o fod yn gymorth yn hyn o beth. Rwyf hefyd yn mwynhau hyfforddi plant i ganu unawdau a cherdd dant i'w paratoi i gystadlu mewn eisteddfodau lleol, yr Urdd, a'r Genedlaethol. Mae cadw'r traddodiadau hynny mor bwysig. Teimlaf falchder i mi fedru trosglwyddo fy sgiliau o'm profiadau personol yn ôl i ieuenctid y cylch. Bu hyn hefyd yn gysur mawr i mi allu taflu fy hun i brysurdeb ar adegau arwyddocaol y flwyddyn. Roedd hyn yn cynnwys prysurdeb eisteddfodau'r Urdd a oedd yn digwydd yn ystod cyfnod anoddaf y flwyddyn i mi. Dyma pryd y byddwn yn cael f'atgoffa o'n trallod a gweld pethau yn anodd. Dw i 'di dysgu byw drwy hynny. Mae cadw yn hynod brysur wedi bod yn allweddol i mi allu goroesi'r blynyddoedd diwethaf 'ma.

Dros y blynyddoedd, bûm yn ffodus iawn o gael fy nhrwytho yn y Pethe. Roedd dylanwad fy mam a Thaid Fedw yn gryf arnaf ers yn ifanc. Bu'r Ysgol Sul a chymdeithas y capel yn bwysig. Roedd cael mynd i'r Gymanfa yng Nghapel Heol China, Llanidloes, yn flynyddol yn brofiad a gofiaf fel ddoe. Bûm yn troedio llwyfannau eisteddfodau lleol a chenedlaethol yn ifanc iawn a chael profiadau gwerthfawr. Enillais ambell brif wobr gyntaf a oedd yn binacl fy ngyrfa eisteddfodol. Bu'r cyfnod o fod yn aelod o Glwb Ffermwyr Ifanc Trefeglwys yn un hynod werthfawr hefyd. Credaf fod hyn i gyd yn creu sylfaen gref i fagu hyder. Rhoddodd hyn oll nerth i mi siapio agweddau cryf o fy nghymeriad i wynebu heriau a sialensau amrywiol ac i ddelio efo emosiynau gwahanol. Bu cyfraniad Cwmni Theatr Maldwyn i'm bywyd hefyd yn allweddol. Ymunais â'r cwmni oddeutu 1985 a bu dylanwad Penri, Derec, a Linda yn fawr arnaf. Gwefr oedd cael bod yn rhan o gast 'Pum Diwrnod o Ryddid' yn Eisteddfod y Drenewydd 1988 ac yn ddiweddarach yn y sioeau 'Heledd' ac 'Er Mwyn Yfory'. Yn ystod y cyfnod hwn y cyfarfûm â Geraint a oedd yn gweithio fel milfeddyg yn y Drenewydd.

Ar ôl priodi symudodd y ddau i Chwilog, Eifionydd, ardal enedigol Geraint. Bryd hynny cymerodd Geraint bartneriaeth ei dad ym Milfeddygon Deufor. Yn ôl Catrin, bu'r gymuned leol yn groesawgar tu hwnt gyda'r capel yn ganolbwynt pwysig iddynt fel teulu. Yn 2002 ganwyd iddynt Rhodri Wyn ac ym Mehefin 2004, Mari Alwen.

Cawsom fisoedd hapus a phrysur yn magu'r ddau. Yna, newidiodd ein byd ar brynhawn Sul olaf Chwefror 2005 a ninnau'n dychwelyd o ddathliad pen-blwydd teuluol. Chwalwyd pob dim. Buom mewn damwain car erchyll ac angheuol. Roedd Mari'n anymwybodol a Geraint a minnau wedi'n niweidio o'r gwrthdrawiad. Drwy ryfedd wyrth, roedd Rhodri bach, a oedd yn ddwyflwydd, yn ddianaf.

Trychineb! Gwir dweud bod yr hyn a ddigwyddodd yn *blur* llwyr i mi am y dyddiau a'r ychydig wythnosau a ddilynodd. Ni chofiaf lawer, a phoenus iawn hyd heddiw ydy trio cofio nôl. Gwyddwn ar y pryd bod yn rhaid i ni drio goroesi'r uffern ac ing fy mhoen corfforol. Yn fwy na dim, roedd y boen feddyliol o fethu bod efo Mari yn ddifrifol. Cofiaf bytiau o'r daith annioddefol gyda Mam i Ysbyty Alder Hey, Lerpwl, mewn ambiwlans i fod wrth erchwyn gwely Mari. Lapiodd y teulu'n dynn amdanom yn awyrgylch hunllefus yr ysbyty – yna, clywsom nad oedd unrhyw obaith.

Cofiaf deimlo rhyw ryddhad ynghanol yr uffern bod Rhodri Wyn nôl adre yn Chwilog efo Taid a Nain Talar Deg a'i fod o yn holliach. Cofiaf y boen o wybod y byddai ef hefyd ein hangen ni. Aeth y geiriau yna rownd a rownd yn fy mhen am ddyddiau yn enwedig am ei fod yn rhy bell i ffwrdd i mi fedru gafael amdano. Gwyddwn y byddwn o leiaf yn mynd i allu gafael ynddo – a oedd yn wahanol iawn i Mari fach.

Roedd y ddamwain wedi achosi gormod o niwed i Mari a gorfu i ni ffarwelio â hi ar Ddydd Gŵyl Ddewi 2005.

Daethom nôl i Chwilog i gartref Geraint i aros am ychydig ddyddiau gyda'n calonnau ar dorri. Roeddem yn ysu am gael gweld Rhodri Wyn. Roedd yntau wedi cael amser wrth ei fodd yn chwarae trêns ac adeiladu tyrau gyda nifer o oedolion gwahanol. Cofiaf eistedd am oriau gyda fy maglau yn methu cerdded i lawer o unlle, gyda phobol ym mhob cornel o'r tŷ yn yfed paneidiau ac yn cynnig geiriau hynod garedig o gysur. Roedd eu consýrn i gyd yn amhrisiadwy. Er yr ing a'r trallod, gorfu i ni drafod, trefnu, a gwneud dewisiadau tu hwnt o anodd am drefniadau angladd Mari. Roedd y gwacter a deimlais bryd hynny'n fy llorio'n llwyr. Yn ffodus, hyd heddiw ni chofiaf fawr ddim o'r cyfnod yma.

O fewn ychydig wythnosau o alaru, sylweddolodd Catrin fod ynddi ryw bendantrwydd i fynnu'r nerth i symud ymlaen.

Roedd Rhodri'n ddibynnol arnom am gysur a chariad. Dyma oedd y prif beth i mi ar y pryd. Roedd y golled yn un hollol hunllefus ond byddai rhaid i ni ddysgu byw efo hyn am weddill ein hoes. Roedd cymaint o le i ddiolch bod Rhodri wedi goroesi'r ddamwain. Felly, byddai'n rhaid i ni ailadeiladu ein bywydau o'i amgylch o. Roeddem yn uned deuluol gadarn fis ynghynt, buom mewn damwain erchyll, cawsom golled enfawr na all neb ei dirnad, ond roedd rhaid symud ymlaen.

Un peth wnes i yn weddol fuan ar ôl i ni golli Mari oedd ailafael yn beth oeddwn yn ei fwynhau. Es yn ôl at fy ngherddoriaeth a dyna lle roeddwn eto yn:
–canu gyda Chôr Eifionydd
–cyfeilio i Aelwyd Chwilog
–canu gyda Chwiban
–hyfforddi plant
–perfformio mewn ambell gyngerdd.

Bu'r ailafael yn yr hyn roeddwn yn ei fwynhau yn gymorth mawr i mi. Rhoddodd bwrpas i mi, rywfodd, i barhau ymlaen.

Yn niwedd mis Ebrill 2005, ddau fis ar ôl y ddamwain, penderfynais gystadlu yn Eisteddfod Genedlaethol Eryri yn y Faenol efo'm chwaer ar y Ddeuawd Cerdd Dant. Cafodd Mam sioc pan ofynnais iddi, 'Gosodwch y Ddeuawd!' Roeddwn yn hollol benderfynol o wneud hyn ac i lwyddo. Daeth y ddwy ohonom oddi ar y llwyfan wedi cipio'r wobr gyntaf.

Yn ddiarwybod i bawb y diwrnod hwnnw – ond ein teulu agosaf – roeddwn yn disgwyl babi, sef Lowri Glyn. Credaf i mi fedru sefyll ar y llwyfan o flaen y genedl yn dangos i mi fy hun ac iddyn nhw agwedd o gryfder fy nghymeriad a'm personoliaeth.

Drwy'r cyfan, ystyriaf fy hun yn berson cryf a phenderfynol erbyn hyn. Gorfu i ni barhau i fyw gan oroesi'r bennod ddu honno o erchylltra a thywyllwch yn ein hanes fel teulu. Nid wyf wedi dod dros y golled ac mae'r galar yn parhau i'w amlygu ei hun ambell dro. Pan ddaw, mae'n fy llorio am ychydig funudau. Ond dysgais dderbyn y byddai'r haul yn dod ar fryn mewn amser. Bu dysgu byw efo'r golled yn rhan anorfod o'n bywydau – a dyna a wnaethom.

Ni fyddai hyn wedi bod yn bosib ond am gefnogaeth ein teulu agos, ein cymdogion, ac aelodau'r gymuned yma yn Chwilog. Cawsom gefnogaeth hefyd gan gymunedau pell ac agos. Mae gennym rwydwaith o gysylltiadau gwerthfawr erbyn hyn. Byddwn yn ddiolchgar iddynt am weddill ein hoes.

Bu'n drasiedi na ellir ei dirnad ond un peth sy'n sicr: parhaodd y cwlwm cariad sydd rhwng Geraint a minnau cyn gryfed – yn wir yn gryfach – nag y bu erioed. O'r eiliad gyntaf, gwyddwn fod angen i mi fod yn gefn cadarn iddo fo, a chysidro'r amgylchiadau. Ar 31 Ionawr 2006, ar enedigaeth Lowri Glyn, bendithiwyd ni ein dau gyda seren fach newydd yn fwndel bach i lonni'n byd. Mi lenwodd Lowri Glyn y bwlch a fu'n wag yn ein bywydau am 11 mis. Daeth â gobaith i ni allu wynebu ein bywydau fel uned deuluol o bedwar unwaith eto.

Dywed Catrin y bydd Mari Alwen yn parhau yng nghalonnau Geraint a hithau i dragwyddoldeb.

Ac erbyn hyn, mae elfennau hyfryd o Mari Alwen i'w gweld yn ei chwaer fach, Lowri Glyn: ei chwerthiniad iach, ei llygaid brown tywyll yn pefrio, ei gwên gariadus – jyst pob dim amdani! Buasai'r ddwy wedi bod mor debyg, mi dybiwn, o'r trysorau o luniau sydd gen i. Gwaetha'r modd, fedra i ddim ond dychmygu sut byddai Mari Alwen wedi edrych yn ferch ifanc 16 oed. Fodd bynnag, rwy'n cyfrif fy mendithion oherwydd cefais y fraint o'i chario ac esgor arni. Cefais y fraint hefyd o'i chwmni am wyth mis hyfryd a'i chlywed yn galw 'Mam' arnaf – a gafaelaf yn dynn yn yr atgofion hynny.

Ar ei charreg fedd ym Mynwent Llanystumdwy dewiswyd y geiriau canlynol:

> Fe fydd hi byw am byth yn ein calonnau ni
> Un lawen fu Mari Alwen

Wrth edrych yn ôl, dywed Catrin fod y cyfnodau hynny o fyw mewn gwahanol ardaloedd o Gymru – o Faldwyn i Ruthun i Eifionydd – ynghyd â chefnogaeth teulu, cymdogion, a chylch eang o ffrindiau yn hollol allweddol iddi fedru cario mlaen.

Yn sicr, bu hyn o gymorth mawr i mi wrth weithio drwy fy ngalar personol gan wybod bod llawer yn meddwl amdanom fel teulu. Mae'r cannoedd o gardiau, llythyrau, a negeseuon sy'n dal yn y 'bocs atgofion' yn dyst o hynny. Nid wyf yn troi atynt yn rhy aml, ond gwn eu bod yno a chaf fy nghysuro o wybod hynny. Roedd hyn yn gynhaliaeth allweddol drwy'r cyfnod tywyllaf hyd heddiw. Nid oes gennyf eiriau digonol i fedru mynegi fy ngwerthfawrogiad i bawb fu'n ein cynnal dros y blynyddoedd.

I gloi, hoffwn ddyfynnu o un o'm hoff emynau y bûm yn ei ganu droeon mewn eisteddfodau dros y blynyddoedd. Mae'r geiriau yn nodweddiadol o'm brwydr bersonol a'm hathroniaeth am fywyd fod gobaith ym mhen draw pob twnnel drwy ddal i fynd gan gofio, 'Bydd yn wrol, paid â llithro, er mor dywyll yw y daith.'

Felly, wynebwn drychinebau bywyd gyda'r pendantrwydd y 'daw yr haul ar ein bryniau' a'r sicrwydd a'r gwerthfawrogiad iddo dywynnu arnom fel teulu bach eto fyth wedi'r storm.

Paid ag ofni'r anawsterau,
    paid ag ofni'r brwydrau chwaith;
paid ag ofni'r canlyniadau:
    cred yn Nuw a gwna dy waith.

Norman MacLeod, 1812-72
cyf. Ben Davies, 1864-1937
Caneuon Ffydd, rhif 735

Byddwn bob un yn delio â galar mewn dulliau gwahanol. Mae siarad yn helpu rhai ohonom tra bo eraill yn delio â thymhestloedd bywyd mewn ffyrdd eraill. Diolchaf i Catrin Alwen am rannu ei stori i helpu eraill drwy eu tymhestloedd hwy. Diolchaf hefyd i Geraint Wyn am ei chefnogi yn hyn o beth. Byddwn oll yn cofio Mari Alwen – na fydd byth yn hen.

1.7.3 GERAINT LLOYD OWEN

A dyma ydy ffydd

Ganwyd Geraint yn 1941, yn fab hynaf i Jane Ellen a Henry Lloyd Owen ac yn frawd i'r diweddar Gerallt a fu farw yn 70 mlwydd oed yn 2014. Fe'i magwyd yn gyntaf ar fferm Tŷ Uchaf, Llandderfel, ac yna yng nghartref plentyndod ei fam, sef siop a swyddfa bost pentref Sarnau, Sir Feirionnydd. Bu'n ddisgybl yn Ysgol Tŷ-Tan-Domen, y Bala, cyn hyfforddi'n athro yng Ngholeg Cyncoed, Caerdydd. Bu'n athro, pennaeth, cyhoeddwr, a bardd llwyddiannus. Priododd â Iola ac ymgartrefodd y ddau yn y Bontnewydd, Caernarfon. Cawsant dair o ferched: Awen, Ffion, ac Elliw a fu farw yn 40 mlwydd oed yn 2015. Mae ganddynt ddau ŵyr, sef Steffan ac Erin. Gwasanaethodd Geraint fel Archdderwydd rhwng 2016 a 2019. Ei enw barddol yw Geraint Llifon.

Drwy ein parchus anrhydeddus swyddi yn yr Eisteddfod Genedlaethol – ef yn Hybarch Archdderwydd a minnau'n Ymgynghorydd y Ddawns Flodau – daeth Geraint a minnau'n dipyn o ffrindiau. Hoffaf ei hiwmor chwareus a'i agosatrwydd. Ef a'm hysbrydolodd i fynd ati i lunio fy nghyfrol gyntaf. Derbyniais hyfforddiant ymarferol amhrisiadwy ganddo ar sut i fynd at i lunio cyfrol – dosbarthiadau meistr gwerth chweil ar hyd y beit.

Pan fydd Geraint a minnau ar ein pennau'n hunain, bydd ein sgwrs yn troi bob tro at y pwnc o ffydd a bywyd tragwyddol. Y gwahaniaeth rhyngom yw:

–ei fod ef yn awchu am sicrwydd bendigaid fod ei annwyl Elliw, ei frawd Gerallt, ei fab yng nghyfraith, Gareth (gŵr ei ferch, Ffion), a'i nith, Mirain, yn ddiogel ac yn eu llawn hwyliau; mae ganddo galon enfawr a phe medrai byddai'n cysylltu â nhw i sicrhau eu bod yn iawn; dyna yw ei natur gariadus, meddylgar – ein tad ni oll!

–fy mod innau, ar y llaw arall, fel ein mam ni oll, yn awchu am ei achub rhag ei loes a'i hiraeth!

Weithiau, byddai'r ddau ohonom yn glannau chwerthin a thro arall byddem yn colli deigryn oherwydd i ni ymdrin â phwnc mor ddyrys.

Byddwn i'n ffeindio fy hun yn ailadrodd yr un stori dro ar ôl tro wrth geisio argyhoeddi Geraint. A dyma hi'n ysgrifenedig y tro hwn:

Pan oeddwn yn blentyn a ninnau'n deulu cyflawn – fy mam, fy nhad, a finnau – byddai defaid colledig yn ffeindio'u ffordd i'n tŷ ni yn rheolaidd. Pan oeddem yn byw yn Nhreorci, byddai hynny'n digwydd yn llythrennol petai'r drws ffrynt yn agored. I gychwyn, roedd ymweliad dafad ac oen â'r pantri i fwyta ein swper yn eithaf ciwt!

Ymhlith y praidd o ddefaid colledig eraill roedd:
–fy nghyfnither, a oedd yn disgwyl plentyn yn 15 oed
–fy nghyfnither eto – pan redodd ei gŵr i ffwrdd gyda Redcoat o Butlins
–babi bach – merch i ddau feddyg ifanc dibriod – sgandal a oedd yn bygwth eu gyrfa ddisglair ac enw da'r teulu
–cyfaill a oedd yn ddifrifol anabl nad oedd yn bodoli i'w deulu mwyach
–Monica, fy ffrind ysgol uwchradd, sipsi fach y fro.

A dyna sut y glaniodd Yncl Tom yn ein llofft sbâr yn y Mans yn Rhyd-y-foel. Ef oedd llysfrawd fy nain. Doedd neb yn gwybod am ei fodolaeth nes bod Nain wedi dechrau cofio'n ôl.

Aeth Mam ar grwsâd enfawr i ddod o hyd iddo. A dyna lle roedd o yn hen, yn dlawd, yn sâl, yn oer, yn newynu, yn drewi, ac yn rhentu stafell mewn tŷ cownsil yng Nghaergwrle. Ar amrantiad, trefnodd Mam ei achubiaeth. Benthyciodd fy nhad gar Morus Huws y Borth, ac i ffwrdd â'r ddau i achub Yncl Tom a'i gludo i'r nefoedd atom ni yng Nghartrefle.

Bryd hynny, roeddwn yn naw oed. Daeth Yncl Tom a minnau'n ffrindiau'n syth – i'r fath raddau nes iddo ddechrau paldaruo am *cinder toffee*. A dweud y gwir, daeth hwn yn dipyn o obsesiwn! Byddai'n rhoi ychydig o geiniogau i mi'n ddyddiol i gludo peth iddo. Synnais iddo fedru llyncu cymaint o *cinder toffee* mewn diwrnod ac yntau mor hen a thila. Fodd bynnag, pan glywais sgrech Mam un tro yn diasbedain drwy'r tŷ gwyddwn nad BWYTA'r *cinder toffee* a wnâi Yncl Tom ond ei safio o dan ei obennydd. Yn y diwedd, roedd ef a'i gobennydd a'i *cinder toffee* yn un – a minnau, wrth gwrs, yn cael y bai! O hynny ymlaen, wrth reswm, newidiais fy tic-tacs a chuddio'r *cinder toffee* rhag Mam ac eistedd gydag Yncl Tom nes bod o wedi bwyta pob briwsionyn!

Un diwrnod deuthum adref o'r ysgol gyda mwy o *cinder toffee*. Fodd bynnag, dywedodd fy nhad, 'Mae Yncl Tom wedi marw – gei di fynd i'w weld o os wyt ti eisiau.' Euthum i mewn i lofft Yncl Tom ac ni allwn gredu beth a welais. Deuthum i lawr y grisiau â'm gwynt yn fy nwrn. 'Tydy o ddim yna, Dad, mae o wedi mynd allan o'i gorff. Mae ei gorff o'n wag. Lle mae o rŵan ta?'

'Wel, dim ond benthyg ei gorff oedd o tra roedd o'n byw ar y ddaear, ti'n gweld. Dw i'n credu 'i fod o wedi mynd i fyd ysbrydol, felly tydy o ddim angen corff yn fanno. Mae ei gorff o fel cragen wag weli di ar lan y môr.'

A chyn i mi gael cyfle i ofyn cwestiwn dywedodd, 'Tydy o ddim iws i ti drio gweithio allan sut aeth o o'i wely i'r byd ysbrydol, na sut fyd ydy o achos fedri di byth ddeall – byd ysbrydol ydy o. Does gen ti na fi mo'r profiad i'w ddychmygu. A dyna ydy ffydd. Ti'n credu rhywbeth heb 'i weld o. Dw i'n credu bod ein bywydau ni'n dilyn y tymhorau. Mae'r dail yn gwywo yn yr hydref a dyna sydd yn digwydd i ni ar ddiwedd ein bywyd ac yna byddwn yn blaguro eto fel bydd y coed yn y gwanwyn.'

Wedyn es allan i chwarae yn yr ardd gyda'n cathod, Brandi, Wisgi, a Tipsi yn hapus braf mod i'n gwybod lle roedd Yncl Tom ac eto'n poeni iddo adael ei *cinder toffee* ar ôl.

Ers y cyfnod hwnnw, wnes i rioed gwestiynu eglurhad fy nhad na fy ffydd gan fod fy nhad wedi datgan na ddylwn geisio gwneud hynny am nad oedd y profiad gennyf i'w ddirnad.

Fodd bynnag, plannais goeden geirios hyfryd yn yr ardd i'm hatgoffa o ffydd a chadernid fy nhad a'n cred ni ein dau bod ein bywyd dwyfol yn efelychu rhediad y tymhorau daearol. Lleolais y goeden geirios hon mewn man blaenllaw yn yr ardd ffrynt. Dyma'r goeden olaf a welaf wrth adael y tŷ a'r goeden gyntaf a welaf wrth ddychwelyd adre. Penderfynais addurno'r goeden â goleuadau bychain disglair i sicrhau fy mod yn eu gweld hyd yn oed ym mherfeddion y nos.

Er mor ifanc oeddwn, derbyniais y cysyniad o ffydd a bywyd tragwyddol pan oeddwn – ac fe'm cynhaliodd hyd yn oed pan gollais fy arwr a'm hangor yn 1967 a phan ddaeth unrhyw gwmwl du i'm rhan wedi hynny. Diolch, Dad.

Dyma sut mae Geraint yn disgrifio ei fagwraeth:

Roedd Mam yn gyn-athrawes cyn cymryd y siop drosodd gan Nain yn Sarnau. Wedi rhoi'r gorau i ffermio, roedd fy nhad yn gweithio i'r Weinyddiaeth Amaeth yn Nolgellau. Uniaith Gymraeg oedd y fro a'i hiaith mor naturiol i bawb yn yr ardal yn yr adeg yr oeddwn i yn tyfu i fyny yno. Cafodd fy rhieni a minnau frawd bach a oedd dair blynedd a hanner yn iau na mi. Un camgymeriad a wnaeth fy rhieni oedd ei enwi yn Gerallt oherwydd roedd yn rhy debyg o lawer i Geraint!

Cefais fy magu yn Annibynnwr yng nghapel bach Rhydywernen yng Nghwm Main. Byddem fel teulu'n cerdded ar draws y caeau dair gwaith bob Sul i fynychu'r capel. Deuthum innau o dan ddylanwad y gweinidog a oedd gennym. Hen lanc oedd y Parchg Gwion Jones, brodor o Geredigion a ddaeth i'r cylch yn syth o'r coleg a bu gyda ni nes iddo ymddeol 45 o flynyddoedd yn ddiweddarach. Bu ei ddylanwad yn fawr arnaf – gymaint nes i mi feddwl am rai blynyddoedd yr hoffwn fynd i'r Weinidogaeth fy hun. Roedd y blaenoriaid yn Rhydywernen yn bobol soled, diwyro eu barn ar bopeth. Halen y ddaear, bob un ohonynt.

Mae Geraint yn disgrifio ei gymeriad fel hyn:

Cymeriad cymysg iawn ydw i sy'n debyg i fy mam. Os na fyddai ganddi hi broblem, mi fyddai unai yn dychmygu un neu'n creu un! Felly hefyd ei mab hynaf – myfi. Mi fyddai Iola (fy ngwraig) yn 'amenio' hynny!

Credaf mai pwrpas fy mywyd ydy gwneud fy ngorau i godi calon eraill.

Teg dweud fy mod yn prynu i mewn i'r athroniaeth bywyd 'yr hyn a fedir a heuir'. Fodd bynnag, yn fy hanes i credaf fod rhywbeth mawr wedi mynd o'i le.

Yn fy marn i, rhoddir gormodedd o bwyslais ar fynychu capel ar y Sul a dilyn trefn draddodiadol o grefydda. Yn y dyddiau sydd ohoni, does dim digon o bwyslais ar Gristnogaeth ymarferol. Gallaf ddweud yn bendant fy mod i'n dod o'r ochr ysbrydol.

Credaf y dylwn i fyw fel petai fy niwedd yn dod i'm rhan fory. Felly, ceisiaf roi popeth mewn trefn. Mae gwneud trefn o anhrefn yn waith caled. Fodd bynnag, mae'n werth yr ymdrech oherwydd bydd y lle ma'n fwy trefnus ac yn y pen draw fe fydd yn haws i'm teulu ddod i ben â f'ymadawiad.

Gallaf uniaethu â phenbleth a galar y fam honno sy'n cyfeirio at ei mab a dau arall a ddiflannodd pan yn pysgota ym Môr Iwerydd yn ddiweddar. Yr un fam a oedd ddeng mlynedd yn gynt yn galaru am golled ei mab ieuengaf. Hithau fel fi yn methu dirnad 'pam hi?'

Ac yn y môr o anobaith yma mae Geraint yntau yn troi yn aml wedi iddo golli cynifer o anwyliaid mewn cyfnod byr o amser. Dyma a ddywed yn ei gerdd, 'Pam?' (2021):

Ac yn y tywyllwch rwyf innau yn methu
â deall y Drefn, beth bynnag yw hynny.

Gobeithiaf y bydd Geraint yn darllen fy stori am darddiad a pharhad fy ffydd a'm gobaith ac y bydd yn cynnig cysur iddo i'r dyfodol. Mae pawb yn delio â galar yn ei ffordd ei hun. Gwn bod Geraint – er ei hiraeth – yn caru ei deulu annwyl, prydferthwch natur, a diwylliant ei wlad. Mae'n dewis emyn sydd yn amlwg yn rhoi nerth iddo pan fydd yn cael pyliau o hiraeth:

Y nefoedd uwch fy mhen
a dduodd fel y nos,
heb haul na lleuad wen
nac unrhyw seren dlos,
a llym gyfiawnder oddi fry
yn saethu mellt o'r cwmwl du.

Er nad yw 'nghnawd ond gwellt
a'm hesgyrn ddim ond clai,
mi ganaf yn y mellt,
maddeuodd Duw fy mai:
mae craig yr oesoedd dan fy nhraed,
a'r mellt yn diffodd yn y gwaed.

Ehedydd Iâl, 1815-99
Caneuon Fydd, rhif 183

1.8 Colli cymar

1.8.1 SHÂN COTHI

Ailgydio

Ganed Shân Margaretta Morgan yn 1965 ac fe'i magwyd yn yr Efail yn Ffarmers, Caerfyrddin, yn ferch i Dai a Joan Morgan ac yn chwaer fach i Eirian. Yn lleol fe'i hadnabyddir fel 'Shân y Gof' gan mai gof yw ei thad. Mabwysiadodd yr enw 'Shân Cothi' ar ôl afon Cothi pan oedd yn blentyn yn Eisteddfod Aberteifi gan fod dwy Shân Morgan yn cystadlu yno. Mynychodd Shân Ysgol Gynradd Ffarmers a oedd rhyw 200 llath o'r efail.

Shân Cothi a Caio

Yna, croesodd y ffin o Shir Gâr i Geredigion i fynychu Ysgol Uwchradd Llanbedr Pont Steffan. Graddiodd mewn Cymraeg a Cherdd o Brifysgol Aberystwyth gan hyfforddi fel athro yn y sector uwchradd. Bu'n bennaeth cerdd yn Ysgolion Uwchradd Llanfair Caereinion ac Ystalyfera. Enillodd gystadleuaeth y Rhuban Glas yn Eisteddfod Genedlaethol Bro Colwyn 1995. O ganlyniad, ymddeolodd o'r byd addysg i ganolbwyntio ar yrfa broffesiynol fel soprano.

Ers 2014 bu Shân yn cyflwyno ei rhaglen radio ei hun, *Bore Cothi*, ar BBC Radio Cymru bob dydd o'r wythnos. Cefais y pleser o siarad ar y rhaglen honno am amrywiol bynciau, gan gynnwys: hen draddodiadau, bywyd ar ôl sepsis, fy nghyfrol gyntaf, *Hanes Gwobr Goffa Lady Herbert Lewis 1955-2018* (Gwasg y Bwthyn, 2019) a f'ail gyfrol, *Na Ad Fi'n Angof – Byw â Dementia* (Gwasg y Bwthyn, 2020).

Yn ogystal â hyn, mae Shân yn 'bresennol' naill ai yn fy nghartref neu yn fy nghar yn ddyddiol. Felly, mae hi'n 'ffrind' cyfarwydd. Pan ofynnais i'w hymchwilydd a gawn i ofyn i Shân gyfrannu i'r gyfrol hon dywedodd, 'Peidiwch chi â phoeni os na chlywch chi ganddi. Mae ei chalon hi yn y lle iawn. Dw i'n gwybod y bydd hi'n fodlon.' A dyna a fu. Fe gefais ambell sgwrs gyda Shân yn y croen fel petai – sydd yn union yr un Shân ag a glywir ar raglen *Bore Cothi*. Ie, hi yw ein ffrind ni oll – y ferch drws nesa a serennodd yng Nghymru a lledled y byd. A dyma ei hymateb i'm cais iddi gyfrannu i'r gyfrol hon:

Mae'n rhaid i mi ddechre gyda chyffesiad. Dw i 'di bod yn osgoi'r baich o 'sgrifennu pwt ar bapur ers blynyddoedd ac mae'n rhaid i fi gyfaddef nad yw 'galar' yn destun sy'n apelio rhyw lawer. Dw i'n teimlo mod i wedi ca'l fy nghorlannu fel anifail gwyllt heb unlle i droi ac yn hytrach na 'gwrthod' (dw i'n driw iawn os dw i 'di addo rhywbeth) yr her, dw i 'di 'gorfod' ei wynebu ac ateb y gwahoddiad yn barchus – er yn groes gra'n.

Gyda llaw, nid beirniadaeth yw hyn – ond stad o feddwl ac un fel 'na dw i 'di bod erioed.

Ta beth, mae'n siŵr taw dyma yw fy ngwendid yn gyffredinol mewn bywyd, sef y tueddiad i osgoi'r hyn dw i ddim yn frwdfrydig am ei wneud. Dyna pam 'falle dw i 'di teimlo ar hyd fy oes mod i dipyn bach yn wahanol i'r *run of the mill* ac yn mwynhau crwydro oddi ar y llwybr cul ... os oes na'r fath beth yn bod.

Datblygodd gyrfa Shân i gyfeiriadau amrywiol, nid yn unig fel soprano ond hefyd fel actores a chyflwynydd ar lwyfan, radio, a theledu. Yn ddiweddar, cymerodd ran yn y gyfres *Canu Gyda'm Harwr* a ddarlledwyd ar S4C. Enillodd ei rhaglenni wobrau BAFTA Cymru yn ogystal â gwobrau rhyngwladol. Chwaraeodd ran Davina Roberts, arweinydd Côr Meibion Gwili, yn y gyfres ddrama ar S4C, *Con Passionate*, am dair cyfres. Enillodd y gyfres honno hefyd nifer o wobrau BAFTA Cymru a gwobr gyntaf Rose d'Or. Cyflwynodd raglenni niferus, gan gynnwys rhaglenni megis *Bro* gyda Iolo Williams a'r *Porthmon* a'r *Sipsiwn* gydag Ifan Jones Evans.

Yng nghynhyrchiad Andrew Lloyd Webber o *Phantom of the Opera* yn Theatr y Frenhines yn y West End, Llundain, Shân oedd Carlotta. Trafaeliodd y byd i ganu mewn lleoliadau amrywiol o Neuadd Albert i'r Kowloon Shangri-La yn Hong Kong, China. Fe'i clywir yn canu ar Classic FM yn rheolaidd. Mae hi hefyd wedi recordio'n helaeth. Nid rhyfedd, felly, i Shân ennill Gwobr Geraint Stanley Jones a'i hanrhydeddu gyda Chymrodoriaethau o Brifysgol Aberystwyth a Phrifysgol y Drindod Dewi Sant am ei chyfraniad i gerddoriaeth yng Nghymru.

Dyma ddisgrifiad Shân o'i chefndir a'r dylanwadau a fu arni:

Mi rydw i'n berson cryf ac mae'r diolch yn sicr i'r teulu a'r genynnau cadarn sydd yn fy ngwaed. Diolch i'm rhieni a'm cyndeidiau o ofaint oedd â'u dwylo cadarn yng ngwres y tân yn trafod yr haearn ar hyd eu hoes. Dw i'n ferch i Dai a Joan y Gof, yr Efail, Ffarmers, a 'Shân y Gof' fydda i i'r genhedlaeth yna am byth. Daeth 'Shân Cothi' flynyddoedd yn ddiweddarach. Ond dw i 'di ca'l fy nghodi yn Nyffryn Cothi, felly dyle hynny fod yn ddigon o reswm.

Mam-gu: May 'Plough'

Dw i'n cofio Mam-gu – neu May 'Plough' fel r'odd pawb yn ei hadnabod hi – bob amser yn chwerthin yn iach, boed aeaf neu haf. Llond tŷ o fenyw yn llawn sbri. Het grand am ei phen mewn Cymanfa yn morio llinell yr alto yn rhes fla'n y galeri a byth adre. Odd hi'n byw ym mhentre bach Salem ger Llandeilo ac wedi gweithio'n galed drwy ei hoes ar fferm y Plough ond daeth trasiedi yn ifanc i'w bywyd ac fe gollodd ei hannwyl briod, Defi, tra yn ei phumdegau. Dyn annwyl a hawddgar iawn oedd Defi yn ôl Mam ond does gennyf lawer o gof amdano oherwydd fy mod yn ifanc iawn ar y pryd. O'n i byth cweit wedi deall pam o'dd Mam-gu yn byw wrthi'i hunan ond o'dd hi'n gyment o sbort a phawb yn yr ardal yn dwlu arni achos bod hi'n shwd gymeriad! Felly, o'dd Mam-gu yn May ac o'dd May yn ddigon i fi! O'dd May yn mynd i bobman – ar bob trip bws dan haul (o'dd hi ddim yn gyrru) ac o'dd pawb yn ei chodi tasen nhw'n pasio hi ar yr hewl yn cerdded i Landeilo, gan gynnwys y postmyn a'r plismyn lleol! Bydde'r diolch yn baned o de a thocyn o fara menyn ar yr aelwyd pan fyddent yn pasio a rhywbeth bach cryfach pan o'dd yr hwyl yn codi! Yn wir, roedd y gweinidogion lleol wrth eu bodd yn galw heibio gan roi'r byd yn ei le ger y pentan a bydde May yn pregethu'n ôl ac yn sgrechen chwerthin! Roedd pawb yn caru May 'Plough'! Felly, roedd mynd ar wylie yn sbort ac yn antur!

Cwrdd â Huw Justin Smith o fand Tigertailz

Roedd Justin Smith – neu Pepsi Tate – o fand glam roc y nawdegau, Tigertailz, yn ddyn hawddgar ac annwyl a dawnus iawn a dyna, mae'n siŵr, na'th daflu ni at ein gilydd. Roedd e'n dod o'r byd roc a rôl a finne o'r byd eisteddfodol diniwed ... er bydde lot yn gweud bod 'na dipyn o ddrygioni yn digwydd yn y byd eisteddfodol! Dau yn cwmpo mewn cariad o ddau fyd hollol wahanol ond roedd yn gweithio a'r celfyddydau yn dod â ni at ein gilydd.

Gwrddes i Justin wrth weithio ar fy nghyfres deledu gynta nôl yn 1998 gyda chwmni teledu Avanti. Roedd 'na olygydd a chynllunydd graffeg newydd wedi dod i weithio i'r cwmni ac o'n i'n gwbod dim amdano – DIM ond taw ei enw o'dd Justin Smith a dyna ni! Roedd e'n edrych yn cŵl ... yn llawer mwy cŵl na fi. Ro'n i'n gweithio'n galed ar baratoi fy nghyfres dan y teitl, *Shân Cothi*, ac yn dysgu caneuon fel tase ddim fory i gael. O edrych nôl, roedd yn gyfnod hynod gyffrous. Roedd y cyfle yn un euraidd i gydweithio gyda cherddorion gwych, cerddorfa lawn a chael y cyfle i ganu 'da sêr y byd cerddorol a hynny dros y ffin yn ogystal ag yng Nghymru. Mae meddwl am y cyfnod yn dod â gwên fawr i 'ngwyneb. Dw i'n cofio'r nosweithiau campus gethon ni yn stiwdio Croes Cwrlwys, Caerdydd, yn diddanu cynulleidfa fyw wrth recordio rhaglenni cerddorol i S4C. Mi o'dd yr awyrgylch yn drydanol a dw i'n diolch o galon i'r sianel ac i gwmni teledu Avanti am ddatblygu'r grefft a'r ddawn.

Wel, fe fu Justin a finne'n hapus 'da'n gilydd am ddeng mlynedd llawn antur. Dw i'n cofio Justin yn dechre teimlo'n anhwylus yn haf 2006 yn ystod mordaith lle o'n i'n canu fel rhan o daith Classic FM ar long yng nghwmni llwyth o Gymry dawnus. Y cwmni drygionus o'dd y ddau frawd o Gaerfyrddin, Wynne Evans a'i frawd, Mark Evans, ynghyd â'u teuluoedd; y cyfeilydd gwych, Jeff Howard, a'i deulu; a finne 'da Justin – a Dai a Joan (sef Mam a Dad) wrth eu boddau'n cario'r bagiau. Wel, chi'n gallu dychmygu'r cleber a'r tynnu co's. Roedd 'na offerynwyr arbennig hefyd ar y fordaith a'r seren, Henry Kelly (*Going for Gold* a chyflwynydd Classic FM ar y pryd) o'dd yn cyflwyno pan o'dd e ddim yn joio cwtsio'r botel! Bobol bach, gethon ni sbort ac roedd y cyngherddau yn hedfan.

Yna, dechreuodd y cymylau gronni gyda gwaeledd Justin.

Yn Hydref 2006 roedd Justin wedi gorfod stopio gweithio gyda chwmni cynhyrchu Wordley ym Mhenarth lle roedd yn gweithio fel cyfarwyddwr a golygydd yn y byd hysbysebion ac roedd hynny'n sioc i bawb. *Stress,* medden nhw, ond daeth y newyddion syfrdanol erbyn Chwefror 2007 ar ôl mynd yn breifat bod cancr y pancreas ar annwyl Justin.

Gwnaeth Shân bopeth yn ei gallu i geisio achub Justin. Teithiodd y ddau yn llawn gobaith i'r Memorial Sloan Kettering Centre yn Efrog Newydd gan weddïo am newyddion cadarnhaol. Nid dyna a fu. Fodd bynnag, defnyddiodd Justin y cyfle i ofyn i Shân ei briodi.

Priododd y ddau ar 30 Awst 2007 yn hosbis Penarth.

Mae'r gweddill yn hanes. Bu farw Justin 18 Medi 2007 ar ôl tostrwydd poenus a chreulon. Does dim cuddio'r ffaith – ac o edrych nôl tasen i'n gwbod be dw i'n wbod nawr – bydden i 'di gneud un neu ddau benderfyniad gwahanol.

Disgrifiodd Shân *send-off* Justin fel hyn:

Roedd yr angladd fel cyngerdd i ddweud y gwir, a finne mewn siwt goch sidan *two-piece chic* wedi cael ei chreu gan fy ffrind sy 'di creu ffrogie perfformio i mi ar hyd fy ngyrfa gerddorol, sef y cymeriad unigryw, Brian Malam. Dyna'r ffordd o'n i'n gallu delio 'da'r achlysur ac roedd ffrind arall, sef Stifyn Parri, 'di cymryd yr awenau i helpu trefnu'r digwyddiad ynghyd â chwaer a mam Justin, sef Branwen a Gale.

Fe gynhaliwyd yr angladd i lawr yn y Bae yn yr hen eglwys lle roedd *gigs* di-ri wedi cael eu llwyfannu dros y blynyddoedd. Roedd The Point yn lleoliad 'perffaith' i roi *send-off* glam roc go-iawn i annwyl Justin *aka* Pepsi Tate o Tigertailz ac roedd y gynulleidfa yn llawn ffrindiau a chysylltiadau o bob haenen o gymdeithas.

Dyna braf o'dd gweld 'rocers' yn cofleidio teulu a phawb yn hiraethu am Justin ac yn rhannu straeon. Roedd Côr Serendipity yn canu 'Once Upon a Time in the West', sef recordiad oedden ni 'di cydweithio arno ar gyfer albwm *Pasiwn* yn 2005 – ac roedd hon yn ffefryn 'da Justin a finne o waith Ennio Morricone. 'Na chi gôr o'dd rheina – sef côr cymysg cynta yr anhygoel Tim Rhys-Evans a oedd hefyd yn ffrind agos yn y byd cerddorol.

Felly, roedd y cast i gyd yno a'r set wedi ei gosod i mi fedru ymdopi 'da'r diwrnod ac fe fues i yn gryf. O edrych nôl, wnes i lwyddo i gynnal fy hunan yn ogystal â phobol eraill mewn ffordd. Roedd 'na ddynion mawr cryf yn beichio crio ac yn hiraethu amdano ac mi roedd hynny yn agoriad llygad i mi.

Mae'n anodd credu weithie, o edrych nôl ar y cyfnod poenus 'na, shwd wnes i ddod drwyddi? Yn sicr, mi roedd yn berfformiad i'w gofio!

Bywyd ar ôl y terfysg

Af yn ôl at May, sef Mam-gu ... Pam dw i'n sôn cyment amdani? Wel, siŵr o fod, i drio cyfiawnhau a gneud synnwyr o'r ffordd dw i 'di delio gyda galar hyd yn hyn. Fyddech chi byth yn gwybod ei bod hi 'di colli rhywun neu yn sicr o'dd hi ddim yn dangos hynny a dyna dw i 'di trio'i neud, sef dangos y gore achos o'n i ddim am i neb arall deimlo'n anghyffrddus yn fy nghwmni.

Mae rhai pobol yn ei gweld hi'n anodd ailgydio mewn bywyd ar ôl colli cymar neu bartner ac yn methu dygymod â'r dyfodol o gwbl a dw i 'n deall hynny, yn naturiol.

Mae eraill yn mynd yn grac ac yn colli ffydd ac eraill yn gwyro oddi ar y llwybr cul neu'n mynd *off* y *rails*. Os ych chi 'di colli rhywun annwyl, fyddwch chi'n deall. Does dim angen geiriau ond dw i'n diolch o galon am yr holl gardiau a'r llythyrau cynnes wnes i dderbyn dros gyfnod colli Justin.

Mae'r cwbl braidd yn niwlog, i ddweud y gwir, ond eto mae 'na fanylion yn llifo nôl pan dw i'n 'y ngorfodi fy hun i gofio.

Un peth o'dd 'da fi gynnig iddo ar ôl colli Justin o'dd dygymod ag unrhyw un yn trio rhoi cyngor i fi. O'dd yr hen *clichés* yn boenus. Dywediadau fel 'Paid â gwitho'n rhy galed nawr' a 'Paid â phoeni, Shân fach, ti'n ddigon ifanc, ffindi di rywun arall!' Aaaaaghh!! O'dd hwnna yn hala fi'n wallgo ac ishe sgrechen tu fewn. Ond o'n i wastad yn derbyn y cyngor yn boléit gyda gwên fel croten dda.

Dw i'n cofio un achlysur mewn cyngerdd yn weddol glou ar ôl yr angladd pan wnes i benderfynu camu ar lwyfan eto. O'n i mewn cwmni ardderchog, sef 'da Chôr Meibion Ystradgynlais a'r tenor drygionus, Aled Hall, sy 'di bod yn ffrind ers blynyddoedd ym myd y canu. A'th popeth yn iawn gan 'styried y sefyllfa ac ar ôl y cyngerdd ma' dyn yn sgwrsio 'da ambell un o'r gynulleidfa. Fe ddaeth 'na fenyw lan ata i i longyfarch a chydymdeimlo ar yr un pryd gan daflu brawddeg ata i – rhywbeth tebyg i hyn: 'Jiw jiw, merch fach i, pidwch becso dim – golles i dri gŵr ... a'r un dwetha o'dd yn y gwely – ffindwch i rywun arall!' Shwd ar y ddaear ma' dyn i fod i ymateb i hwnna? Dw i'n credu wnes i chwerthin! 'Na'r moddion gore!

Yna, daeth teimlad o ryddhad

Do, fe golles i ŵr yn 42 oed ac o orfod meddwl a chofio'r sefyllfa mae e'n mynd i swnio'n ofnadwy ar bapur. Dw i ddim am fanylu oherwydd dw i'n berson eithaf preifat ond os rioa i'r ffeithiau i chi yn blwmp ac yn blaen heb ymhelaethu, yna dw i'n gobeithio y byddwch chi'n deall pam.

121

Wrth gwrs, roedd yna ryddhad o wbod bod Justin nawr yn cysgu'n dawel heb boen, heb nodwyddau na chemegau i'w bryfocio. Mae rhyddhad yn llwyddo i lonyddu pob dim ond mae'r gwacter yn anferthol.

Dw i'n amddiffyn fy hun mewn ffordd oherwydd i mi dydy dangos gwendid ddim yn llesol a does gennyf gynnig i rywun o'dd am fy ngweld i'n gwywo mewn poen ac yn swp o ddagre yn gyhoeddus.

Plis peidiwch meddwl mod i'n 'galed' fel person ond dyna o'dd y ffordd ore o'n i'n gallu cario mla'n mewn bywyd. Mae disgyblaeth yn bwysig i mi a dyna sut dw i 'di cadw cystal 'rôl meddwl am y peth – sef cap proffesiynol mla'n a bant â fi!

Wrth gwrs, dyw hwnna ddim yn meddwl nad oeddwn yn disgyn yn shwps ar y llawr ar ôl cau'r drws adre ac yn llefen y glaw yn fy ngalar. Ro'dd hwnna'n oce oherwydd roedd yn digwydd yn dawel bach yn fy myd bach saff i, heb neb yn beirniadu na dweud dim.

Chwilio am bwrpas

A fel'na buodd hi – am sbel. Nes fy mod yn dod o hyd yn dawel bach i bwrpas mewn bywyd.

Y pwrpas hwnnw i gychwyn o'dd Caio, fy ngheffyl, nath sicrhau mod i'n codi ac yn gofalu amdano ac yn rhoi'r ysbryd nôl ynof i drwy fy herio yn ystod nifer o anturiaethau dwl ac angenrheidiol. O'n i'n teimlo'n FYW wrth garlamu ar gefn Caio ar draeth Ogwr a dyna'r moddion gore ges i erio'd!

Yna fe aeth Shân ati i WNEUD RHYWBETH ac i geisio gwneud gwahaniaeth a gwella'r sefyllfa i eraill:

Bryd hynny, ychydig o ymchwil a wnaethpwyd i ganser pancreatig ac eto hwn yw'r canser gyda'r canran isaf o obaith am wellhad. Yn aml, mae'r *diagnosis* yn hwyr ac mae'r sylw a roddir i'r symptomau yn ddiffygiol. Doedd gan 'run ohonom brofiad na gwybodaeth am y fath salwch.

Ar ôl i Justin farw, gweithiodd Shân yn ddiflino i godi ymwybyddiaeth o'r salwch hwn ac i godi arian ar gyfer ymchwil pellach drwy:
–sefydlu elusen Amser Justin Time
–marchogaeth 300 milltir mewn tair wythnos o Dalacre i Brestatyn i Ogwr
–dringo Mynydd Kilimanjaro.

Gan fod Shân yn berchen ar Caio a'i bod yn mwynhau reidio a chanddi brofiad fel joci amatur, penderfynodd gystadlu yn rasys Cheltenham i godi ymwybyddiaeth bellach o'r salwch. Dilynwyd ei stori ar raglen *Cheltenham Cothi*. Llwyddodd Shân i godi swm enfawr – dros £250,000 – drwy ei helusen, Amser Justin Time, i'r Athrofa Ymchwil yng Nghaerdydd.

Cyflwynodd air o gyngor o'r galon sy'n deillio o'i phrofiad ingol o golled a galar:

Dw i'n teimlo mod i'n parablu'n ormodol. Lle o'n i? O ia, shwd ma dyn yn ymdopi gyda 'galar'? Wel, mewn unrhyw ffordd sy'n teimlo'n iawn i chi. Os ych chi am raso ceffyl yn Cheltenham, dringo Kilimanjaro, neu reido beic o Boston i Efrog Newydd, ewch amdani. Yr un peth positif dw i 'di deimlo ar ôl colli fy annwyl Justin yw fy mod wedi teimlo'n FYW!

Mae'r gwaethaf wedi digwydd mewn bywyd, sef marwolaeth a cholled a'r boen o golli cymar. Felly, does 'na ddim byd gwaeth all ddigwydd: rhaid cydio mewn bywyd a'i FYW i'r eithaf. 'Newch chi ddim difaru.

Mae cerddoriaeth yn codi fy nghalon hefyd. Rwy'n dwlu ar emyndôn David Christmas Williams, 'Clawdd Madog' – yn enwedig y recordiad ohoni o Gymanfa Treforys. Mae'r briodas rhwng y dôn a'r geiriau yn wych. Mae'n dod ag atgofion yn ôl o'r pedwar llais yn ei morio hi, yn enwedig yn llinell fendigedig y tenoriaid:

Os gwelir fi, bechadur
ryw ddydd ar ben fy nhaith,
rhyfeddol fydd y canu,
a newydd fydd yr iaith,
yn seinio buddugoliaeth
am iachawdwriaeth lawn
heb ofni colli'r frwydyr
na bore na phrynhawn.

Casgliad Harri Siôn, 1773
Caneuon Ffydd, rhif 718

Dw i'n dwlu ar y llinell, 'rhyfeddol fydd y canu ... a newydd fydd yr iaith', a'r uchafbwynt yn y lleisiau ar ddiwedd y pennill. Mae'n f'atgoffa fi o gymanfaoedd y gorffennol pan o'n i'n arwain neu'n canu'r organ yn ifanc. Atgofion!

Ers 2012 crëodd Shân berthynas gyda'i hyfforddwr personol, David 'Dai' Watkins. Collodd Dai ei fam i ganser pancreatig ac mae'r ddau wedi closio drwy'r salwch creulon hwn. Ac meddai Shân:

Diolch i Dai Mawr (ma' pawb yn ei 'nabod fel 'Big Dai'), fy mhartner, am ddeall fy sefyllfa a gadel i fi hedfan pan dw i angen. Mae'n ddyn arbennig iawn yn fy mywyd gan lwyddo i'm harwain i feysydd newydd.

Diolch i'm ffrindie annwyl sy 'di deall fi ar hyd y daith 'ma – chi'n gwbod pwy ych chi ac wrth gwrs diolch i 'nheulu annwyl, Mam a Dad a'm brawd, Eirian, a'i deulu am fod yn gefen i fi bob amser.

A diolch i Caio sy'n geffyl a hanner ac yn ffrind gore oes!

1.8.2 HYWEL GWYNFRYN

Fel hyn am byth

Ganed Hywel yn Llangefni, Sir Fôn, yn 1942, yn unig blentyn i Gwynfryn a Lowri Evans. Priododd Anja yn 1980. Cawsant bump o blant: Owain, Huw, Siôn, Tomos, ac Anya. Bu farw Anja o ganser yn 2018. Mae ganddo ddau o blant hefyd o'i briodas gyntaf, sef Ceri a Branwen. Mae Hywel yn byw gyda'i fab, Huw, yn ardal y Rhath, Caerdydd, ac mae'n parhau i ddarlledu ac ysgrifennu.

Wrth reswm, nid fi oedd yr unig un a ddilynai yrfa ddisglair Hywel fel cyflwynydd radio a theledu, awdur, a sgriptiwr. Erbyn hyn mae Hywel yn drysor cenedlaethol. Ymunodd gyda'r BBC fel cyflwynydd yn 1964 ac yn 1968 ef oedd yn cyflwyno'r rhaglen bop gyntaf erioed ar y radio yn y Gymraeg, sef *Helo, Sut Dach Chi?* Aeth ymlaen i gyflwyno nifer o raglenni poblogaidd, gan gynnwys *Hywel a Nia* a hefyd *Helo Bobol!*, y sioe frecwast gyntaf ar wasanaeth newydd sbon Radio Cymru yn 1977. Byddwn yn mwynhau pob munud o'i adrodd blynyddol o faes yr Eisteddfod Genedlaethol – yn enwedig o glywed sgrechiadau teuluoedd cyfarwydd ar y Maes Carafannau pan fyddai'n cyrraedd yn annisgwyl i'w cyfweld dros frecwast.

Hywel gyfansoddodd eiriau 'Anfonaf Angel', cân a gomisiynwyd gan Ysgol Dyffryn Nantlle yn 2008 ar gyfer Bryn Terfel. Yn ddiweddarach fe'i cyfieithwyd i'r Saesneg a'i rhyddhau fel sengl elusen i Ambiwlans Awyr Cymru. Erbyn hyn, mae'r gân yn anthem genedlaethol i'w chanu ar bob achlysur: priodas, genedigaeth, angladd a.y.b.

Mae'r gân yn golygu llawer iawn i mi wrth ei chynnwys gyda chaniatâd Hywel yn y gyfrol hon. Canodd Rhys Meirion y gân i gyfeiliant D. Geraint Roberts ar yr organ yn angladd fy mam ym mis Chwefror 2015 a hithau'n 98 mlwydd oed.

ANFONAF ANGEL

Mae hymian hwyr y ddinas yn fy neffro.
Am eiliad, rwyf yn credu dy fod yno.
A chlywaf alaw isel, dy lais yn galw'n dawel.
Anfonaf angel, i dy warchod di.

Anfonaf angel, i dy warchod heno.
Anfonaf angel, i'th gysuro di.
Mae sŵn dy lais yn ddigon, i chwalu'r holl amheuon.
Anfonaf angel atat ti.
Ac ambell waith, yng nghanol berw bywyd, rwy'n teimlo'n unig
    ac yn isel hefyd.
Ond pan rwyf ar fy nglinia', fe welaf drwy fy nagra', a chofio'r
    geiria' ddywedaist wrtha i.

Anfonaf angel, i dy warchod heno.
Anfonaf angel, i'th gysuro di.
Mae sŵn dy lais yn ddigon, i chwalu'r holl amheuon.
Anfonaf angel atat ti.

Ti yw yr angel sydd yma'n wastadol, yn gofalu amdanaf, lle bynnag
y byddaf.
Ti yw fy angel, fy angel gwarcheidiol.
Dw i'n cofio'r geiria' ddywedaist wrtha i.
Anfonaf angel, i dy warchod heno.
Anfonaf angel i'th gysuro di.
Mae sŵn dy lais yn ddigon, i chwalu'r holl amheuon.
Anfonaf angel atat ti.

Anfonaf angel, i dy warchod heno.
Anfonaf angel i'th gysuro di.
Mae sŵn dy lais yn ddigon, i chwalu'r holl amheuon.
Anfonaf angel atat ti.
Anfonaf angel atat ti.

Hywel Gwynfryn (2008)

Bu farw Anja, gwraig Hywel, yn 2018 ac mae Hywel yn ceisio dod i
dermau â'i golled enfawr. Fe'i gwahoddais i gyfrannu i'r gyfrol hon ar ôl
gwrando arno'n rhannu ei alar gyda Nia Roberts ar raglen *Dechrau Canu,
Dechrau Canmol* yn ddiweddar. Bu ei athroniaeth yn gymorth mawr i fy
nghyfaill, Gaynor Walter Jones, wrth iddi alaru am ei hunig ferch, Beca,
ac yn fwy diweddar, ei gŵr, John. Dyma ddwedodd Hywel:

Mae pawb yn galaru mewn gwahanol ffyrdd. Does 'na ddim llyfr
DIY ar gael a fydd, o'i ddarllen, yn lleihau'r boen nac yn gymorth i
ni ar ein taith. Ein taith bersonol ni ydy hi, ac mi rydan ni i gyd yn
greaduriaid gwahanol ac felly yn mynd i ymateb yn wahanol.
Ac yn wir fe fydd pobol yn ymateb i ni mewn gwahanol ffyrdd.
Yr un mwyaf poblogaidd ydy: 'Mae'n ddrwg iawn gen i glywed. Fe
fu Mam farw y llynedd ac fe wn i'n *iawn* sut dach chi'n teimlo.' Na
wyddoch, ŵyr neb sut ydw i'n teimlo ond y fi. Fedar neb leddfu'r
boen ar ein rhan ni. Ond gydag amser, fe fydd y boen yn lleihau a'r
clwyf yn troi'n graith i'n hatgoffa o'r golled gawson ni.

Yna, mae Hywel yn ein cynghori i rannu'n teimladau gyda theulu a
ffrindiau.

Fe fydd hi'n anodd iawn i ni gwblhau'r daith ar ein pen ein hunain.
Roedd yn rhaid i Edmund Hillary ddibynnu ar gymorth Sherpa
Tenzing i goncro Everest.

Dw i'n cyfrif fy hun yn ffodus iawn fod gen i glamp o deulu mawr – saith o blant a phump o wyrion. Fel dwedodd un o'r bechgyn, 'Nid teulu ydan ni Dad – ond tîm.' Ac mae o'n iawn. Un ar ddeg ar y cae ac Erin fach, yr wyres ddiweddara, yn saith mis oed, ar y fainc. Ar wahân i hynny, mae gen i deulu estynedig o ffrindiau agos sydd wedi bod yn glust i wrando ar sawl achlysur.

Mae Hywel yn ein cynghori ni i rannu ein teimladau ac i adael i'n teuluoedd a'n ffrindiau ysgwyddo peth o'r baich. Mae Hywel yn ffyddiog y byddan nhw'n falch o fedru dangos i ni gymaint y maen nhw'n ein caru ni. Wrth gwrs, tydy sefyllfa deuluol pawb ddim yr un fath, a dyna pam fod taith pawb sydd wedi colli rhywun annwyl yn mynd i fod yn unigryw iddyn nhw.

Mae Hywel yn rhannu cyngor y cwnselydd yn Ysbyty Felindre lle roedd Anja wedi cael triniaeth at y canser:

Dw i am i chi feddwl am eich dyfodol fel taith. Ond nid taith mewn car ond mewn trên. Fuoch chi rioed ar y daith yma o'r blaen. Mae'r wlad o'ch cwmpas chi yn anghyfarwydd. Ond dach chi'n gwneud y gorau o'r gwaetha ac yn darllen papur newydd ac yn edrych ar y golygfeydd wrth i chi deithio. Yna'n sydyn, heb unrhyw rybudd o gwbl, mae pobman yn mynd yn dywyll. Dach chi mewn twnnel. Mae'ch calon chi'n curo'n gynt. Mae anadlu'n anodd. Yna, mae'r goleuni bach yn y pen draw yn treiddio trwy'r t'wllwch, ac mae'r trên yn parhau ar ei daith heibio i gaeau gwyrdd ac awyr las uwchben unwaith eto. Ac fel mae'r daith yn parhau fe fydd niferoedd y twneli yn mynd yn llai a'r golau yn cryfhau.

Fe gychwynnais i ar fy nhaith dair blynedd yn ôl, a wyddoch chi be'? Mae 'na lai o dwneli o lawer ar y daith erbyn hyn. A'r gwir yw fy mod i'n gweld erbyn hyn na tydw i ddim yn teithio ar fy mhen fy hun. Mae gen i gwmni – cwmni Anja. Hi ydy'r goleuni yn y tywyllwch. Drwy'n priodas fe fu hi'n gefn i mi: yn rhywun y gallwn i ddibynnu arni am gymorth a chyngor a chariad. Ac mae'r cariad hwnnw yno o hyd ac yn dyfnhau fel mae'r daith yn para. Pan fydda i'n edrych ar y llun ohonof i ac Anja, fedra i ddim peidio â gwenu wrth ein gweld ni'n dau yn cael hwyl efo'n gilydd. A does gen i ddim amheuaeth y bydda Anja wrth ei bodd tasa hi'n gwybod fod meddwl amdani hi bellach yn dod â gwên i fy ngwyneb yn amlach na dagrau i'r llygaid.

Gofynnodd Hywel i mi gynnwys y geiriau isod fel cyflwyniad i'w gân newydd:

Anfonaf atoch chi eiriau cân arall i Anja sy'n ddilyniant cadarnhaol i 'Anfonaf Angel' – ac yn gweld golau dydd yn y gyfrol hon am y tro cyntaf.
Tydw i ddim wedi colli Anja. Fe wn i ble mae hi. Mae hi ym mhopeth dw i'n ei wneud ac mae ei chariad yn dal i fy nghynnal i, yn dyfnhau o ddydd i ddydd, ac yn gofalu amdanaf lle bynnag y byddaf.
Mwya'r cur, mwya'r cariad – ond mae'r ffaith fod y cariad hwnnw'n brifo weithiau yn brofiad cadarnhaol i mi ac yn profi fod y cariad oedd rhyngon ni'n dau yn gariad sydd yno o hyd ac a fydd yno am byth a 'byth ni chwymp ymaith'.

FEL HYN AM BYTH

Dy lygaid glas fel clychau'r gog mis Ebrill
Yn gwenu yn gariadus arna i.
Y tynnu coes chwareus yng nghwmni ffrindiau
Fel hyn am byth, rwyf am dy gofio di.
Fel hyn am byth, a'th fraich yn dynn amdanaf,
Does dim all ein gwahanu ni ein dau.
Fe sychir dagrau ddoe gan haul yfory,
Mae'r stori fel ein cariad yn parhau.

Ti oedd yr un â'r galon fawr agored
Yn gysgod rhag pob storm a ddaeth i'm rhan.
Ti yw y llais sy'n sibrwd wrtha i'n dawel,
'Fel elli fod yn gryf a byth yn wan.'
Ti frwydrodd drwy bob nos i weld y bore,
Ti fynnaist fyw i aros gyda ni,
Ti fydd fy ysbrydoliaeth hyd y diwedd,
Fydd hynny byth yn newid, creda fi.

Ar ôl ein ffarwel olaf – sylweddolais
Y gallwn alw arnat unrhyw bryd,
A'th fod yn agos, agos iawn bob amser
Yn brysio heibio neu yn croesi'r stryd.
A ddoe â'r glaw parhaol wedi cilio

A'r haul yn sbecian drwy'r cymylau du
Fe'th welais di o bell yn gwenu arnaf
Yn troi – ac yna'n rhoi dy law i mi.

Cytgan
Fel hyn am byth, a'th fraich yn dynn amdanaf,
Does dim all ein gwahanu ni ein dau,
Fe sychir dagrau ddoe gan haul yfory,
Mae'r stori fel ein cariad yn parhau.

Hywel Gwynfryn (2020)

Bu'n gyfnod reit anodd a sawl clwyf, a oedd yn dechrau gwella, wedi ailagor eto. Yng ngeiriau'r Arlywydd Joe Biden, 'To heal you must remember.'

Gyda diolch ar ran Anja a finnau i chi am y gwahoddiad i gyfrannu i gyfrol a fydd yn gysur, gobeithio, i'r sawl sy'n ei darllen hi.

1.8.3 EIDDWEN JONES

Cysgodion diwedd oes

Ganed Eiddwen yn Hen Golwyn yn 1941, yn unig blentyn i Rufus a Blodwen Jones. Fe'i magwyd mewn rhes o dai ger pentref Rhewl Mostyn, Sir y Fflint. Bychton oedd enw'r tai ar ôl hen blas teulu Thomas Pennant a oedd yn adfail gerllaw. Yn 1963 priododd hi a Tecwyn, brodor o Lanwddyn, Sir Drefaldwyn. Cawsant ddau o blant, Dylan Rhys a Llio Mererid, ac mae hi'n nain falch i saith ŵyr sy'n cynnwys pedwar llys-ŵyr.

Cafodd Eiddwen yrfa lwyddiannus fel athrawes, pennaeth ysgol fabanod yn nhref Dinbych, a Swyddog Addysg yng Nghlwyd. Mae ganddi nifer o ddiddordebau, sy'n cynnwys bod yn gadeirydd Cangen Nyrsys Macmillan yn Abergele. Mae hi hefyd yn aelod o Ferched y Wawr a thros y blynyddoedd bu'n Gadeirydd sawl cangen. Mae'n aelod ffyddlon o Gymdeithas Lenyddol y Faenol Fawr. Bydd yn mynychu Capel Mynydd Seion, lle mae ei haelodaeth yn hollbwysig iddi. Fe'i hanrhydeddwyd yn aelod o Orsedd y Beirdd yn Eisteddfod Genedlaethol Caerdydd 2018. Aeth ati wedi ymddeol i gyhoeddi pum nofel hanesyddol: dwy yn y Saesneg a thair yn y Gymraeg. Pan ymddeolodd Tecwyn fe gafodd y ddau gyfle pleserus i deithio i bellteroedd byd gyda'i gilydd.

Rhan annatod o'r gyfundrefn addysg yng Nghymru yn yr wythdegau oedd bod gan bob ysgol Swyddog Addysg penodol. Y swyddog hwnnw oedd y cyswllt cyntaf rhwng yr Awdurdod Addysg Lleol ac ysgol unigol a'i gyfrifoldeb pennaf oedd sicrhau bod y pennaeth a'r bwrdd llywodraethol yn diwallu eu cyfrifoldebau statudol. Yn 1983, a minnau yn Ddirprwy Bennaeth Ysgol Twm o'r Nant, Dinbych, ein Swyddog Addysg oedd Eiddwen Jones a datblygodd perthynas broffesiynol rhyngom. Hi oedd y ferch gyntaf i'w phenodi'n Swyddog Addysg yn niwylliant *macho* yr Awdurdodau Addysg bryd hynny.

Yn ddiweddarach bûm yn gweithio fel Athrawes Ymgynghorol ar draws Sir Clwyd i gyflwyno'r Cwricwlwm Cenedlaethol newydd i ysgolion ac yn arolygydd arweiniol i Estyn (Arolygiaeth Addysg a Hyfforddiant yng Nghymru). O ganlyniad, daeth Eiddwen a minnau yn gyd-weithwyr yn yr un tîm ymgynghorol yn Neuadd y Sir, Yr Wyddgrug. Buan iawn yr ymestynnodd perthynas Eiddwen a minnau i fod yn gyfeillion personol da. Deuthum i edmygu ei diffuantrwydd, ei chryfder personol, a'i gallu i ymateb yn bositif i ba bynnag sialens a ddeuai i'w rhan.

Ar ad-drefniant Llywodraeth Leol yn 1996 fe'm penodwyd yn Arolygydd/Ymgynghorydd yn Sir Conwy. Cyfuniad oedd Sir Conwy o'r hen Sir Ddinbych a'r hen Sir Gwynedd. Yn ddiweddarach, ar fy 'ymddeoliad', deuthum yn arolygydd arweiniol i Ofsted (Office for Standards in Education, Children's Services and Skills) gan weithio ar draws gogledd Lloegr.

Dyma ddisgrifiad Eiddwen o'i chefndir:

> Fe'm ganwyd yn ystod yr Ail Ryfel Byd yn unig blentyn. Gan fod ein cartref mewn man anghysbell gorfu i mi ddifyrru fy hun. Felly, roedd gen i ddychymyg byw. Bob hyn a hyn byddai fy rhieni yn gwahodd ffrindiau acw am bicnic neu i chwarae gyda mi yn ystod gwyliau'r ysgol. Roedd y capel yn chwarae rhan bwysig iawn yn ein

bywyd fel teulu. Roedd fy nhad yn bregethwr lleyg, yn flaenor, yn godwr canu, ac yn athro Ysgol Sul. Mam oedd organydd y capel.

Gorfu i mi fynychu'r capel yn selog pan oeddwn yn ifanc iawn ac wedi ambell oedfa roeddwn yn cael ffrae am gamymddwyn yn ystod y bregeth a pheidio ag eistedd yn llonydd! Yn fy arddegau cynnar roedd disgwyl i mi fynd i'r seiat ar nos Fawrth hefyd. Does gen i ddim cof i mi wrthryfela ac wrth edrych yn ôl, mae hyn yn gryn syndod! Fel unig blentyn, roedd gen i fwy na digon i'w ddweud yn y tŷ ond mewn cwmni roeddwn yn eithaf swil. Pan oeddwn yn bedair oed mi gefais feirws llid yr ymennydd. Bûm yn wael iawn a galwodd ein gweinidog acw i weddïo ar i mi gael iachâd. Fe gefais iachâd ac, wrth reswm, roedd fy rhieni'n credu bod Duw wedi f'achub.

Cafodd rhieni Eiddwen gryn ddylanwad arni. Roeddynt yn Gristionogion diffuant ac roedd gweddi yn bwysig iddynt a'u ffydd yn gryf a didwyll.

Cefais fy nysgu i wneud fy ngorau bob amser gan fod unrhyw dalent yn rhodd ac yn fendith gan Dduw i'w gwerthfawrogi a'i defnyddio er lles eraill. Derbyniais y cyfrifoldeb o ddefnyddio unrhyw ddawn i wneud fy ngorau i fy nheulu, fy mhlant, fy mhriod, fy nghydweithwyr ac i'r disgyblion a fu o dan fy ngofal. Wrth reswm, ni lwyddais bob tro er f'ymdrechion – 'heb ei fai, heb ei eni'.

Bu gweddi bersonol yn rhan bwysig o fywyd Eiddwen erioed ac wrth fynd yn hŷn mae hi'n myfyrio am y dyfodol.

Teimlaf yn ffyddiog bod Duw wedi fy hebrwng yn ddiogel i'r byd hwn. Rwyf llawn mor ffyddiog y bydd yn fy hebrwng oddi yma drwy'r llen i'r byd nesaf hefyd.

Yn ystod y deng mlynedd diwethaf wynebodd Eiddwen ddwy brofedigaeth enfawr.

Yn 2011, ychydig cyn fy mhen-blwydd yn 70 oed, collais Tecwyn a fu'n gariad i mi ers yn 20 oed. Buom yn briod am 48 o flynyddoedd hapus iawn. Pan fu farw Tecwyn yn ddisymwth, cwympodd fy myd yn deilchion ac fe gollodd fy mhlant dad annwyl a'm hwyrion daid arbennig.

Wna i byth anghofio dychwelyd adre wedi ei farwolaeth greulon o sydyn ac annisgwyl. Cerddais i'r gegin wag. Yna i'r ystafell ymolchi lle roedd ei frws dannedd yn disgwyl amdano a'i *dressing gown* yn dal i hongian ar y bachyn tu ôl i'r drws.

Ymlaen â fi i'r stydi lle byddai'n gwario oriau – a'i bapurau ar y ddesg a chwpan gwag gyda staen coffi yn ymyl.

Edrychai popeth mor NORMAL ond roedd pethau'n bell o fod yn NORMAL. Sylweddolais na ddeuai fy nghariad byth yn ôl a dyna ble fues i'n beichio crio am oriau maith.

Ble oedd o tybed? Mae'r hunllef yna'n parhau'n fyw yn fy nghof.

Y peth naturiol i Eiddwen ei wneud oedd gweddïo am arweiniad:

Fe gefais arweiniad clir, sef brwydro ymlaen i ddefnyddio fy noniau creadigol a chadw'n brysur drwy wneud rhywbeth o werth. Cyn hyn roeddwn wedi cyhoeddi tair nofel, dwy yn y Saesneg ac un yn y Gymraeg. Fel cyd-ddigwyddiad, clywais am gwrs ysgrifennu creadigol ym Mhrifysgol Bangor. Cofrestrais, ac yn 2015, wedi dilyn cwrs gwerthfawr yng nghwmni tiwtoriaid a myfyrwyr ysbrydoledig, cwblheais y cwrs a derbyniais ddoethuriaeth PhD mewn Ysgrifennu Creadigol.

Yn y cyfnod anodd hwn, ni chafodd Eiddwen unrhyw gymorth proffesiynol i'w chynnal yn ystod hunllef ei galar o golli ei hannwyl ŵr, Tecwyn. Fodd bynnag, bu ei theulu'n gefn iddi … ac un person arall:

Y person arbennig hwnnw oedd y Parchg Ddr Elfed ap Nefydd Roberts. Un o'r cwestiynau cyntaf a ofynnais i Elfed oedd, 'Ble mae Tecwyn rŵan?' Atebodd yn ei ffordd addfwyn, unigryw ei hun drwy ddweud mai cilio tu ôl i len denau iawn y mae ein hanwyliaid a'u bod yn parhau'n agos atom os ydym am i hynny ddigwydd.

Roedd ei ddehongliad yn gysur enfawr i mi ac mae'n parhau felly hyd heddiw.

Ymhen amser daeth Elfed yn ail briod i mi. Roeddem ein dau yn fregus iawn pan wnaethom gyfarfod gyntaf oll: myfi am i mi golli fy ngŵr, Tecwyn, mor sydyn ac yntau am iddo golli ei wraig, Dilys, ryw ddeng mis ynghynt.

Yn fuan wedyn, fe sylweddolem ein bod yn gallu trafod pynciau pwysig megis marwolaeth, galar, a bywyd tragwyddol heb deimlo'n chwithig. Roedd Elfed yn berson galluog, annwyl, caredig, a chariadus. Buom yn briod am saith mlynedd hynod hapus.

Trwy'r cyfnod y bu Eiddwen ac Elfed yn briod, roedd Tecwyn a Dilys yn parhau'n rhan annatod o'n bywydau.

Hawdd iawn oedd siarad am y ddau. Yn wir, nid oedd diwrnod yn mynd heibio heb i mi sôn am Tecwyn ac i Elfed ddwyn atgofion melys am Dilys. Er nad oedd Elfed wedi cyfarfod Tecwyn, na minnau Dilys, trwy ein sgyrsiau a'n lluniau roeddem wedi dod i adnabod y ddau.

Er mawr siom a thristwch i Eiddwen, dirywiodd iechyd Elfed yn ystod 2019-2020.

Fodd bynnag, rydw i mor falch i mi gael y fraint o ofalu amdano yn ei waeledd. Treuliodd ei fisoedd a'i ddyddiau olaf yma, yn ein cartref yn Abergele. Fe'i gwarchodais, felly, fel na fu angen iddo fynd i'r ysbyty yng nghyfnod y pandemig.

Mae Eiddwen ar ei phen ei hunan unwaith eto, yn dilyn ei phatrwm arferol drwy weddïo am arweiniad.

Darllenaf lyfrau Elfed a theimlaf ei fod yn siarad â mi a'm cynnal trwy ei eiriau. Neilltuaf amser yn ddyddiol i weddïo i'm cryfhau. Cysylltaf yn gyson â fy mhlant a'm hwyrion sy'n gymorth amhrisiadwy. Gwerthfawrogaf i mi etifeddu teulu ychwanegol, sef llysblant a llyswyrion. Diolchaf fod modd cysylltu drwy amrywiol ffyrdd yn ystod cyfnodau clo'r pandemig: ar y ffôn, ar Skype [rhaglen telathrebu sy'n darparu galwadau ffôn a sgyrsiau fideo rhwng cyfrifiaduron a dyfeisiau symudol yn rhad ac am ddim] a thrwy negeseuon testun ar ein ffonau symudol.
Ailgydiais yn fy ysgrifennu creadigol, sydd o fudd enfawr.

Wedi ei holl dreialon, mae Eiddwen yn sicr o'i chred mewn bywyd tragwyddol ac mae ei ffydd yn ei chynnal i wynebu'r dyfodol a'i hwyneb tua'r haul gan wenu'n amlach drwy ei dagrau.

Yn naturiol, caf ambell ddiwrnod anodd wedi dwy brofedigaeth lem. Bryd hynny, mae'r pennill hwn o emyn Nantlais yn fy nghynnal:

Yn dy law y mae f'amserau,
  amser gwynfyd, amser croes,
amser iechyd digymylau
  a chysgodion diwedd oes;
    gad im mwyach
dreulio 'nyddiau yn dy law.

Nantlais, 1874-1959
Caneuon Ffydd, rhif 71

1.9 Colli teulu

1.9.1 ENID MAIR DEFIS

Bytholwyrdd

Ganed Enid yn 1932 ar fferm yn Llanefydd, Dyffryn Conwy. Yn 1961, ar ôl priodi John, symudodd i fyw ar fferm yn Eglwys-bach. Magodd Enid a John dri o blant, sef Geraint, Siân, a'r diweddar Meinir. Mae hi'n nain i ddeg o wyrion ac yn hen nain i bedwar. Bu farw John yn 2003.

Yn 1996, ar ad-drefnu awdurdodau lleol, deuthum o Glwyd i'r Sir Conwy newydd yn Ymgynghorydd Addysg. Rhoddwyd i mi gyfrifoldeb penodol dros 24 o ysgolion cynradd yn Uwchaled a Dyffryn Conwy ac roedd Ysgol Llanddoged yn un o'r rheiny. Roedd Enid yn athro dosbarth yno. Cofiaf ymweld â'r ysgol a chyfarfod Enid am y tro cyntaf. Roedd hi – a'i dosbarth a phawb a oedd yn ymwneud â hi – yn byrlymu o frwdfrydedd. Roedd ei pherthynas â'r plant yn hwyliog a'i safonau'n aruchel.

Flwyddyn yn ddiweddarach – ac Enid yn ymddeol yn 65 mlwydd oed – fi oedd yn cynrychioli'r Adran Addysg yn ei gwasanaeth ffarwél. Cofiaf y cyffro wrth iddi agor ei hanrhegion: blodau, siampên a ... TŵTŵ ffrothi pinc ac esgidiau *ballet*! Symbol clir nad oedd yn agos at 65 – naill ai'n gorfforol nac yn ysbrydol.

A dyma a ddywed Enid am ei chefndir:

> Cefais fy magu ar fferm fechan yn Llanefydd, ond bellach rwy'n byw yn Eglwys-bach ers dros 60 mlynedd. John oedd fy ngŵr a buom yn byw ar fferm ac yn briod am 46 o flynyddoedd. Rwy'n 89 mlwydd oed erbyn hyn a dw i'n dal i fyw yma. Fy mab, Geraint, a'i deulu sy'n gwneud y gwaith caib a rhaw a gofalu am yr anifeiliaid erbyn hyn.
>
> Dw i wedi magu tri o blant, dw i'n nain i ddeg erbyn hyn ac yn hen nain i bedwar. Fi oedd yr hynaf un o bedwar o blant. Ond bellach dim ond fi sydd ar ôl.

Rydw i wedi cael bywyd digon hapus ond wedi cael ambell ergyd hefyd. Pwy sydd heb gael profiadau o dristwch o bryd i'w gilydd, ynte? Byddai Mam o hyd yn dweud bod cath yng nghwpwrdd pawb, ac mae hyn yn rhan o fywyd, yn ddi-os.

Ers colli John, fy ngŵr, 18 mlynedd yn ôl, dw i wedi colli dwy chwaer, a fy merch, Meinir, a oedd yn 45 oed. Ei cholli hi oedd yr ergyd drymaf i ni fel teulu i gyd, gan iddi adael gŵr a thri o blant dan 13 oed. Ac roeddwn innau'n teimlo bod bywyd ar ben.

Mae amser, wrth gwrs, yn gwella pob galar. Fy ffydd oedd y cymorth mwyaf i'm cynnal i. Bu fy nheulu a fy ffrindiau hefyd yn gaffaeliad.

Wedi i ni boeni cymaint am effaith colli Meinir ar ei phlant, mae'r tri ohonynt dan ofal eu tad wedi gwneud yn ardderchog. Mae dau ohonynt yn y brifysgol a'r llall wedi dewis ffermio fel ei dad.

Ceisiaf gadw i fyny yn dechnolegol – felly, byddaf yn defnyddio'r We, Facebook, ac e-bost yn rheolaidd. Tua 12 mlynedd wedi colli John, wnes i gyfarfod 'ffrind' newydd ar y We. Buom yn gwmni da i'n gilydd. Ychydig yn ôl, cwrddais â 'ffrind' newydd arall. Mae'r ddau ohonom yn weddwon a byddwn yn mwynhau cwmni ein gilydd ac felly dan ni'n llai o gyfrifoldeb ar ein teuluoedd, yn enwedig yng nghyfnod clo y pandemig yma.

Rwy'n hoff iawn o fod yng nghwmni pobl ac rwyf hefyd yn hoffi dillad cyfoes ffasiynol a chyfleoedd amrywiol i fynd allan ynddynt!

Rhyfeddaf at weld Enid weithiau yng nghynulleidfa *Dechrau Canu, Dechrau Canol* yn edrych mor hapus ac yn morio canu. Mae lliw ei gwallt yn wahanol bob tro; fy hun, rwy'n ffafrio'r pinc! Mae ei dillad yn gyfoes a lliwgar – o T K Maxx. Mi ddeallaf ei brwdfrydedd am ei dillad; ni fyddai unrhyw un sydd ddim yn gwybod ei hoedran yn credu ei bod ddiwrnod yn hŷn na 60 mlwydd oed!

Cafodd Enid fagwraeth gadarn ar aelwyd a oedd yn mynychu moddion gras yn rheolaidd:

Cefais hefyd fy ngwneud yn arweinydd addoliad yr Eglwys yng Nghymru tua diwedd y ganrif ddiwethaf, a chan fy mod i'n gyfrifol am bregeth yn fisol yn Eglwys Grwst, Llanrwst, yr oedd llawer iawn o amser ar y cyfrifiadur yn mynd i ymchwilio, darllen, a chreu a phrintio pregeth. Ac erbyn i mi brintio a dechrau ymarfer, roedd gwallau i'w gweld yn amlwg, ac yn aml byddai un bregeth wedi'i gwneud dair neu bedair gwaith cyn i mi gael fy mhlesio!

Mae Enid yn llais cyfarwydd ar y radio a'r teledu. Mae'n arwain oedfaon boreol ar y radio yn rheolaidd ac wedi ymddangos ar raglen *Dechrau Canu, Dechrau Canmol* i drafod ei ffydd.

Byddaf yn derbyn galwadau i bregethu'n weddol reolaidd. Byddaf yn mwynhau gwneud hynny. Roeddwn i hefyd yn cael fy ngwahodd i gymryd oedfaon mewn capeli o gwmpas, ac eithriad oedd i mi dreulio Sul yma heb bregethu. Wedi colli Meinir, mewn gwasanaeth yn Eglwys Grwst, neu mewn oedfa mewn capel, dyna ble roeddwn i yn cael nerth i fynd drwy'r golled.

Gyda phob colled o farwolaeth roedd fy ffydd yn cryfhau. Roeddwn i yn diolch ac yn gwybod o'r gore na faswn i ddim wedi medru goroesi heb y sicrwydd o gynhaliaeth oddi uchod. Diolch i Dduw'r Creawdwr a Chynhaliwr.

Mae Enid Mair yn berson bytholwyrdd. Mae hi'n ysbrydoli eraill gyda'i ffydd a'i hagwedd at fywyd. Nid rhyfedd, felly, i eiriau'r emyn hwn ei hysbrydoli hithau:

Tydi a wnaeth y wyrth, O Grist, Fab Duw,
tydi a roddaist imi flas ar fyw.

W. Rhys Nicholas, 1914-96
Caneuon Ffydd, rhif 791

1.9.2 MEINIR LLWYD

Bydded cysur lle bu galar a llawenydd lle bu tristwch

Ganed Meinir yn Llanelwy yn 1979 a'i magu ar fferm yn Waengoleugoed, yn ferch i Meirion ac Eirlys Jones ac yn chwaer fach i Rhys a Rhodri. Priododd ag Arwyn yn 2012 ac mae ganddynt ddau fab, Gronw a anwyd yn 2014, a Cradog a anwyd yn 2017. Wedi graddio o Brifysgol Bangor, yn 2001 cafodd Meinir swydd yng Nghanolfan Gerdd William Mathias a chafodd ei phenodi yn Gyfarwyddwr y sefydliad yn 2011. Mae hi'n gyfeilydd a thelynores o fri sy'n fawr ei pharch mewn cyngherddau a gwyliau lleol a chenedlaethol.

Cyfarfu Meinir Llwyd a minnau am y tro cyntaf yn 1986 yn Ysgol Twm o'r Nant, Dinbych. Roedd hi'n saith oed ac yn ddisgybl yn fy nosbarth a minnau'n ddirprwy bennaeth a gwraig briod newydd sbon. Cefais y fraint o adnabod ei theulu annwyl a dilynais eu hanes ar hyd y blynyddoedd gyda chalon drom. Pan leolwyd Eisteddfod Genedlaethol Cymru yn yr ardal, cefais bleser llwyr o gydweithio â hi i lwyfannu seremonïau Gorsedd y Beirdd: Meinir yn delynores swyddogol yr ŵyl a minnau'n Ymgynghorydd y Ddawns. Pan ddechreuais gymryd fy ngŵr i Ofal Dydd y Waen ac ymaelodi â'r capel, mawr oedd fy mhleser o gyfarfod Meinir unwaith eto. O gofio'i holl dreialon, roedd yn braf gweld ei hapusrwydd a'i hwyneb siriol gyda'i theulu bach.

Meinir Llwyd, ei rhieni a'i brodyr

A dyma stori Meinir:

Cawsom blentyndod hapus tu hwnt gyda Dad yn gweithio'n galed ar y fferm a Mam yn gweithio'r un mor galed yn cadw Gwely a Brecwast. Mae'n rhyfedd meddwl rŵan bod gennym arwydd B&B ar ffordd brysur yr A55 a phobl ddiarth yn landio acw'n ddirybudd yn hwyr yn y nos! Byddent yn cysgu yn y llofftydd drws nesa i ni'r teulu gan rannu'r un ystafell ymolchi! Bu'n gyfle arbennig i gyfarfod pobl o bob cwr o'r byd.

Plentyn swil oeddwn i. Cofiaf i mi grio wrth gydganu efo'r plant eraill yng Ngŵyl yr Ysgol Sul. Yna gorfu i Mam ofyn i'r athrawon beidio â rhoi llinellau unigol i mi yn sioeau Nadolig y babanod gan fy mod yn poeni cymaint am y peth. Ond yn wyth oed cefais gynnig gwersi telyn yn yr ysgol ac mewn hir a hwyr fe ddatblygodd fy hyder ar lwyfan. Doedd dim prinder cyfleoedd i ddatblygu fy niddordebau cerddorol yn Ysgol Twm o'r Nant nac yn Ysgol Uwchradd Glan Clwyd. Mwynheais bob eiliad!

Pan oedd Meinir yn 20 mlwydd oed yn astudio cerddoriaeth ym Mhrifysgol Bangor, dechreuodd degawd heriol iawn i deulu Fferm y Rhewl. I gychwyn, yn 1999, derbyniodd Meirion, tad Meinir, ddiagnosis o glefyd Parkinsons ac yntau ond yn 56 mlwydd oed. Roedd y teulu'n gyfarwydd â chlefyd Parkinsons oherwydd bu tad Meirion yn brwydo'n erbyn yr un cyflwr am nifer o flynyddoedd cyn marw yn 1986. Wedi'r diagnosis, daliodd Meirion ati i gyd-ffarmio efo Rhys, brawd Meinir. Yn 2001 daeth i'r amlwg bod Rhys yn dioddef o broblemau salwch meddwl. Fel nifer yn yr un sefyllfa, ceisiodd ei gadw yn dawel. Felly, dim ond yr ychydig a oedd agosaf ato a'i feddygon oedd yn ymwybodol o'i frwydr galed.

Yn 2002 cymerwyd Eirlys, mam Meinir, i'r ysbyty. Yn dilyn llawdriniaeth frys, cafodd wybod bod ganddi ganser y coluddyn a hithau'n 55 mlwydd oed ar y pryd. Ar ôl chwe mis o gemotherapi, er mawr ryddhad i'r teulu, cafodd Eirlys wybod ar drothwy'r Nadolig bod y canser wedi cilio.

Fodd bynnag, yn ystod y cyfnod hwn roedd salwch Rhys yn dyfnhau.

Ac meddai Meinir:

Roedd Mam yn deud yn aml pa mor anodd oedd hi ar Rhys. Yn wahanol iddi hi, doedd dim profion gwaed a sgans i ddangos iddo os oedd yn gwella. Felly, roedd yn anoddach iddo weld golau ym mhen draw'r twnnel.

Ym mis Chwefror 2003, pan oedd Rhys yn 29 mlwydd oed, collodd ei frwydr. Deunaw mlynedd yn ddiweddarach, mae digwyddiadau'r cyfnod hwnnw yn fyw iawn yn fy nghof – y chwilio am Rhys dros nos ac ymddangosiad yr heddwas wrth y drws yn rhannu'r newyddion hunllefus am ei farwolaeth. Cofiaf fuarth y fferm yn llawn o geir a phobl yn mynd a dod i gydymdeimlo a'r cannoedd o gardiau a laniai yn ddyddiol.

Roedd Rhys yn berson addfwyn ac annwyl na fyddai'n bwriadu na dymuno brifo'r un ohonom. O barch a chariad tuag ato, gorfu i ni, bob un, ymdrechu orau y medrem i fyw hebddo er mor ddwfn oedd ein hiraeth ac er mor anodd oedd hynny ar adegau.

Mae'r cwestiynau a'r *what ifs* yn parhau yng nghefn y meddwl, medd Meinir. Mae hi'n falch o sylwi fod pobl yn raddol fwy agored i drafod salwch meddwl a gollwng ychydig o'r stigma sydd ynghlwm â fo. Mae hi hefyd yn croesawu elusennau megis y DPJ Foundation (elusen a leolir yn Sir Benfro) sy'n cefnogi ardaloedd cefn gwlad amaethyddol gyda phroblemau salwch meddwl drwy godi ymwybyddiaeth, cynnig hyfforddiant, a chreu cyfleoedd i siarad a rhannu pryder.

Blwyddyn ar ôl i ni golli Rhys, fe gafodd Mam ddiagnosis o ganser y fron. Er iddi wella'n llwyr o'r canser hwnnw hefyd, daeth i'r amlwg tua diwedd y driniaeth bod canser y coluddyn wedi ailgydio. Dros y ddwy flynedd a hanner nesaf, cafodd sawl llawdriniaeth a chyrsiau o gemotherapi ac fe dorrodd ei choes a dal MRSA. Er yr holl newyddion drwg, roedd hi'n benderfynol o gyrraedd ei phenblwydd yn 60 mlwydd oed. Ond collodd ei brwydr bum mis cyn hynny yn 2006.

Mam oedd fy ffrind gorau a fy chwaer fawr wedi eu rholio'n un! Dw i mor ddiolchgar am y 27 mlynedd amhrisiadwy a gefais i efo hi. Mae'n anodd i mi fynegi pa mor ddewr oedd hi. Cedwais ddyfyniadau o'i dyddiadur adeg ei llawdriniaeth canser gyntaf yn Ysbyty Glan Clwyd yn 2002 er mwyn i mi gofio ei gwroldeb a'i hagwedd bositif unigryw:

Dydd Iau, 2 Mai 2002
Cael gwybod mod i'n cael *operation* bore 'ma – tynnu darn o'r bowel. Tipyn o sioc. Gwell cael ei wneud yn syth er hynny – rhai'n gorfod hongian o gwmpas am ddyddiau.

Dydd Llun 13 Mai 2002
Daeth y doctoriaid o gwmpas yn reit gynnar yn y bore – cael gwybod mai canser oedd yr *obstruction* ac efallai y bydd angen cemotherapi neu radiwm arna i. O leiaf, fydd dim angen mynd i Clatterbridge. Mi fydd mor gyfleus mynd i'r uned ganser newydd yma.

Yng nghanol yr holl driniaethau a'r galar, daliodd ati pa mor anodd bynnag fu'r daith weithiau. Lluniodd y ddwy ohonom restr cyn iddi fynd i lawr am lawdriniaeth fawr yn 2005: rhestr o bethau neis y byddem yn eu gwneud petai hi'n dod drwyddi – fel mynd allan am de prynhawn ac i Westy Bodysgallen am *pamper* yn y Sba. Profiadau newydd i'r ddwy ohonom!

Roeddwn yna gyda Mam yn Hosbis Sant Cyndeyrn yn ystod ei dyddiau olaf pan ofynnodd i'r meddyg os mai hwn oedd y diwedd. Yng nghanol y dagrau trodd ataf a dweud, 'Well, we've managed to do everything on our list apart from one, haven't we Meinir?' Gofynnodd y meddyg beth oedd yr un peth na chyflawnwyd er mwyn iddi ein helpu i wireddu hwnnw hefyd, dybiwn i! 'To go up Snowdon,' meddai Mam, gan wenu ar y meddyg, gystal â dweud, 'With all the will in the world, I don't think we'll be doing that.' Er y tristwch dwfn, llwyddodd hiwmor a dewrder tawel Mam i'n cynnal i gyd i'r diwedd.

Yn ystod blynyddoedd gwaeledd brawd a mam Meinir, llithrodd salwch ei thad i'r cefndir rhywfodd. Fodd bynnag, ychydig cyn ei marwolaeth, mynegodd Eirlys iddi sylwi ar y dirywiad yng nghof ei gŵr.

Ar ôl colli Mam daeth hyn yn fwy amlwg, felly penderfynais roi'r gorau i rentu lle ym Mangor a dod yn ôl adre i fyw i gadw llygad ar Dad. Daeth yn amlwg bod gan Dad *dementia* yn ogystal â Parkinsons. Roedd yn hapus ei fyd ar y fferm yn ystod y dydd tra roeddwn i yn y gwaith. Llwyddodd Rhodri a minnau, gyda chefnogaeth Julie ac Arwyn, ein partneriaid, ac eraill, i'w gadw adre am rai blynyddoedd.

Wrth iddo ddirywio cawsom gefnogaeth gofalwyr. Roedd Dad yn un o'r rhai cyntaf i elwa o ddarpariaeth arbennig Gofal Dydd y Waen. Yna, yn 2012, ar ôl rhai misoedd mewn uned arbenigol yn yr ysbyty, daeth i'r amlwg ei fod angen cefnogaeth 24 awr. Felly, bu'n rhaid gwneud penderfyniad anodd i drefnu iddo fynd i gartref gofal llawn-amser. Profiad anodd iawn oedd symud fy nhad yn 69 mlwydd oed o'i gynefin.

Cafodd Dad ofal arbennig yn y cartref am dair blynedd olaf ei fywyd. Gobeithiaf yn fawr iddo ddeall ein penderfyniad i'w ddiogelu yn y modd yma.

Cofiaf yr arbenigwr yn dweud wrthym, 'There are carers and nurses who can provide the care he needs so that you can focus on making memories and doing nice things with him.'

Ar ddydd priodas Meinir yn 2012 roedd hi a'i theulu yn llawenhau pan lwyddodd ei thad i'w cherdded i lawr eil y capel i gyfarfod ei darpar ŵr, Arwyn. Roeddent yn hapusach byth iddo, fel taid, gyfarfod ei ŵyr ac wyres gyntaf. Er nad oedd fawr ddim sgwrs i'w gael yn y blynyddoedd diwethaf, roedd ei lygaid yn dweud y cyfan.

Medd Meinir:

Rwy'n tueddu i fod yn boenwr sy'n rhyw baratoi yn feddyliol am y *worse case scenario*. Mae'n debyg mai dyma un o sgileffeithiau fy siwrne – fy ffordd o'm gwarchod fy hun a cheisio sicrhau y byddwn yn gallu ymdopi petai storm arall yn codi.

Ar yr un pryd, bu agwedd fy mam a fy nhad yn ystod cyfnodau mwyaf tywyll eu bywydau yn ddylanwad mawr arnaf. Roedd eu dewrder tawel a'u hymdrech i fwynhau bywyd yn ysbrydoliaeth lwyr.

Mae gennyf gymaint i'w werthfawrogi megis:
–plentyndod hapus, llawn cariad ar y fferm
–perthynas mor agos gyda'm rhieni a'm brodyr
–cyfle i ni ofalu am ein rhieni yn eu gwaeledd a dangos ein gwerthfawrogiad ohonynt
–cefnogaeth arbennig Rhodri, fy mrawd, teulu, a ffrindiau ar hyd y daith
–fy swydd yng Nghanolfan Gerdd William Mathias lle caf gyfle i gydweithio efo cynifer o bobl arbennig yn ddyddiol
–cefnogaeth cymdeithas glòs Capel y Waen
–cariad Arwyn a'n dau fab bywiog, Gronw a Cradog
a chymaint o atgofion melys.

Byddaf yn hoffi bwrw golwg yn ôl ar yr amseroedd cofiadwy a gawsom. Byddaf yn gwrando ar gôr Ysgol Glan Clwyd yn canu 'Carol Catrin' (Aneurin Prys Williams a Gilmor Griffiths) ar CD Cwmni Sain, *Nos Nadolig Yw*. Bryd hynny, byddaf yn ail-fyw gwasanaethau Nadolig gwefreiddiol Ysgol Glan Clwyd yng Nghadeirlan Llanelwy.

Cofiaf Mam yn dweud ei bod yn trio peidio cwestiynu 'Pam fi?' pan oedd yn mynd trwy'r cyfnodau anodd gan nad oedd yn gofyn 'Pam fi?' pan oedd pethau da yn dod i'w rhan. Dw i'n trio cofio hynny.

Mae'n braf gweld Meinir a'i theulu yng Nghapel Waengoleugoed a ninnau ein dwy'n aelodau yno. Cofiaf Meinir yn saith oed yn ddisgybl yn fy nosbarth yn Ysgol Twm o'r Nant. Cofiaf hefyd ei rhieni a'i brodyr yn deulu bach cytûn. Yn awr, 'Bydded cysur lle bu galar a llawenydd lle bu tristwch' ('Gweddi Sant Ffransis o Assisi', addasiad Tecwyn Ifan yn D. Geraint Lewis, *Geiriau Gorfoledd a Galar*, Gwasg Gomer, 2007, tud. 104).

Dyma'r emyn sydd yn rhoi nerth ac ysbrydoliaeth i Meinir.

> Dwy law yn erfyn sydd yn y darlun
> wrth ymyl fy ngwely i;
> bob bore a nos mae'u gweddi'n un dlos,
> mi wn er na chlywaf hi.

T. Rowland Hughes, 1903-49
Caneuon Ffydd, rhif 139

1.9.3 RHODRI JONES

*Mewn llawenydd,
dedwyddwch a thrafod mae
ymdopi â galar*

Ganed Rhodri yn 1945, yn
fab i Dennis a Gaenor ac yn
frawd i'r diweddar Del a fu
farw yn 64 mlwydd oed yn
2012. Fe'i magwyd yng
Nghaerdydd. Bu Rhodri yn
ddisgybl yn Ysgol Ramadeg
y Bechgyn, Cathays, cyn
hyfforddi'n athro yng

Rhodri a Chris Jones

Ngholeg y Drindod, Caerfyrddin. Bu'n athro, Pennaeth Adran ac Athro
Ymgynghorol y Gymraeg fel ail iaith, arolygydd ysgolion, awdur, a bardd.
Priododd â Christine yn 1976 ac ymgartrefodd y ddau yn Ninas Powys
ger Caerdydd. Cawsant ddau o blant, Lowri a Rhys. Bu farw Christine yn
2018 wedi cyfnod hir a dewr o waelu'n raddol. Bu Christine yn arweinydd
ysbrydoledig Cwmni Dawns Werin Dinas Caerdydd ac yn Ym-
gynghorydd Rhanbarthol Cymdeithas Ddawns Werin Cymru (CDdWC).
Bu Rhodri yn Gadeirydd a Llywydd CDdWC. Bu'r ddau yn feirniaid
cenedlaethol a rhyngwladol mawr eu parch.

Bu Rhodri a Christine yn hynod garedig wrthyf pan laniais yng
Nghaerdydd o'r Rhyl yn 1972 ar fy mhen fy hun yn dilyn marwolaeth
sydyn fy nhad a gwellhad fy mam o ganser y fron. Bu Christine yn ffrind
oes. Buom yn cydweithio fel athrawon yn Ysgol Heol y Celyn,
Pontypridd. Fe'm hyfforddodd i gyfeilio i bartïon dawns llwyddiannus

iawn yr ysgol. Yna, wedi oriau ac oriau o ymarfer, fe'm dyrchafwyd i gyfeilio ar y piano a'r acordion i'w chwmni dawns. Mae fy ngwerthfawrogiad ohoni a'i dylanwad arnaf yn ddi-ben-draw. Edmygais ei gallu, ei hathrylith, a'i hysbrydoliaeth ym myd y ddawns. Fe gofiaf – ac fe hiraethaf – am ei hwyl, ei hagosatrwydd, ei didwylledd, a'i gallu eithriadol i greu WOW! ar lwyfan.

Dywedodd Rhodri:

> Derbyniais gais gan Prydwen i rannu sut rwy i wedi ymdopi â cholledion niferus – cais anodd iawn i ymateb iddo. Mae hwn wedi achosi i mi feddwl yn ddwys am y peth ac i fyfyrio ar y ffenomenon. Mae colli anwylyn yn rhywbeth sy'n anochel, mae e'n siŵr o ddigwydd a dyw hyn ddim yn ffenomenon. Y ffenomenon yw'r modd y mae rhywun yn ymateb i'r digwyddiad. Mae nifer o ffactorau yn effeithio ar yr ymateb: oed yr anwylyn, sydynrwydd y golled, agosatrwydd teulu, ymateb eraill i'r digwyddiad ac yn y blaen. Wrth feddwl yn ôl, mae pob un o'r ffactorau hyn wedi llywio fy ymateb i golli aelodau agos o fy nheulu ac o golli ffrindiau.

Er i rieni Rhodri hanu o Gwm Rhondda, daethant o gefndiroedd tra gwahanol.

Hanai fy mam o deulu eang: pedwar o blant (pedair merch ac un bachgen). Felly, roedd iddi gefndryd a chyfnitherod, modrybedd, ac ewythrod di-ri. Teulu dosbarth canol o'r Rhondda oeddent. Roedd Tad-cu, a dau o'i frodyr, yn brifathrawon ac roedd un yn fferyllydd. Doedd neb ohonynt yn gweithio dan ddaear. Roedd gan un fodryb Syndrom Down. Roedd hi, fel pawb arall, yn cymryd rhan allweddol ymhob gweithgaredd teuluol.

Roedd fy nhad, ar y llaw arall, yn unig blentyn. Hanai ef o deulu gwahanol iawn. Roedd ei dad yn löwr. Ers yn ddeunaw oed dioddefodd ei fam gyda *cataracts*. Roedd un fodryb iddo'n brifathrawes a'r llall yn wniadyddes. Doedd ganddo fawr o gysylltiad â'i gefndryd a'i gyfnitherod, er eu bod nhw yn rhan o'i deulu eang. Ceisiaf bwysleisio bod ymateb fy mam a fy nhad i golled wedi llywio fy ymateb innau.

Roedd Nain (mam fy mam) yn barod iawn i adael i bawb wybod ei theimladau. Ar y llaw arall, roedd Gu (mam fy nhad) yn ddall ac wedi wynebu profiadau dyrys iawn fel colli ei brawd a dwy chwaer o fewn mis i'w gilydd. Oherwydd hyn – a'i chefndir gwledig – tueddai i fod yn stöic. Roedd yn gariadus a theimladwy iawn ond anaml y byddai'n dangos ei theimladau. Etifeddodd fy nhad agwedd ei fam ac i raddau mabwysiadodd fy mam yr un agwedd.

Roedd Rhodri yn 16 mlwydd oed pan ddarganfuwyd bod ei fam yn dioddef o ganser ar yr ysgyfaint. Cafodd flynyddoedd hir o gystudd a llawdriniaethau di-ri. Bu farw yn 1967, chwe blynedd yn ddiweddarach pan oedd Rhodri yn 22 oed.

Erbyn y diwedd roedd marwolaeth Mam yn rhyddhad. Y drasiedi oedd iddi ddioddef cymaint ar hyd yr holl flynyddoedd – gwastraff llwyr o fywyd prin. Teimlaf yn euog weithiau am ymddangos yn ddideimlad.

Pan fu farw Gu, ryw flwyddyn yn ddiweddarach yn 1968, teimlai Rhodri mai dod i derfyn bywyd yn naturiol a wnaeth wedi blynyddoedd o ofal. Tristwch oedd hwn, nid trasiedi.

Yna, yn 2021, bu farw Del, ei chwaer, yn 65 mlwydd oed wedi dioddef o ganser y *lymph* am oddeutu 15 mlynedd. Unwaith eto, teimlodd Rhodri ryddhad am iddi ddioddef cymaint dros gyfnod mor hir.

Meddai Rhodri:

Eto fyth, teimlais y trasiedi o flynyddoedd o waeledd. Teimlais hefyd ryw euogrwydd mod i'n ymddangos yn ddideimlad pan yn wir roeddwn yn falch dros fy mam a fy chwaer iddynt gael rhyddhad o'u cur a'u dioddef.

Y drafferth oedd nad oeddwn yn dangos yr hyn roedd pawb yn ei ddisgwyl i mi'i ddangos. Ond doedd rhoi sioe o deimlad ymlaen ddim yn rhan o 'nghynhysgaeth. Trwy'r marwolaethau hyn roedd llonyddwch mewnol fy nhad yn gymorth i mi ymdopi.

Bu farw ei wraig Chris yn 2018 wedi iddi hithau hefyd ddioddef o ganser am ryw 12 mlynedd cyn ei salwch olaf ac meddai Rhodri:

Doedd wiw i ni fel teulu gyfaddef wrth unrhyw un bod Chris yn dioddef o ganser oherwydd byddai hynny wedi amharu ar hwyl a chwerthin ein bywyd ni fel teulu ac fel ffrindiau. Dim ond y criw agosaf atom a wyddai'r gwir sefyllfa. Mi gymerais i nerth o nerth

Chris wrth wynebu'r diwedd anochel. Ni fu dagrau trwy'r holl gystudd. Roedd derbyn y sefyllfa yn ei gwneud yn haws i'r ddau ohonom.

Er ei holl dreialon a cholledion dros y blynyddoedd, mae Rhodri'n teimlo'n ffodus ac, er ei hiraeth, yn cyfrif ei fendithion niferus:

Dros y blynyddoedd bûm yn lwcus. Pan oedd pethau ar eu gwaethaf roedd rhywun yno: ffrindiau, plant, a pherthnasau a oedd yn deall ac yn dangos gwir empathi o brofiad.

Yn aml mewn amgylchiadau trist, ceir teimlad o embaras gan bobl ddibrofiad sydd ddim yn siŵr sut i ymateb.

Mae'r disgwyliadau a'r traddodiadau sy'n bodoli o gwmpas galaru yn achosi poen meddwl i mi weithiau. Mae dyn yn gallu bwydo galar ac mae hyn yn llethu'r enaid, fel y dywed Tudur Dylan Jones yn ei gerdd, 'Epigram' (D. Geraint Lewis, *Geiriau Gorfoledd a Galar*, Gwasg Gomer, 2007, tud.70):

Lle bo galar yn aros,
para'n hir wna lampau'r nos.

Gwn mai dyna'r peth olaf fyddai fy mam, Gu, fy nhad, Del, a Chris ei eisiau. Felly, dilynaf agwedd teulu fy nhad (yn enwedig Gu a gollodd cymaint). Fe gadwaf i fynd a'm hwyneb tua'r haul fel sydd rhaid i bawb ei wneud yn y diwedd.

Mae Rhodri yn aelod ffyddlon o'i gapel a dywed:

Erbyn hyn cyrhaeddais flynyddoedd wedi oed yr addewid. Fe'm ganwyd ac fe'm magwyd yn un o Gymry Cymraeg Caerdydd, nid fel un o'r bobl ddŵad. Seiliwyd fy nghefndir yng nghoncrit y ddinas er bod fy mam a fy nhad yn hanu o Gwm Rhondda. Bu'r capel yn bwysig o ochr fy mam er mai agwedd o 'capel gyffwrdd' oedd gan fy nhad. Gofyn cwestiynau wnaeth fy nhad o ran crefydd ac mae'n bur debyg i minnau ei ddilyn yn hynny o beth. Bu ein gweinidog, Parchg. Kevin Davies, yn gefn enfawr i Chris a minnau drwy ein cyfnodau duon iawn.

Mae Rhodri o'r farn nad oes rhaid cael ystyr i bopeth.

Mae pethau'n digwydd er gwaetha ein hymdrechion a does dim o pa mor galed y gwingwn ni yn erbyn y symbylau, yn y pen draw fe ddaw dagrau. Mae hynny'n iawn a naturiol ond mae'n rhaid anwesu'r sefyllfa ac edrych ar y dagrau fel rhyddhad. Does dim pwynt chwerwi a cholli llawenydd, mae bywyd yn ddigon caled fel mae ac yn llawer rhy fyr. Rhaid bod llawenydd mewn bywyd, ac iawn yw chwerthin a chofio'n llawen am y dyddiau cyn y golled. Fe ddaw dagrau heb syniad beth sy'n eu hachosi: gair mewn hen gerdd, nodyn mewn cân, symudiad mewn hen ddawns neu lun mewn hen albwm ond mae'r dagrau tawel yn lleihau fel mae'r blynyddoedd yn treiglo. Does dim problem 'da fi mewn cofleidio'r dagrau hynny gan eu bod yn atgoffa dyn o'r dyddiau da.

O sylweddoli hynny, rwy'n camu ymlaen gan dderbyn cymaint haws yw gwneud hynny drwy wynebu'r dyfodol gyda gwên. O brofiad, hefyd, derbyniais taw mewn llawenydd, dedwyddwch, a thrafod y mae ymdopi â galar. Dysgais, drwy'r profiad, werth ffrindiau a chymdeithas i siarad am y gorffennol gyda llawenydd. Wrth wneud hyn, teimlaf fod colyn y golled yn raddol lleihau. Yn fy nhyb i, felly dylai hi fod.

Ym mis Ebrill 2018 cynhaliwyd dathliad hyfryd o fywyd Chris yng Nghapel Bethel, Penarth. Roedd y capel yn bictiwr rhyfeddol o friallu'r maes – hoff flodau Chris. Fe'u gosodwyd yn syfrdanol o hardd ar siliau'r ffenestri ac ar y pulpud ar flaen y capel.

Roedd ein dyfodiad i'r capel yn debycach i fynychu cyngerdd nag oedd i wasanaeth angladdol. Roedd y capel yn orlawn a thyrfa oddi mewn ac oddi allan. Gwrandawon ni ar Eifion Price, Brynaman, ar y ffidil a Thelynores Llwchwr yn chwarae medli addas o hoff alawon dawns Chris. Yna dawnsiwyd ffigurau cyntaf dawns urddasol 'Meillionen' tuag at arch Chris gan Lowri a Rhodri. Gwasanaeth cofiadwy ymhob ffordd i ferch gofiadwy – ein Meistres y Ddawns ni.

Yn dilyn y ffarwél yn Amlosgfa'r Fro, cafwyd parti hwyliog, hapus yn steil Chris i ddathlu ei bywyd ac i rannu ein hatgofion ohoni.

Er i Rhodri gyfansoddi nifer o gerddi yn y gorffennol, teimla bod cerdd Emily Brontë i'w thad yn mynegi ei deimladau yntau'n glir.

HEN STÖIC

Cyfoeth, mi wn, peth dibwys yw,
A serch, ffolineb mawr;
Uchelgais, namyn breuddwyd gwiw
Yn cilio gyda'r wawr.

A phan weddïwyf, er pob gwae,
Nid yw fy ngweddi'n ddim,
Ond gad fy nghalon fel y mae,
A dyro ryddid im.

Y cwbl geisiaf pan fo 'nydd
I'w derfyn yn nesáu,
Wrth fyw, wrth farw, yw enaid rhydd
A dewrder i barhau.

Cyf. J. T. Jones, Porthmadog, *Cymro Newydd*, Ionawr, 2021

Dewisodd Rhodri ddau emyn i gofio am Christine. Maent i'w cael yn *Caniedydd yr Ifanc,* a gyhoeddwyd gyntaf yn 1980 ac sydd bellach allan o brint.

Ti, friallen fach ar lawr,
Dan goronog wlith y wawr,
Yn disgleirio 'ngolau haul –
Duw fu'n gwneud mor hardd dy ddail …

F. J. Van Alstyne. *efel.* Elfed, *Caniedydd yr Ifanc*, rhif 70
fe'i priodwyd yn *Caniedydd yr Ifanc* â thôn
Joseph Parry, 'Duw a'n Gwnaeth'

ARGLWYDD Y DDAWNS

Bu dawns drwy y cread wedi llunio'r byd,
Fe ddawnsiodd yr haul a'r lloerennau i gyd;
Fe ddisgynnais o'r nefoedd i'th gofleidio di,
Ym Methlehem fe'm ganwyd i.

Dawns, dawns, a hynny yn ddi-oed,
Arglwydd y ddawns ydwyf fi erioed,
Arweiniaf bawb i fyny tua'r nef,
Ac arweiniaf bawb yn y ddawns, medd Ef.

Sydney Carter. *cyf.* Ifor Rees, *Caniedydd yr Ifanc*, rhif 162

Rhan 2: Treiddio'r Dirgelwch

2.1   Salwch meddwl

2.1.1   GWYN MORRIS: Teyrnged i fy nhad

THE RHONDDA LINK
Newsletter of the Methodist Churches in the Rhondda and Ely Valleys Circuit

A tribute to the late Rev. Huw D. Williams

The Rhondda, and, indeed – in the religious circles at least – the whole of Wales was shocked and plunged into the deepest sorrow by the sudden passing of the Rev. Huw David Williams.

It was in my capacity as spokesman that I wrote to Mr Williams seven years ago welcoming him to the Rhondda and giving him advanced information about the Circuit, the Treorchy Manse and the community in which he and his family would live. Among other things it was my painful duty to inform him that a considerable amount of work would have to be done in the Manse before he could settle down comfortably there. The reply I received was full of humour: the reply of a strong, confident, optimistic and fighting man. We were not to worry about the Manse: he would see to that when he arrived. For he was used to such work.

It was a very different man, however, who moved from Treorchy to Ferndale three weeks ago. His confidence had gone, his optimism had disappeared and he was beset by fears and worries that seven years ago he would have laughed away. He was not this time the pillar of strength organising the enormous task of moving house; he was a passenger as we now know, and a very sick one too.

The Chairman of the Circuit said in his moving prayer in Capel Wesley, Ferndale: **'Maddau i ni ein dallineb.'** How blind we all were that we failed to see when a man had reached breaking point.

It is happier for us to think of the old Huw D. as we knew him in his strength. He was an extremely able man who could have achieved success in many different careers. He was an eloquent and gifted preacher; sometimes, indeed, he rose to greatness. He was also a man of broad vision and deep understanding who could adapt himself easily so that all manner of people, tutored or untutored, godly or ungodly, felt a 'nearness' in Huw D. when they discussed a problem or engaged in an argument.

Above all, young people liked him and he liked young people. He knew how to speak to them on their own wavelength, for he lived in no ivory tower. He had his feet firmly planted on the ground and alive to the problems and needs of teenagers.

There was more than the touch of the rebel in Huw D. and sometimes he would make statements which would have made many an old deacon of fifty years ago leap out of his seat in protest. He had an imaginative touch and would not hesitate to vary the order of service or introduce original and unorthodox features into his meetings. He was a great enemy of sham and hypocrisy, and he was contemptuous of tradition if he felt that tradition had outworn its purpose or usefulness.

But, behind all this strong exterior we detected a sensitive, vulnerable man. He was easily hurt and quickly moved to tenderness. Latterly, he had become obsessed with the idea that his Ministry was a failure. At the last Quarterly Meeting of the Welsh Circuit, he begged me to make no reference to his work in this final meeting, since he deserved no praise and was only too embarrassed already at the way in which he had failed his Circuit. He was so earnest in his pleas. But I said how happy we had all been working with him and that the happy informality of our meetings was due entirely to the friendly leadership we had received from him.

If there was any doubt about his success the crowds that attended his funeral on September 18th would have dispelled that doubt. So would the packed congregation at Capel Ebenezer, Caernarfon, at his funeral service the next day, when there must have been about 70 ministers in attendance, apart from the lay congregation.

But, most of all, the greatest tribute to his success is to be found on the streets of Treorchy where he lived, where men of all denominations spoke, and still speak with such sorrow of his passing. He had as many friends outside the Church as inside. He set no limits to his Ministry and there is no doubt that a more popular and respected figure never walked the streets of Treorchy.

We mourn his passing, but we rejoice that he has left behind such fine and happy memories, and we are grateful for the comfort he was able to bring to so many people in these valleys, the comfort, alas, that he could not find himself when he most needed it.

Dr Gwyn Morris (October 1967)

2.1.2 NIA WILLIAMS

Herio stigma salwch meddwl

Ganwyd Nia yn 1984 ym Methesda, yn ferch i Hefina a Dylan ac yn chwaer i Nici a Beds. Mynychodd Ysgol Gynradd Penybryn ac Ysgol Uwchradd Dyffryn Ogwen. Seicolegydd yw hi ac mae'n darlithio yn y pwnc ym Mhrifysgol Bangor. Mae ganddi ddiddordeb arbennig mewn seicoleg plant, iechyd meddwl, a seicoleg fforensig. Dros y blynyddoedd, bu'n cydweithio â sawl gwasanaeth ar ymchwiliadau o fewn y meysydd hyn. Mae Nia'n cael ei chydnabod fel arbenigwr ar faterion sy'n ymwneud â seicoleg plant. Mae hi hefyd yn aelod o baneli amrywiol sy'n ymwneud â materion meddwl plant. Mae Nia yn fodel o lwyddiant ac o daflu anawsterau dros ei hysgwydd gan ei bod yn delio'n llwyddiannus â dyslecsia ei hunan. Erbyn hyn, mae hi wedi ymgartrefu yn y Felinheli.

Y tro cyntaf i mi glywed enw Nia Williams oedd pan glywais i hi ar raglen Beti George. Hoeliodd fy sylw'n syth. O un a fu'n gweithio am dros 50 mlynedd yn y byd addysg roedd ei sgwrs yn canu cloch. Wrth sôn am ymddygiad plant, pwysleisiodd nad yw plant yn cael eu geni'n blant 'drwg'. Mae ymddygiad yn 'iaith' ynddi'i hun sy'n ddangosydd o stad feddyliol ac emosiynol person. Fel yr 'iaith' lafar mae 'iaith' ymddygiad yn iaith sydd angen i ni ei dysgu a'i deall. Gwnaeth ei huodledd a'i brwdfrydedd yn ei phwnc gryn argraff arnaf.

Fe'i clywais droeon ar ôl hynny ar raglenni amrywiol. Yna, ar BBC Cymru Fyw darllenais ei chyngor i Hywel Gwynfryn a oedd yn cael trafferth cysgu. Mae Hywel yntau'n llawn canmoliaeth am awgrymiadau ymarferol Nia.

Oherwydd ei gwybodaeth a'i brwdfrydedd estynnais wahoddiad iddi gyfrannu i'r gyfrol a dyma a ddywedodd:

> Dw i'n siŵr eich bod chi, fel fi, yn cofio syrthio'n blentyn a chrafu'ch pen-glin ar hen goncrid anwastad. Dyma'r math o friw sy'n llenwi â cherrig mân, llosgi am ychydig, a'r gwaed yn rhedeg am dipyn cyn ceulo. Mae'r ymennydd yn anfon neges i geulo'r gwaed i wella'r

briw. Mewn ychydig ddyddiau does dim i'w weld ond marc bach pinc. Mae'r corff yn glyfar yn iacháu ei hun. Dydyn ni ddim yn gweld yr ymennydd yn anfon y neges bod angen ceulo'r gwaed i wella'r briw.

Mae Nia'n defnyddio'r ddelwedd hon i amlinellu'r gwahaniaeth rhwng iechyd meddwl a salwch meddwl. Mae hi'n credu bod y broses feddyliol anweledig hon yn cydweithio efo'r corff.

Gwahaniaethau rhwng iechyd meddwl a salwch meddwl

Iechyd meddwl
Yn ôl y World Health Organisation (WHO) mae iechyd meddwl yn golygu cadw stad feddyliol sefydlog a phositif i'n galluogi i:
–cyrraedd ein potensial
–ymdopi â phwysau arferol bywyd
–wynebu gwahanol sialensau dyddiol
–cynnal perthnasau ag eraill ac
–i ffynnu'n hyderus yn ein cymunedau.

Mae hyn yn effeithio ar y ffordd y byddwn yn gweld y byd a gweld ein hunain. Mae'n gwbl angenrheidiol i ni ofalu am ein hiechyd meddwl er mwyn ein galluogi i ddelio â phroblemau arferol bywyd ac osgoi salwch meddyliol.

Salwch meddwl
Mae salwch meddwl yn digwydd pan fo'r ymennydd yn gweithio'n anghywir neu pan fo rhan ohono'n ddiffygiol. Bryd hynny, bydd y cyflwr yn effeithio ar y gallu i ffynnu a byw bywyd llawn.

Beth sy'n gallu amharu ar yr ymennydd?
Mae'r hyn sy'n achosi 'salwch meddwl' yn gymhleth a does neb yn imiwn. Gall ddigwydd i unrhyw un ohonom unrhyw adeg. Gall rhai ffactorau ein gwneud yn fwy bregus megis:
–amherffeithrwydd geneteg
–salwch meddwl arall fel Alzheimer's a *dementia*
–amgylchiadau negyddol bywyd fel cam-drin rhywiol.

Gofal a thriniaeth
Yn 2020 awgrymodd y WHO bod oddeutu 800 miliwn o bobl yn fyd-

eang yn dioddef o salwch meddwl. Fodd bynnag, dim ond traean ohonynt sy'n derbyn unrhyw fath o ofal a thriniaeth. Yn ôl eu hymchwil, nid yw bron i ddwy ran o dair ohonynt yn ceisio cymorth gan weithiwr iechyd proffesiynol.

Pam, tybed, fod pobl yn llai parod i ymofyn cymorth pan fyddant yn dioddef o salwch meddwl o gymharu ag unrhyw salwch arall? Mae Michael Foucault yn allweddol yn hyn o beth. Roedd yn dioddef o salwch meddwl ei hun a hefyd wedi gweithio mewn ysbytai meddwl. Mae ei lyfr, *Madness and Civilization* (1961), yn seiliedig ar ei brofiadau uniongyrchol. Yma mae'n dadlau nad yw ysbytai meddwl yn helpu'r unigolion. Yn hytrach, maent yn eu halltudio a'u cau allan o'r gymdeithas ac yn eu 'carcharu' mewn gwirionedd. Yn ôl Foucault, crëwyd yr ysbytai meddwl hyn dan orchymyn y Wladwriaeth er mwyn cadw pobl 'wallgof" o dan reolaeth ac allan o'r gymdeithas. Roedd y 'cleifion' hyn yn cynnwys:
–tlodion
–y di-waith
–troseddwyr
–plant amddifad a.y.b.

Wrth i nifer o'r ysbytai gynyddu, cynyddodd hefyd yr 'ofn' gan bobl o fynd yn wallgof a'r ofn o gael eu caethiwo.

Llygredigaeth trwy gyswllt

Cynyddodd yr ofn o gael eu labelu a'u caethiwo i'r fath raddau nes bod pobl yn credu fod gwallgofrwydd yn gyflwr heintus fel y gwahanglwyf. Roedd pobl yn cadw draw oddi wrth y 'gwallgofiaid' rhag ofn iddynt hwythau gael eu heintio – a'u caethiwo.

Ddwy flynedd yn ddiweddarach, yn 1963, cyhoeddodd Erwin Goffman *Stigma: Notes on the Management of Spoiled Identity*. Ynddo dywedodd:

> There is no country, society or culture where people with mental illness have the same societal value as people without a mental illness.

Credai Goffman fod ysbytai meddwl a'r diwylliant seiciatrig yn cyfrannu at y stigma gan eu bod yn orfodol, yn ormesol, ac yn niweidiol i gleifion. Dadleuai yn hytrach na'u gosod dan glo y dylid cefnogi pobl i fyw bywyd 'normal' yn eu cymdeithas er gwaethaf eu salwch meddwl. Dyma gychwyn ar y syniad o Ofal yn y Gymuned. Er bod dros hanner canrif wedi mynd heibio ers cyhoeddi gwaith Foucault a Goffman, mae'r stigma'n parhau. Ac er bod y gymdeithas bellach yn fwy cefnogol a derbyniol o salwch meddwl, mae angen gwneud peth wmbredd o waith o hyd.

Yn wir, mae'r cyfryngau ac adloniant yn parhau'r stigma wrth bortreadu pobl sydd â salwch meddwl yn beryglus neu'n wan. Felly, mae hyn yn gallu treiddio i'r isymwybod a barn y gymdeithas.

Efallai ei bod hi'n amser bellach i ni beidio â gwahaniaethu rhwng iechyd corff ac iechyd meddwl, ond yn hytrach gyfeirio at y ddau fel un. Efallai y bydd hyn yn ei dro yn denu unigolion i ymofyn cymorth.

Mae problemau 'meddyliol' yn gallu arwain at broblemau 'corfforol' ac mae problemau 'corfforol' yn gallu arwain at broblemau 'meddyliol'. Yn union fel y briw 'na yn blentyn, mae'r meddwl a'r corff yn un. Maent yn hollol glwm â'i gilydd.

Mae elusen Mind (Cymru) wedi cyhoeddi'n ddiweddar eu bod yn gweithio mewn partneriaeth â Hafal i gyflwyno ymgyrch 'Amser i Newid'. Bwriad yr ymgyrch ydy creu cenhedlaeth o bobl a fydd yn gallu siarad yn agored a di-ofn am iechyd meddwl. Y nod yw lleihau'r stigma sy'n bodoli fel a nodir yn barod yn y gyfrol hon. Mae'r ddwy elusen yn amcanu bod un ymhob pedwar yn cael eu heffeithio gan broblemau iechyd meddwl rywdro yn eu bywydau. Mae'r ymgyrch yn hybu pobl ledled Cymru i siarad yn agored er mwyn:
–cryfhau perthynas gyda ffrindiau, teulu, a chyd-weithwyr
–dileu'r syniad o dabŵ
–cael gwared â stereoteipiau a herio stigma
–cefnogi pobl yn eu gwellhad.

Yn eironig, ar anterth cyfnod y clo – pan fo canran y bobl ifanc sy'n cyflawni hunanladdiad yn cynyddu – mae swyddfeydd yr elusennau cynorthwyol hyn ar gau.

Manylion cyswllt Mind (Cymru)
3ydd Llawr Castlebridge, 5-19 Cowbridge Road East, Caerdydd, CF11 9AB. Rhif ffôn: 029 2039 5123
E-bost: supporterrelations@mind.org.uk

2.2 Marwolaeth

2.2.1 MESUR DYN

Pan gaiff dyn ei fesur, gofynnir gan Dduw
Nid sut y gwnaeth farw, ond sut y gwnaeth fyw.

Nid faint a wnaeth ennill, ond faint fyddai'n rhoi
Ac a fyddai yn aros pan oedd eraill yn ffoi.

Nid beth oedd ei gred ond beth fyddai'n ei wneud,
A faint oedd e'n teimlo, nid faint allai'i ddweud.

Nid uchder ei feddwl, ond dyfnder ei ras
A'i gymeriad tu fewn, nid ei wên y tu fas.

Nid faint oedd y deyrnged gan bawb i hen ffrind,
Ond faint deimlodd golled ar ôl iddo fynd.

Mae'n dda dweud na allai fyth golli'r un cwrdd,
Ond gwell dweud na throai 'run truan i ffwrdd,

Ac y bu yn oleuni mewn ambell i nos
A throchi ei hun i ddwyn cyfaill o'r ffos.

Ie, dyna'n y diwedd y modd y gwêl Duw
Pa enaid sy'n farw a pha enaid sydd fyw.

Addasiad John Gwilym Jones o gerdd 'The Measure of Man' gan awdur anhysbys yn D. Geraint Lewis, *Geiriau Gorfoledd a Galar*, Gwasg Gomer, 2007, tud. 75

Ganed John Gwilym yn 1937, yn frawd bach i T. James Jones (1934) ac ymhellach ymlaen yn frawd mawr i Aled Gwyn (1940). Fe'i magwyd ar fferm Parc Nest, Castellnewydd Emlyn, gan eu rhieni, Gwenni a Gwyn Jones. Mae'r tri ohonynt yn Weinidogion, yn feirdd, ac yn enwogion o'r siort orau. Mae eu calonnau yn enfawr, eu hwyl a'u hiwmor yn fyrlymus, a'u traed ar y ddaear. Diolch i'r tri ohonynt am eu cyfraniad i'r gyfrol hon ac am eu hamser a'u cymwynasau niferus ar draws y blynyddoedd.

2.2.2 THURAYA TARIG OBAID – Cerdd: Celain

As the pungent smell of the formalin danced its way into my nose,
    my eyes began to swell.
Burning but not disgusted or emotional.
Intrigued but ignorant.

Trying to look for an objective heart, compare it with ones we see in
    our atlases,
Not realizing this is a human who wore a soul inside of him,
Whose 'objective' heart beat strong and loud for his lover.
Who bled just like me.

The teacher picked up his heart, as if it were a shirt he was interested
    in buying but couldn't afford.
Then examining it to see if it was worthy and undamaged enough
    to use as a prop for his class like this 'cadaver's' past lovers.

My eyes began to examine the cadaver – still objectively.
Until they landed on his fingertips.
Then it hit me.
He was just like me, he was just like us, he was not an 'it' anymore.
He was just human, just like me.
His fingertips caressed peoples' souls, his hands were used in prayer
    to submit to his Lord.
His eyes fell in love with the beauty of the world,
They were once tunnels to his heart but now they were shut as if he
    never existed,
as if he were just a prop, an interactive 'tool' for us to learn.

As I look at his abnormally large liver, I begin to wonder about how
    many scars in his heart lead him to drown his soul on drunken
    nights.
How many tears did he shed; how many lovers used his heart just
    like a prop?

Maybe he lost someone, not a liver but a child.
Maybe depression led him to illegal bars that filled his cup with
    whisky that catalyzed his death.
Maybe he was just a mess that did it for adrenaline.

Maybe he had a family waiting for him at home but the spine that once made him a man got broken on his journeys and he couldn't face reality anymore.

Or maybe he died from unnatural causes, but he died alone. And now he is here – laying on a table like an object – soul-less and heavy like a prop.

Thuraya Tarig Obaid

Awdur y gerdd uchod ydy Thuraya Tarig Obaid a'i lluniodd yn dilyn diwrnod cyntaf ei hyfforddiant meddygol pan oeddent yn delio â chorff marw. Ganed Thuraya yn Sudan yn Ne Affrica yn 1996, yn ferch i ddau feddyg, Tarig a Nafisa. Mae ei rhieni a hithau bellach yn gweithio i'r gwasanaeth iechyd. Mae ei thad yn gwasanaethu ysbytai gogledd Cymru. Y fo fu'n allweddol i mi ddeall arwyddocâd cyflwr fy ngŵr sy'n byw â *dementia*. Cyfeiriaf at ei waith yn fy nghyfrol, *Na ad fi'n angof – Byw a dementia* (2019). Mae'r gerdd yn adlewyrchu ymagwedd ofalgar, feddylgar, a pharchus at y corff. Nid anatomi'r corff dienw hwn sydd yn  bwysicaf iddi ond hunaniaeth a hanes y person a fu'n trigo yn y corff. Dengys ei geiriau barch tuag at farwolaeth a thrwy hynny at fywyd. Cynhwysaf waith Thuraya yn y gyfrol hon oherwydd hyn a'r un math o dosturi diffuant a ddangosodd ei thad tuag at fy ngŵr a'r gwahaniaeth a wnaeth hyn i'w ofal.

2.2.3 W. RICHARD COWELL BSc, MBBS (1985), MD (1995), FRCP (1996)

Marwoldeb – safbwynt meddyg

Ganed Richard yn 1960 yn Hen Golwyn, yn fab i ddau feddyg, Wynn a Catherine, ac yn frawd i Siân a'r diweddar Elizabeth. Dr Cowell yw Prif Gardiolegydd Bwrdd Iechyd Betsi Cadwaladr yn Ysbyty Maelor, Wrecsam. Hyfforddodd yn Ysbyty Guy's ac Ysbyty Prifysgol Llundain. Mae'n Gymro sy'n siarad Cymraeg yn rhugl.

Daeth Dr Richard Cowell i'm bywyd ar adeg anodd iawn i mi. Roeddwn wedi gadael fy swydd fel Ymgynghorydd Addysg yng Nghonwy erbyn hynny a bellach yn gweithio dan gytundeb i Ofsted, gwasanaeth arolygu ysgolion yn Lloegr. Gorfu i mi deithio'n bell o'm cartref i gyflawni fy ngwaith i lefydd fel Leeds, Bradford, Rochdale, a Preston a.y.b.

Roedd arolygu ysgolion drwy gyfrwng y Saesneg yn Lloegr yn waith dwys iawn gyda disgwyliadau'n uchel a therfynau amser yn llym. Yn y math yma o waith roedd angen ymrwymiad llwyr a meddwl clir. Yn amlach na dim – oherwydd y pellter o'm cartref – byddai angen i mi aros mewn gwestai. Roedd cryn bwysau ar fy mywyd personol ar y pryd oherwydd roedd Mam wedi derbyn diagnosis o salwch calon difrifol. Gallai hyn fod yn angheuol unrhyw bryd ac roedd yn achosi cryn bryder meddwl i mi. Roedd annibyniaeth Mam yn rhan enfawr o'i hunaniaeth – fel roedd ei disgwyliadau ohonof i. Roedd fy ngŵr yn heneiddio ac yntau hefyd yn gweld cardiolegydd yn rheolaidd, a oedd yn ychwanegu at y pwysau a'm cyfrifoldebau.

Roedd Mam yn byw yn Wrecsam ac – â chysidro ei salwch – nid nepell o Ysbyty Maelor. Yn ffodus, roedd ganddi ofalwyr a phob teclyn argyfwng posib i'w chefnogi.

Dr Richard Cowell oedd cardiolegydd y ddau ohonynt. Roedd cyfarfod cyntaf Mam gydag ef yn ddramatig a dweud y lleiaf. A hithau yn ei nawdegau gyda thrafferthion i'r galon, byddai i mewn ac allan o'r ysbyty yn aml ac yn ddirybudd. Ni allai ddirnad pam na allwn ganslo popeth a chyrraedd yr ysbyty eiliadau wedi iddynt benderfynu ei 'gollwng'. Byddwn yn derbyn yr un neges dro ar ôl tro: 'Ty'd yma RŴAN!' Un tro, a minnau'n arolygu yn Leeds, cymerodd dair awr i mi gyrraedd Wrecsam i'w hebrwng adref. Pan gyrhaeddais nid oedd yn hapus o gwbl. Eisteddai yn ei *dressing gown* yn ei chadair nesa at ei gwely, ei hwyneb fel taran, a'i holl 'trangalŵns' ar y gwely yn barod i adael 'RŴAN'! Safodd ar ei thraed yn syth i ni gael mynd RŴAN! Gofynnais i'r nyrs a oedd Mam wedi gweld meddyg. Doedd hi ddim; hwn oedd y pedwerydd tro i hyn ddigwydd. Gwrthodais ei hebrwng adref heb sêl bendith cardiolegydd. Dim meddyg – dim mynd adre!

Er bod y nyrs yn tyngu nad oedd meddyg ar gael, yn lwcus cefais gipolwg ar Dr Cowell yn y ward nesaf. Eglurais y sefyllfa iddo a chytunodd i weld Mam.

Wrth ddisgwyl iddo gyrraedd – a phan nad oedd y nyrs yn clywed – roedd Mam yn fy ngalw i'n bopeth dan haul! Dychwelodd y nyrs a dweud, 'It's such a shame, your mother is such a lovely little old lady, isn't she, and she wants to go home for her tea.' 'Lovely old lady?' meddwn, 'you've got her wrong, she's a stubborn, determined Welsh Dragon whose decisions are totally irresponsible.' Ac ar hynny, ymddangosodd Dr Cowell a chlywed y cwbl!

Fe drefnwyd o hynny allan y byddai Mam dan adain Dr Cowell. Cymerodd ato yn syth ac fel arwydd o hynny, byddai'n pobi dau ddwsin o fara brith iddo ar gyfer pob apwyntiad. Teimlodd y ddwy ohonom yn ddiogel iawn yng ngofal Dr Cowell. O fy mhrofiad i, mae'n unigryw: meddyg sydd â gwir ddiddordeb yn ei gleifion, a oedd yn ymestyn uwchben ac uwchlaw eu salwch. Mae iddo steil cynnes a pharchus, yn fwy tebyg i feddyg teulu (fel ei rieni) nag arbenigwr byd enwog – gyda'i draed ar y ddaear a'i galon yn gynnes.

Nid anghofiaf un achlysur arbennig pan dderbyniais alwad arall bod Mam wedi ei rhuthro i'r ysbyty. Cyrhaeddais â'm gwynt yn fy nwrn i'w hachub unwaith eto. Rhuthrais i mewn i'r ward nes y bu bron i mi daro Dr Cowell drosodd. Fe'm sodrodd yn y fan a'r lle gan ddweud, 'Pa mor galed bynnag dach chi'n trio achub eich mam, mae hi YN MYND I FARW ryw ddiwrnod.' Sobrodd ei gyngor fi. Bu'n gymorth enfawr i mi i ollwng fy euogrwydd a derbyn rhawd bywyd. Mae'n debyg i mi gredu yn f'isymwybod y byddai Mam yn byw am byth os buaswn i'n ei gwarchod hi'n ofalus.

Dr Cowell ofalodd am Mam yn ystod ei dyddiau a'i horiau olaf yn Ysbyty Maelor. Yn fendithiol iawn, trefnwyd hafan fach ddistaw yng nghanol bwrlwm yr ysbyty i ni gael treulio ei horiau olaf gyda'n gilydd. Wrth i Mam lithro i anymwybyddiaeth sibrydodd hi, 'Thank you, Dr Cowell.' Yn dilyn hynny, gofynnais i'r Parchg Jennie Hurd, Cadeirydd Synod yr Eglwys Fethodistaidd yng Nghymru, ddod i fendithio Mam fel gweddw i Weinidog. Fe wnaeth Jennie hynny'n hyfryd o dawel, sensitif, ac ysbrydol. Yna, hyd ei diwedd, gafaelais yn dyner amdani a chenais amrediad o alawon gwerin iddi, yn union fe y canai hi i mi pan oeddwn i'n blentyn. Llithrodd Mam drwy'r llen yn dawel a diogel. Diolch, Dr Cowell.

Safbwynt a chyngor Dr Cowell o'i brofiad fel cardiolegydd:

Bûm yn feddyg ymgynghorol ers dros chwarter canrif ac wedi delio'n gyson â marwolaeth a marwoldeb. Rydw i'n ei chael hi'n anodd deall weithiau pam nad yw perthnasau cleifion yn teimlo, yn y diwedd, fod cadw cleifion yn gyfforddus a di-boen ar ddiwedd eu hoes yn bwysicach na chadw pobl yn fyw pan fo'r rhagolygon yn wael. Mae fy mhartner yn meddwl fy mod wedi caledu fy agwedd at forbidrwydd a marwolaeth am fy mod wedi bod yn gweithio mor hir mewn ysbytai ac yn dod o gefndir meddygol. Oherwydd hyn, rydw i'n gwneud fy ngorau i weld pethau o safbwynt y claf neu berthynas sydd heb unrhyw wybodaeth feddygol o gwbl. Mae hyn yn rhan bwysig o fy rôl wrth esbonio pethau mor glir â phosibl mewn ffordd sensitif.

Rydw i hefyd wedi profi marwoldeb yn fy mywyd personol pan fu farw fy chwaer yn ifanc a bu farw fy rhieni o fewn blwyddyn i'w gilydd yn ddiweddar. Teimlaf ei bod yn haws dygymod â marwolaeth rhywun mewn oed sydd yn wael a bregus a'r rhagolwg yn wael na marwolaeth rhywun ifanc. Roedd marwolaeth fy rhieni a oedd yn agosáu at eu 90au – a hwythau'n mynegi eu bod wedi mwynhau eu bywydau ac wedi cael digon – yn teimlo fel patrwm naturiol bywyd. Ar y llaw arall, roedd marwolaeth fy chwaer yn ifanc o ganser y fron – a hithau newydd briodi a rhan helaeth ei bywyd o'i blaen – yn drasiedi ac yn ergyd galed i'r teulu i gyd, er ei bod wedi dioddef ers rhai blynyddoedd.

Yn ddiddorol iawn, mae'r drafodaeth gyda pherthnasau'n gallu bod gryn dipyn yn anoddach, yn enwedig pan mae'r claf yn ifanc.

Yn y sefyllfaoedd hyn mae angen cymryd amser i egluro mewn ffordd glir a sensitif nad penderfyniad i'r teulu ydyw, ond cyfle i drafod rhwng y meddyg a'i dîm a'r teulu beth fyddai dymuniad y claf. Wedi'r drafodaeth uchod, mae'n bosib trefnu gorchymyn DNAR (do not attempt resuscitation) lle mae'n addas. Bydd y gorchymyn hwn mewn grym yn yr ysbyty neu yn y gymuned. Dylai hyn arbed trosglwyddo cleifion sy'n wirioneddol wael o'r sefyllfa gymunedol i Adrannau Damweiniau Brys prysur iawn sydd yn amlwg yn anaddas.

Mae mwyafrif y cleifion sy'n marw mewn ysbytai yn hen a bregus ac yn dioddef o salwch hirdymor fel canser, clefyd y galon neu'r ysgyfaint ac rydym wedi newid y ffordd yr ydym yn gofalu am y cleifion yma. Pan oeddwn yn feddyg ifanc, meddyg yn unig fyddai'n penderfynu ar y ffordd ymlaen gyda'r canlyniad bod ambell glaf yn cael ei adfywio lle nad oedd gobaith gwella nac ansawdd bywyd i ddilyn. Erbyn hyn, rydym yn trafod triniaeth adfywio ac yn y blaen efo'r claf ei hun os oes ganddo'r gallu i wneud hynny, beth bynnag ei oedran. Mae'n faes sensitif iawn ond yn aml iawn mae'r cleifion yn dweud rhywbeth fel 'O doctor, dw i wedi cael digon' neu 'plis gwnewch fi'n gyfforddus, dw i ddim isio dioddef mwy'.

Gyda chleifion sydd mewn perygl o farw ar ôl trawiad difrifol ar y galon, rydym yn mewnosod diffibrilwyr. Mae'r dyfeisiau hyn yn cyflwyno sioc i'r galon os yw'r claf yn dioddef rhythm calon sy'n peryglu bywyd. Fodd bynnag, pan mae'r cleifion yn dod yn agos at ddiwedd eu bywyd mae angen i'r dyfeisiau hyn gael eu diffodd gan fod y sioc ddaw ohonynt yn gallu bod yn boenus. Eto, rhaid trafod cael caniatâd i wneud hyn yn fanwl a gofalus gyda chleifion a pherthnasau lle mae'n bosibl. Yn ddelfrydol, byddai'r drafodaeth yma yn digwydd ar adeg y mewnosod gwreiddiol. Gellir dychmygu bod y trafodaethau hyn yn gallu bod yn anodd iawn.

Yn anffodus, mae nifer fawr o hyd o bobl fregus oedrannus yn marw mewn ysbytai; y paradocs yw y byddai'r rhan fwyaf ohonynt yn dymuno marw yn eu cartrefi. Erbyn hyn, rydym yn gwneud ein gorau i anfon cleifion adref os yw hynny'n bosibl, er mwyn iddynt gael marw'n dawel yn eu cartrefi eu hunain yng nghwmni eu teuluoedd yn hytrach nag mewn lleoliad meddygol prysur.

Cafodd epidemig Covid-19 effaith anferth ar sut mae pobl o bob oed yn meddwl am salwch a marwolaeth, a chafodd ganlyniadau pellgyrhaeddol oherwydd na all perthnasau, ar y cyfan, ymweld â'u hanwyliaid tan eu bod yn agos at farw. Yn ddiweddar, cafodd mam un o'm ffrindiau lawdriniaeth electif ar gyfer tyfiant. Fe wellodd yn dda ar y dechrau ond fe ddatblygodd cymhlethdod a bu raid iddi fynd am fwy o driniaeth lawfeddygol. Eto, roedd yn ymddangos ei bod yn gwella'n iawn. Yn anffodus, wedi pythefnos yn yr ysbyty datblygodd salwch anadlol. Fe fu hi farw ar y diwrnod y sylweddolwyd ei bod yn dioddef o Covid-19. Nid oedd fy ffrind na'i deulu wedi gallu ymweld â hi trwy gydol ei hamser yn yr ysbyty. Cafodd hyn effaith ddwys ar allu'r teulu i alaru, a hwythau yn teimlo mor euog na wnaethant wthio'n gadarnach i gael gweld eu perthynas.

Mae'n edrych yn debygol y bydd epidemig Covid-19 yn peri i bobl feddwl mwy am farwolaeth a pha mor fregus yw dynoliaeth, ac yn bosib hefyd y bydd pobl yn trafod mwy am farwolaeth a breuder bywyd. Bu raid i feddygon gofal dwys wneud penderfyniadau eithriadol o anodd ynglŷn â phwy fyddai'n cael eu rhoi ar awyrydd er enghraifft, gan fod y nifer yn gyfyngedig. Rydym wedi sylweddoli bod rhagolygon i gleifion sy'n dioddef Covid-19 ar awyrydd yn eithriadol wael ac felly bod rhoi claf ar awyrydd i'w osgoi os yw'n bosibl. Cafodd y gwersi hyn eu dysgu yn ystod epidemig Covid-19 a gobeithio ein bod yn awr mewn gwell sefyllfa o ran triniaeth a'r gallu i ragweld pwy fydd yn debyg o elwa o driniaethau penodol. Rydw i'n credu efallai y gallwn siarad yn fwy agored am farwolaeth a beth ddylai'n dymuniadau fod yn y pen draw, heb fod yn rhy morbid. Mae llawer o bobl yn awr yn ysgrifennu ewyllysiau byw ac o'r farn nad ydynt yn dymuno cynnal eu bywyd yn ormodol.

Fel meddygon, rydym mewn sefyllfa o bŵer ond ni ddylai hynny gael ei gymryd yn ganiataol. Dylem drin ein cleifion a'u perthnasau gyda'r parch mwyaf a chredaf fod angen i ni 'drin ein cleifion fel y byddem yn dymuno i'n teulu ein hunain gael eu trin'.

Mae Covid-19 wedi newid cymaint o bethau yn ein cymdeithas. Mae wedi darnio'n ffordd draddodiadol o fyw i'r graddau ei bod yn annhebygol y bydd pethau byth yr un fath eto. Yn sicr, mae'r cyfnod hwn wedi'n gorfodi i ystyried:

–pwrpas bywyd
–dod i dermau â salwch a
–marwoldeb.

Er gwaethaf y gwewyr, mae yna lygedyn o obaith i'w weld yn nylanwad a gwerth y gwasanaeth hosbis. Y gobaith yw y bydd y cydweithio agos rhwng y mudiad hosbis a'n hysbytai yn parhau ac yn datblygu i'r dyfodol.

Yn naturiol ddigon, dyma yw hoff emyn Dr Cowell:

> Nid wy'n gofyn bywyd moethus,
>   aur y byd na'i berlau mân,
> gofyn 'rwyf am galon hapus,
>   calon onest, calon lân.
>
> Calon lân yn llawn daioni,
>   tecach yw na'r lili dlos;
> dim ond calon lân all ganu,
>   canu'r dydd a chanu'r nos.

Gwyrosydd, 1847-1920
Caneuon Ffydd, rhif 780

2.2.4. BARRY CENNYDD MORGAN

Byw i farw

Ganed Barry yn 1947 ac fe'i magwyd ym mhentref Gwaun-cae-gurwen, Castell-nedd, yn fab i Rees Haydn a Mary Gwyneth ac yn frawd i Brian a Gaenor. Mynychodd yr ysgol gynradd leol cyn symud i Ysgol Ramadeg Ystalyfera. Aeth ymlaen i astudio hanes ym Mhrifysgol Llundain a diwinyddiaeth yng Ngholeg Selwyn, Caergrawnt. Fe'i hyfforddwyd ar gyfer y Weinidogaeth yn Westcott House, Caergrawnt. Astudiodd am ddoeth-uriaeth ym Mhrifysgol Cymru. Fe'i hordeiniwyd yn 1972 a'i benodi'n

Rheithor Cricieth. Cafodd brofiad eang fel offeiriad plwyf, darlithydd mewn Coleg Diwinyddol, a darlithydd mewn dwy Brifysgol cyn ei benodi'n Archddiacon Meirionnydd yn 1986.

Derbyniodd swydd Esgob Bangor yn 1993 cyn derbyn swydd Esgob Llandaf yn 1999. Yn 2003 fe'i penodwyd yn Ddirprwy Ganghellor Prifysgol Cymru. Fe'i hanrhydeddwyd yn Gymrawd mewn pump o brifysgolion Cymru am ei waith a'i ddylanwad ar grefydd yng Nghymru.

Yn 2003, hefyd, fe'i hetholwyd yn ddeuddegfed Archesgob Cymru, yn olynydd i Dr Rowan Williams yn dilyn ei benodiad ef yn Archesgob Caergaint. Cyfrannodd yn helaeth at wahanol gylchgronau a phenodau i gyfrolau gwahanol lyfrau. Yn 2006 cyhoeddodd gyfrol o farddoniaeth ei gyfaill, y Parchg R. S. Thomas, *Strangely Orthodox – The Religious Poetry of R. S. Thomas*. Hwn yw'r Gwir Barchg Barry Cennydd Morgan MA, PhD, DD, DLitt, FLSW (Fellow of the Learned Society Wales) a KStJ (Knight of the Order of St John).

Yn 2004 cefais y pleser o gyfarch Archesgob Cymru, y Parchedicaf Barry Morgan, yn Eisteddfod Genedlaethol Casnewydd a'r Cylch pan y'i hurddwyd yn aelod anrhydeddus o Orsedd y Beirdd. Pregethodd yn nau o wasanaethau bore Sul yr Eisteddfod. Byrdwn ei neges yn Eisteddfod Genedlaethol Caerdydd 2018 oedd ei bod yn bosib caru gwlad ond hefyd bod yn agored i wledydd eraill oherwydd fod Duw yn teyrnasu dros bob gwlad a'n bod ni i gyd wedi'n creu ar ei ddelwedd.

Fe'i gwelais yn gymharol ddiweddar ar raglen *Adre*, pan welsom ei dŷ trawiadol a gynlluniwyd gan ei ddiweddar wraig, Hilary. Yn ystod y rhaglen roedd yn agored a diffuant wrth rannu ei deimladau wedi marwolaeth ei wraig. Oherwydd hyn, fe'i gwahoddais i rannu hynny ymhellach yn y gyfrol hon. Ni chefais fy siomi: derbyniodd y gwahoddiad a braint yw cynnwys ei gyfraniad yn y gyfrol.

Yn 1969 priododd ei annwyl wraig, Hilary, cyfreithiwr hyd at ei hymddeoliad. Gwerthfawrogodd yr Eglwys yng Nghymru (a Barry) gefnogaeth lwyr Hilary iddo gydol ei yrfa. Cawsant ddau o blant, Lucy a Jonathan, ac mae ganddynt dri ŵyr. Bu farw Hilary gartref ym mis Ionawr 2016 wedi brwydr ddewr yn erbyn canser am 20 mis.

Ym mis Ebrill 2016, ryw dri mis yn ddiweddarach ac yn ei rôl fel Llywydd Corff Llywodraethol yr Eglwys yng Nghymru, rhoddodd Barry yr anerchiad pwerus a ganlyn. Derbyniais gopi o'r anerchiad hwnnw drwy e-bost ganddo ar 23 Chwefror 2021. Fel cyd-ddigwyddiad, hwn oedd dyddiad pen-blwydd Hilary; buasai wedi bod yn 74 mlwydd oed y diwrnod hwnnw. Roedd y cyd-ddigwyddiad yn rhyfeddol. Deilliodd ei eiriau o'i brofiad personol dirdynnol o golli cymar oes a oedd yn gadarn a thawel yn ei ffydd. Diolch i Barry ac i Hilary am rannu'r teimladau dwfn yma a fydd yn siŵr o fod yn sylfaen gadarn i ni i'r dyfodol.

Anerchiad y Llywydd i Gorff Llywodraethol yr Eglwys yng Nghymru, Ebrill 2016

Efallai nad Anerchiad y Llywydd yw'r enw iawn am yr hyn y byddaf yn ei draddodi heddiw. Mae'n wir fy mod yn llywyddu dros y Corff Llywodraethol, ond fe fydd fy anerchiad heddiw'n fwy personol na'm hanerchiadau arferol.

Rwyf am ddechrau trwy ddiolch i'r rhai hynny ohonoch a ysgrifennodd ataf yn dilyn marwolaeth Hilary ym mis Ionawr. Erbyn hyn, rwyf wedi derbyn ymhell dros fil o lythyrau, e-bostiau, a chardiau ac y mae'n amhosibl i mi ymateb i bob un. Peidiwch â meddwl bod hynny'n golygu nad oeddwn yn gwerthfawrogi eu derbyn. Cefais fy nghyffwrdd yn ddwfn gan ofal a chydymdeimlad pobl ac rwy'n gobeithio y derbyniwch fy niolch i chwi fel corff am eich holl ofal amdanom fel teulu.

Wrth siarad fel rwy'n bwriadu gwneud â chwi, rwy'n gobeithio nad wyf yn bod yn hunanfaldodus na dagreuol. Yn sicr, nid dyna fy mwriad. Ond y mae a wnelo diwinyddiaeth â gwneud synnwyr o'n cred yn Nuw yng ngoleuni ein profiad o fywyd, neu yng ngeiriau Archesgob presennol Caergaint, 'Mae a wnelo Cristnogaeth â'r profiad bywiol o Dduw yn holl amgylchiadau a holl amseroedd bywyd, gan gynnwys popeth y gall bywyd ei luchio atom.' Ac felly, rwy'n bwriadu sôn am ganser, marwolaeth, marw, a phrofedigaeth – yn y gobaith y bydd yr hyn sydd gennyf i'w ddweud yn gymorth i eraill, oherwydd bydd gan lawer ohonoch brofiad uniongyrchol neu brofiad teuluol o'r holl bethau hyn.

Y syndod yw bod pobl, hyd yn oed yn y trydydd mileniwm hwn, yn dal i sôn am ganser mewn sibrydion; bydd rhai yn osgoi dweud y gair o gwbl. Ac mae pobl yn dal yn betrus ynglŷn â defnyddio'r geiriau 'marwolaeth' a 'marw'. Yr ymadroddion a glywir yn fwyaf cyffredin yw 'wedi'n gadael ni' neu 'wedi huno', fel pe bai'r ymadroddion hynny'n llai terfynol a chreulon na'r gair 'marw'.

Yn Oes Victoria, pan oedd pobl yn marw'n llawer ieuengach, ac yn marw gartref fel rheol, roedd sôn am farwolaeth a marw'n llawer mwy cyffredin. Nid felly bellach. Y paradocs yw bod rhaglenni difrifol am farwolaeth, marw, a phrofedigaeth i'w cael yn aml ar deledu a radio, fel bod cryn dipyn o drafod cyhoeddus ar y pwnc. Yr ydym hefyd yn byw mewn byd lle ceir adroddiadau beunyddiol am drais a marwolaethau erchyll.

Ac eto, mae mwy a mwy o bobl yn ein cymdeithas wedi tyfu i fyny heb erioed weld marwolaeth naturiol perthynas. Mae llawer yn cyrraedd canol oed heb unrhyw brofiad uniongyrchol o brofedigaeth, ac erbyn hyn mae dros 70% o farwolaethau'n digwydd nid yn y cartref ond mewn ysbytai, cartrefi preswyl, neu hosbisau. Yn aml hefyd, ystyrir marwolaeth yn rhywbeth preifat.

Mewn cyfres ddiweddar o raglenni teledu ar farwolaeth a marw, roedd cyfranwyr gyda diddordeb proffesiynol – cwnselwyr, ymgymerwyr angladdau, a meddygon – yn siarad am y pwnc yn rhwydd; ond troi'r stori a wnaent pan ofynnid iddynt siarad am eu hagwedd at eu marwolaeth hwy eu hunain. Roedd anfodlonrwydd amlwg i drafod eu marwolaethau personol yn agored. Yn ei lyfr ar 'Farw', dywed John Hinton, 'Peth anghyffredin yw i bobl siarad yn agored am farw.'

Roedd arna i rywdro eisiau claddu llwch ym mynwent amlosgfa ar y Sul. Derbyniais lythyr oddi wrth arolygydd yr amlosgfa (yn Lloegr yr oedd hi) yn dweud:

Mae'n ddrwg gennyf na allwn ganiatáu i chwi wneud hyn ond rhwng 9.30 am a 3.00 pm o ddydd Llun i ddydd Gwener, oherwydd ni allwn ganiatáu i bobl mewn galar sy'n gofalu am feddau weld angladdau am fod hynny'n achosi gofid iddynt.

Ond os nad ydym ni Gristnogion yn fodlon wynebu realiti – ac, ar un ystyr, terfynoldeb – marwolaeth, pwy wneith hynny? Ac os dysgais i rywbeth gan Hilary (ac fe ddysgodd hi lawer i mi am sawl peth dros y blynyddoedd, trwy fod y math o berson oedd hi yn fwy na thrwy ddim a ddywedodd yn agored, a dyna yn y diwedd yw hanfod bod yn ddisgybl i Grist), fe ddysgais oddi wrth ei pharodrwydd i wynebu realiti'r hyn a oedd yn digwydd iddi wrth i'r canser fynd rhagddo – trwy fod yn gwbl agored a gonest amdano, er syndod i lawer, hyd yn oed ei ffrindiau.

Nid un afiechyd yw canser, wrth gwrs, ond teulu cyfan o afiechydon – rhai'n fwy difrifol na'i gilydd. Gellir dileu rhai a'u mendio; mae eraill yn arwain at farwolaeth sydyn; mae eraill eto'n golygu salwch hir. Ym Mhrydain fe ganfyddir bod rhyw fath o ganser ar 900 o bobl bob dydd. Does ar rai pobl, wrth gwrs, ddim eisiau gwybod beth yw'r rhagolygon.

Roedd arnom ni eisiau gwybod, a dywedyd wrthym mai cyfartaledd y cyfnod goroesi i rai â'r math o ganser a oedd gan Hilary (canser y fron a oedd yn awr wedi lledu i rai o brif organau eraill y corff) oedd dwy i dair blynedd. Gyda'i meddwl cyfreithiol craff, sylwodd hi fod hynny'n golygu bod yna rai na fyddent yn byw am ddwy i dair blynedd. Ychwanegais innau braidd yn wan ei fod hefyd yn golygu y gallai rhai fyw'n hwy na hynny. 'Fydda i ddim yn un o'r rheiny,' meddai hithau'n dawel. 'Mae fy nghanser i'n un ymosodol ac wedi lledu i nifer o'm horganau.' Ac roedd hi'n iawn; i fod yn fanwl, fe fu hi byw am 20 mis.

'Yr hyn sy'n rhaid i ni ei wneud,' meddai yng nghanol ein gofid a'n dagrau, 'yw ceisio byw bywyd yn llawn. Rhaid i ni ganolbwyntio ar yr hyn sydd gennym yn lle poeni am yr hyn nad oes gennym, neu fe fyddwn yn gwastraffu'r amser sydd ar ôl i ni gyda'n gilydd. O leiaf, fe wyddom beth sy'n dod.'

Dyma'r hyn a alwodd un cyfrinydd yn 'sacrament yr ennyd sydd ohoni'. Ac unwaith eto, roedd hi'n llawer gwell am wneud hynny na mi. Gallai wynebu'r ffaith bod angau'n rhythu arni, a doedd arni ddim ofn, er bod arni, wrth gwrs, yn angerddol eisiau byw.

Fe'm hatgoffwyd o'r Esgob John Robinson, awdur y llyfr enwog, *Honest to God*, a ysgrifennodd pan ganfuwyd yn yr wythdegau bod canser marwol arno:

> Er bod y rhagolygon yn wael, yr ydym yn pryderu nid am hyd bywyd ond am ei ddyfnder a'i ansawdd, a bwriadwn eu harchwilio'n llwyr.

Wrth gwrs, yr ydym i gyd yn wahanol. Doedd ar rai pobl y bûm yn gweinidogaethu iddynt ddim eisiau trafod y peth. Ysgrifennodd y Fonesig Cicely Saunders, o fudiad Hosbis Sant Christopher, fod yn rhaid parchu'r math yna o dawedogrwydd. Ond mae hynny'n wahanol i'r math o beth a ddisgrifiwyd unwaith gan yr Archesgob Anthony Bloom:

> Fe ŵyr y wraig, yn ei chorff a'i henaid, bod marwolaeth yn dod.

Fodd bynnag, mae'r gŵr yn gwenu, y ferch yn gwenu, y nyrs yn gwenu, y meddyg yn gwenu, pawb yn gwenu mewn modd sydd iddi hi yn amlwg yn gelwydd. Y canlyniad yw gofid, sy'n ei gadael i wynebu marwolaeth mewn unigrwydd ofn.

Fe wyddem beth oedd o'n blaenau, ond roedd Hilary'n mynnu fy mod i'n gwadu'r peth, ac o edrych yn ôl, rwy'n gweld bod hynny'n wir. Yn ei geiriau hi, 'Rwyt ti'n dal i feddwl a gobeithio na ddigwyddith e ddim, a dyw hi'n dda i ddim meddwl fel yna, oherwydd mae e'n mynd i ddigwydd a rhaid i ni wynebu hynny.' Unwaith eto, fe'm hatgoffwyd o eiriau'r Esgob John Robinson, yn ei bregeth olaf yng Ngholeg y Drindod, Caergrawnt: 'Dylai Cristnogion allu goddef realiti a dangos i eraill sut i'w oddef, neu beth a ddywedwn ni am y groes, realiti canolog ein ffydd?' Fe hoffwn i ddweud 'Amen' i hynny, ond rhaid i mi gyfaddef i mi ei chael yn enbydus o anodd. Ond doedd ar Hilary ddim eisiau cael ei diffinio gan ei chanser ychwaith, fel pe na bai dim arall am ei bywyd yn bwysig. 'Fi ydw i o hyd,' meddai, 'mae'n digwydd bod canser arna i, ond mae arna i eisiau parhau â gweddill fy mywyd cystal ag y galla i.'

Mae'r Litani'n cynnwys y geiriau hyn: 'Rhag marwolaeth sydyn, Arglwydd trugarog, gwared ni.' Fedrwn ni, wrth gwrs, ddim dewis sut a phryd y byddwn farw ond pan gaiff rhywun wybod bod afiechyd marwol arno. Fe gaiff ef a'r teulu gyfle i'w paratoi eu hunain at yr hyn sy'n dod, er mai'r gwir yw na all neb baratoi'n ddigonol, os o gwbl. Y cyfan y gellir ei ddweud mewn gwrthgyferbyniad yw y gall marwolaeth sydyn adael perthnasau'n teimlo bod rhai pethau heb eu dweud, am na chawsant gyfle i ddweud yr hyn y byddent am ei ddweud, pe baent yn gwybod.

Nid yw'n beth anghyffredin i bobl sy'n dioddef afiechydon marwol feio Duw trwy ofn neu ddicllonedd. Yn dilyn marw ei wraig, a briododd yn hwyr mewn bywyd, o ganser, mae hyd yn oed C. S. Lewis, yn ei lyfr, *Grief Observed*, yn galw Duw'n 'sadydd cosmig'. Bydd eraill, fel cyfeillion Job, yn gweld yr afiechyd fel cosb am rywbeth a wnaethant. Mae Job, yn gwbl gywir yn fy marn i, yn gwrthod y ddadl honno'n llwyr. Ni ofynnodd Hilary erioed, 'Pam bod hyn wedi digwydd i mi?' na 'Pam fi?' I'r gwrthwyneb, dywedai, 'Pam nad fi?'

Byddai'n sôn am bobl a adwaenem a fu farw'n ddirybudd gan adael teulu ifanc. Yna, byddai'n cymharu ei sefyllfa gyda phobl na chawsant unrhyw gyfle o gwbl mewn bywyd oherwydd amgylchiadau teuluol neu dlodi. Yna, byddai'n sôn am bobl a fu farw o afiechydon ofnadwy fel Alzheimer's neu glefyd Motor Niwron yr oedd hi'n eu hystyried yn llawer gwaeth na chanser. Roedd hi'n ddiolchgar am bob bendith a gafodd mewn bywyd – y teulu, y plant, ei gwaith, ei ffydd.

'Dysg i ni gyfrif ein dyddiau,' meddai'r Salmydd, 'i ni gael calon ddoeth.' Yn angladd yr Athro Geoffrey Lampe, un arall a fu farw o ganser, dywedodd y Parchg Athro Charlie Moule amdano fod ganddo, o'r dydd y canfuwyd bod y canser arno, y gallu i fwynhau bywyd yn llawn ac i ddefnyddio pethau materol mewn modd cadarnhaol, am yr union reswm nad oedd yn glynu wrthynt yn feddiangar ond yn hytrach yn eu defnyddio gyda haelioni. Neu, a dyfynnu'r Esgob John Robinson eto:

> Dysgu byw o ddifrif, nid dim ond canolbwyntio ar gadw'n fyw ond ymddiddori mwy mewn cyfrannu at yr hyn sy'n golygu fwyaf a'i fwynhau. Credai mewn rhoi cymaint ag sy'n bosibl i fywyd a derbyn cymaint ag sy'n bosibl yn ôl tra'i fod yn dal ar gael. Felly, pan fo rhywun yn marw, mae'n golygu nid canolbwyntio ar ryw ymarferiad arallfydol, duwiol – troi oddi wrth bethau'r byd at bethau'r nef – ond byw o ddifrif. Y mae a wnelo â chyflawnder bywyd yn awr.

Fe fydd pawb ohonom farw, ac mae pawb ohonom, mewn rhyw ffordd neu'i gilydd, yn y broses o farw o'r munud y'n genir ni. Y gwir amdani yw na wyddom ni ddim beth sydd o'n blaenau, oherwydd creaduriaid meidrol ydym ac mae bywyd yn ansicr. Mae arnom ni ofn marw, wrth gwrs, oherwydd y mae'n gam i'r anwybod, a rhaid i bawb ohonom, yn y diwedd, ei wynebu ar ein pen ein hun. Nid marwolaeth ei hun sydd arnom ei hofn, ond y broses o farw – a fydd hi'n un boenus ai peidio. Un o ofnau mwyaf Hilary oedd marw mewn poen. Roedd hi'n cofio'i mam-gu yn marw o ganser yn ystafell ffrynt y cartref hanner can mlynedd yn ôl, yn crio mewn poen.

Mae gofal lliniarol a'r mudiad hosbis wedi datblygu llawer yn yr hanner can mlynedd diwethaf. Gellir lleddfu poen bellach. Pe na bawn i eisoes wedi fy mherswadio gan y dadleuon yn erbyn rhoi cymorth i farw, fe fyddwn wedi cael fy argyhoeddi o wylio gofal a thynerwch nyrsys yr hosbis a ddeuai i weini sawl gwaith bob dydd. Doedd dim byd yn ormod o ffwdan iddynt, nac amser yn cyfrif iddynt, hyd yn oed pan fyddent yn nesáu at ddiwedd eu shifft. Sicrhaodd eu hymgeledd, a'u dull gofalus o roi cyffuriau, fod y diwedd yn dangnefeddus ac yn y cartref, ac rwy'n sylweddoli hefyd nad yw hyn yn bosibl i bawb.

Cysurir ni, Gristnogion, yn fawr gan ein cred nad marwolaeth yw'r diwedd ond y bydd bywyd a'n perthynas â Duw yn parhau. 'Nid poeni am farw yr ydw i,' meddai Hilary wrth gyfeillion, 'ond am sut y bydd y rhai y byddaf yn eu gadael ar ôl yn dod i ben wedi i mi fynd.'

Yn aml iawn, fydd gan bobl ddim syniad beth i'w ddweud wrth y sawl sydd mewn galar na sut i ymdrin â hwy. Rwy'n cofio, pan oeddwn yn Archddiacon, mynd i annerch grŵp mewn rhyw blwyf ar natur a dwyster galar. Eisteddai un aelod, a oedd wedi cael profedigaeth ddiweddar, yn wylo yn y gornel. Roedd y Cadeirydd yn ddig iawn â mi am siarad, yn ei geiriau hi, 'am bwnc mor angladdol, a gwneud i un o'r aelodau wylo trwy ei hatgoffa o farwolaeth ei gŵr.' Cyn gynted ag y gorffennais siarad, rhuthrwyd y te i mewn, ac ni fyddai dim trafodaeth (a fu'n un dda iawn) wedi bod oni bai i mi fynnu un. Trwy wadu marwolaeth yn gyhoeddus, yr ydym hefyd yn cyfyngu'r cyfle i fynegi galar. Ystyrir yn aml fod wylo'n gyhoeddus yn annerbyniol, ac eto fe wyddom i Iesu wylo'n agored ar ôl ei gyfaill, Lasarus.

Proses naturiol yw'r broses o alaru. Hyd yn oed os ydym yn credu nad marwolaeth yw'r diwedd, nid yw hynny'n lleddfu'r trallod o golli rhywun a garwn ac nas gwelwn eto yn y bywyd hwn. Pris ymrwymiad yw galar, pris cariad. Does dim ffordd gywir a ffordd anghywir o alaru – dim ond galar ei hun – taith araf a graddol y sawl a adawyd yn weddw. Nid yw rhai o'n hemynau ychwaith yn gymorth i'r broses o alaru:

> Rejoice for a sister deceased,
> our loss is her infinite gain;
> a soul out of prison released,
> and freed from its bodily chain.

Nid yw peth fel yna'n gwneud dim ond ychwanegu euogrwydd at beth bynnag arall y gall fod rhywun yn ei deimlo; euogrwydd am fod â diffyg ffydd mewn cyfnod o alar. Mae llawer mwy o gymorth yng ngeiriau'r diwinydd Bonhoeffer:

Ni all dim wneud i fyny am absenoldeb rhywun a garwn, ac ni fyddai'n iawn chwilio am rywbeth i gymryd ei le. Rhaid i ni oddef a dal ati, dyna i gyd. Mae hynny'n swnio'n beth anodd iawn i ddechrau, ond y mae hefyd yn gysur mawr. Tra pery'r bwlch, tra pery heb ei lenwi, bydd yn cadw'r cwlwm rhyngom ein dau. Mae llawer yn dweud bod Duw'n llenwi'r bwlch. Nid yw Duw'n ei lenwi o gwbl; i'r gwrthwyneb, mae'n ei gadw'n wag ac felly'n ein cynorthwyo i gadw'r hen gymundeb yn fyw rhyngom, er bod poen yn hynny.

Mae'r Testament Newydd yn sôn am baratoi at ein marwolaeth trwy farw'n feunyddiol, am golli bywyd er mwyn ei gael, am yr angen i ronyn gwenith syrthio i'r ddaear a marw cyn y gall ddwyn ffrwyth. Mae eich rhoi eich hun mewn cariad – boed mewn priodas, bywyd teuluol neu i fod yn ddisgybl i Iesu – yn golygu bod yn barod i farw i chwi eich hun a'ch anghenion a'ch dyheadau. Hynny ydy, marw i bopeth sy'n hyll a distrywgar a threisgar. Mae hyn i gyd yn baratoad at y marw terfynol.

Mae'r Testament Newydd yn mynnu hefyd ein bod eisoes mewn perthynas â Duw trwy farwolaeth ac atgyfodiad Iesu, am ein bod yn aelodau o'i Gorff. Yr ydym, felly, eisoes yn gyfrannog ym mywyd tragwyddol Duw, ac ni all dim – dim hyd yn oed angau ei hun – ddinistrio'r berthynas. Fel y dywed Paul yn ei Lythyr at y Rhufeiniaid:

[Ni] all nac angau nac einioes, nac angylion na thywysogaethau, na'r presennol na'r dyfodol, na grymusterau nac uchelderau na dyfnderau, na dim arall a grëwyd, ein gwahanu ni oddi wrth gariad Duw yng Nghrist Iesu ein Harglwydd.

Mewn geiriau eraill, yr ydym yn ymddiried y bydd y Duw a'n crëodd mewn cariad ac a gychwynnodd berthynas â ni, am barhau â'r berthynas honno ac na fydd yn troi ei gefn arnom. Yng ngeiriau John Donne, 'y sawl a gâr Duw, fe'u câr i'r diwedd, ac nid i'w

diwedd eu hun a'u marwolaeth ond i'w ddiben ei hun, a'i ddiben Ef yw eu caru'n fwy.'
Golyga credu yn Nuw Iesu gredu yn Nuw trugaredd a gobaith ac felly yn Nuw posibiliadau diderfyn. Mae ffyddlondeb a chariad Duw'n parhau am mai ef yw'r Duw sy'n gwneud popeth yn newydd, am mai ef yw'r Alffa a'r Omega.

Disgrifia'r Dr Barry Morgan y cyfnod yn dilyn marwolaeth ei wraig, Hilary, ar ôl 57 o flynyddoedd, yn gyfnod tywyllaf ei fywyd. Wrth iddo alaru a hiraethu am ei wraig, derbyniodd gysur yng ngeiriau'r emyn isod. Roedd y geiriau hyn, er ei fod bellach ar ei ben ei hun ac wedi colli ei wraig, yn gwneud iddo sylweddoli nad oedd mewn gwirionedd ar ei ben ei hun. Atgoffa'r geiriau bod Duw gydag ef ac yn ei gynnal. Dyma'r 'Duw, cariad yw', y Duw sy'n llawn gras, trugaredd a thosturi.

Tydi dy hun sy'n tywys drwy'r treialon.

W. Rhys Nicolas, 1914-96
Caneuon Ffydd, rhif 222

Ym mis Ionawr 2017, yn dilyn 24 mlynedd fel Esgob a 14 mlynedd fel Archesgob Cymru, ymddeolodd Dr Barry Morgan ar ei ben-blwydd yn 70 mlwydd oed.

Yn ystod ei gyfnod fel arweinydd yr Eglwys yng Nghymru nid oedd gan y Gwir Barchg Barry Morgan ofn delio'n uniongyrchol â materion dadleuol y dydd. Bu'n barod iawn i roi llais cryf i faterion cyfoes. Credai'n gadarn nad yw dyfynnu adnodau'r Beibl ynddo'i hunan yn datrys anghydfodau moesol. Felly, erfyniodd ar yr Eglwys i fabwysiadu meddylfryd mwy trugarog ac i efelychu gwerthoedd yr Iesu, a aeth allan o'i ffordd i estyn allan at bobl a oedd ar ymylon cymdeithas – y gwan, y tlawd, y gwahanglwyfus, menywod, plant, pechaduriaid – pobl nad oedd yn cyfrif rhyw lawer yn y ganrif gyntaf ym Mhalesteina, i'w sicrhau fod Duw yn eu caru, beth bynnag fo'u hamgylchiadau. Yn sgil hynny:
–galwodd ar gynghorau a chynghorwyr i gadw gafael ar eu hetifeddiaeth Gristnogol a'u herio i gynnig lletygarwch a lloches i ffoaduriaid sy'n dianc o ryfel a thrais yn y Dwyrain Canol
–brwydrodd yn ffyrnig ar ran y digartref ac yn ymarferol sefydlodd gysylltiadau cymunedol da ar draws y wlad yn ei rôl fel Comisiynydd y Digartref

–gwthiodd am gydraddoldeb i ferched yn yr Eglwys yng Nghymru ac ef
  gafodd y fraint o ordeinio'r wraig gyntaf yn Esgob yn 2017
–pwysleisiodd yr angen i dderbyn a gwerthfawrogi pob math o berthynas
  ffyddlon gydol oes, gan gynnwys perthynas un rhyw
–bu'n allweddol hefyd wrth gydnabod a derbyn ail briodasau wedi
  ysgariad yn aelodau o'r eglwys.

Dros y blynyddoedd cafodd ddylanwad ac effaith gadarnhaol ar fywydau
nifer o bobl o gymunedau crefyddol Cymru.

Mae gwaddol Dr Barry Morgan yn un eithriadol ac nid rhyfedd felly i
Archesgob Caergaint, Justin Welby, ei ddisgrifio fel 'Gwas rhyfeddol
Duw'.

Rhan 3: Wele'n gwawrio ...

Arglwydd Iesu, dysg im gerdded
drwy y byd yn ôl dy droed;
'chollodd neb y ffordd i'r nefoedd
wrth dy ganlyn di erioed:
mae yn olau
ond cael gweld dy ŵyneb di.

Elfed, 1860-1953
Caneuon Ffydd, rhif 710

3.1 Dysg im gerdded

3.1.1 TOYOHIKO KAGAWA: Cariad

Nid oes gennyf ond un efengyl, sef yw honno,
yr ailenir popeth drwy Gariad.
Cariad yn unig sy'n hollalluog,
Cariad yn unig sy'n dragwyddol.
Cariad a greodd y byd,
Cariad sy'n ei gynnal.
Cariad yw hanfod Duw ...
Y mae Cariad yn egluro popeth.
Cariad yw fy nghysegr sancteiddiolaf i.
Trwy Gariad yr wyf yn estyn i'r uchelderau,
ac yn disgyn i'r dyfnderoedd.
Y mae Cariad yn treiddio trwy bopeth ...
Â llygad rhyfeddol Cariad
mae Duw a dyn yn canfod ei gilydd.
Mewn Cariad fe dry llygad dyn yn llygad Duw.
Mewn Cariad y daw duwdod a dyndod yn un.

addasiad T. Glyn Thomas (1905-1973)

3.1.2 E. WYN JAMES

Llythyr ynghylch Efengylyddiaeth

Annwyl Prydwen

Diolch yn fawr am dy e-bost yn holi ynghylch y defnydd cyfoes o'r gair 'efengylaidd'.

Rwyt ti'n iawn i feddwl (a) y dylai 'efengylaidd' ddisgrifio pob Cristion a (b) y dylai pob Cristion fod yn 'efengylwr', oherwydd (a) ystyr sylfaenol y gair 'efengylaidd' yw 'yn perthyn i'r efengyl Gristnogol', a (b) y mae Crist yn gorchymyn i bob un o'i ddilynwyr fod yn dyst iddo ac i ledaenu'r efengyl Gristnogol (gweler Mathew 28:19, er enghraifft).

Ond erbyn ein dyddiau ni, y mae'r geiriau 'efengylwr' ac 'efengylaidd' wedi mynd yn aml iawn yn dermau i ddisgrifio math penodol o Gristion. Byddwn yn dweud fod pedwar peth sylfaenol yn nodweddu 'Cristnogion efengylaidd':

1. Credu bod y Beibl cyfan yn Air Duw a'i fod yn ganllaw ac yn awdurdod terfynol ar gyfer eu credoau a'u ffordd o fyw yn gyffredinol. Maent yn derbyn, wrth gwrs, fod y Beibl yn llyfrgell o lyfrau wedi eu hysgrifennu gan awduron amrywiol dros ganrifoedd lawer, ond yn credu yr un pryd fod yr awduron hynny wedi cael 'eu hysgogi gan yr Ysbryd Glân' (2 Pedr 1:21).

2. Credu bod Iesu Grist yn Dduw yn ogystal ag yn ddyn: fod ganddo 'ddwy natur mewn un Person' (a dyfynnu Ann Griffiths).

3. Credu nad oes modd i bobl ennill iachawdwriaeth trwy eu gweithredoedd nhw eu hunain, ond bod iachawdwriaeth yn dod yn unig trwy Grist a'i waith ar y groes. Hynny yw, er mwyn bod yn iawn gyda Duw, rhaid i ni ddod at Grist mewn edifeirwch a ffydd a derbyn y maddeuant a'r iachawdwriaeth y mae Ef yn eu cynnig i ni yn rhad ac am ddim. Mewn geiriau eraill, mae 'Cristnogion efengylaidd' yn credu, gyda Martin Luther, mewn 'cyfiawnhad trwy ffydd'.

4. Credu nad yw gwybodaeth am Dduw yn ddigonol, ond bod rhaid dod i berthynas bersonol â Duw yng Nghrist. Y gair sy'n cael ei ddefnyddio'n aml am hyn yw 'tröedigaeth'. Mae hynny'n cael ei bortreadu'n aml fel trobwynt sydyn, ond nid oes rhaid iddo fod felly; gall fod yn broses dros gyfnod, a hwnnw'n gyfnod hir iawn weithiau; ond mae'n golygu bod rhywun yn gallu edrych yn ôl a dweud bod rhywbeth chwyldroadol wedi digwydd – 'lle'r oeddwn gynt yn ddall 'rwy'n gweld yn awr' (a dyfynnu emyn W. Rhys Nicholas). Ac mae hyn yn newid mor sylfaenol a syfrdanol fel bod rhywun fel Charles Wesley, er enghraifft, yn gallu ei ddisgrifio yn ei emyn Nadolig enwog fel 'ailenedigaeth': 'Ganwyd Ef, O ryfedd drefn, fel y genid ni drachefn!'

Wrth gwrs, mae sbectrwm eithaf eang i'w ganfod ymhlith pobl efengylaidd, yn ddiwinyddol (rhai yn Galfinaidd ac eraill yn Arminaidd, er enghraifft) ac yn wleidyddol, ac yn y blaen. Er enghraifft, mae carfan o bobl y dyddiau hyn yn America sy'n cael eu galw'n *'evangelicals'* sy'n geidwadol iawn eu gwleidyddiaeth, lle y mae llawer o bobl efengylaidd, ddoe a heddiw, yn fwy radical o lawer: pobl efengylaidd, er enghraifft, oedd asgwrn cefn yr ymgyrchu ym Mhrydain ac America yn y 18fed ganrif a'r 19eg ganrif yn erbyn caethwasiaeth; a phobl efengylaidd a sefydlodd yr elusen ddyngarol, Tear Fund, yn ein dyddiau ni. Ond yn gyffredinol, credaf y byddai'r rhan fwyaf o bobl efengylaidd yn derbyn y pedwar peth uchod fel pethau cwbl greiddiol i'w ffydd a'u cred.

Yr Athro David Bebbington yw un o'r awdurdodau mwyaf blaenllaw yn rhyngwladol ar hanes 'efengyliaeth', ac yn ei lyfr dylanwadol, *Evangelicalism in Modern Britain: A History from the 1730s to the 1980s* (1989), mae'n dadlau, er pob gwahaniaeth rhyngddynt, fod pedwar peth sylfaenol yn nodweddu pobl efengylaidd ym mhob cyfnod:

> conversionism, the belief that lives need to be changed; activism, the expression of the gospel in effort; biblicism, a particular regard for the Bible; and what may be called crucicentrism, a stress on the sacrifice of Christ on the cross. Together they form a quadrilateral of priorities that is the basis of Evangelicalism.

Ac mae hynny'n crynhoi'n hwylus yr hyn rwyf wedi ceisio ei ddweud hyd yma.

Roedd y rhan fwyaf o'r enwadau Anghydffurfiol sydd gennym yng Nghymru yn 'efengylaidd' yn eu dechreuadau. Roedd yr Annibynwyr, y Bedyddwyr, y Methodistiaid Calfinaidd, a'r Methodistiaid Wesleaidd, oll ar y dechrau yn credu yn y pethau sylfaenol a nodais uchod – y Beibl yn Air Duw; Crist yn Dduw-ddyn; iachawdwriaeth trwy ffydd yn unig; a'r angen i'r unigolyn ddod i berthynas bersonol, brofiadol â Christ: nid oes ond rhaid darllen emynau Williams Pantycelyn i weld hynny'n glir.

Yn wir, tua dechrau'r 20fed ganrif, dyweder, roedd y termau 'Cyngor Eglwysi Rhyddion' a 'Cyngor Eglwysi Efengylaidd' yn cael eu defnyddio bron yn gyfystyr i ddisgrifio'r cyrff hynny lle'r oedd yr enwadau Anghydffurfiol yn dod at ei gilydd i gydweithio. Ond o tua diwedd y 19eg ganrif ymlaen, gwelwn dwf arwyddocaol yn yr hyn a elwir yn 'rhyddfrydiaeth ddiwinyddol' – dyna'r 'foderniaeth' ddiwinyddol y mae Saunders Lewis yn ymosod mor llym arni yn ei 'Lythyr ynghylch Catholigiaeth' yn *Y Llenor* yn 1927. Golygai hynny fod nifer gynyddol o bobl yn yr enwadau Anghydffurfiol yng Nghymru yn ystod yr 20fed ganrif wedi ymwrthod â'r credoau a nodais uchod.

Hynny yw, fe welwyd pobl yn dadlau nad yw'r Beibl yn 'Air Duw' mewn ffordd arbennig, dim ond yn waith dynion ffaeledig; mai dyn da yn unig oedd Iesu Grist ac nid yn 'Fab Duw' mewn ffordd neilltuol; bod modd i chi ennill eich iachawdwriaeth trwy eich gweithredoedd da; ac yn y blaen. Mewn geiriau eraill, er bod 'pobl efengylaidd' yn parhau yn aelodau yn yr enwadau Anghydffurfiol, ar y cyfan fe beidiodd yr enwadau hynny â bod yn 'efengylaidd' a mynd yn fwy cymysg o ran eu credoau diwinyddol a'u hargyhoeddiadau.

Y peth arall a ddigwyddodd yn yr enwadau Anghydffurfiol yn yr un cyfnod yn fras oedd bod llai a llai o bwyslais ar yr angen am ffydd bersonol, brofiadol cyn i rywun ddod yn aelod eglwysig. (Mae Daniel Owen yn ei nofelau yn disgrifio'r broses honno ar waith yn y capeli yn niwedd y 19fed ganrif.) Felly, fe welwyd nifer gynyddol o bobl yn ymlynu wrth gapel oherwydd teyrngarwch teuluaidd neu oherwydd eu bod am gefnogi sefydliad a oedd yn gwneud cyfraniad pwysig yn gymdeithasol neu yn ddiwylliannol neu yn elusennol, ac yn y blaen.

Enghraifft amlwg o hynny yw Dr John Gwilym Jones, y

dramodydd. Nid oes ond rhaid troi at ei gyfweliad â Dafydd Elis-Thomas yn *Barn* ym mis Mawrth 1973, neu ei hunangofiant, *Ar Draws ac Ar Hyd* (1986), i'w weld yn dweud yn gwbl agored nad oedd yn arddel credoau'r ffydd Gristnogol, ac nad oedd felly yn Gristion 'yng ngwir ystyr y gair'. 'Fedra i ddim derbyn bod Iesu Grist yn fab arbennig i Dduw,' meddai; a chredai mai 'dyn sydd wedi creu Duw ac nid Duw wedi creu dyn.' Ond mynychai gapel ei fagwraeth yn y Groeslon yn ffyddlon ar hyd y blynyddoedd am ei fod yn gweld gwerth moesol, cymdeithasol, a diwylliannol mawr i'r sefydliad; a rhoddai waith Williams Pantycelyn wefr lenyddol iddo, er na rannai gredoau ac argyhoeddiadau'r emynydd.

Mae rhesymau o'r fath dros gefnogi capeli yn rhai digon clodwiw yn aml, wrth gwrs, ond maent yn bur wahanol i'r pwyslais 'efengylaidd' ar yr angen am ffydd a phrofiad personol cyn dod yn aelod eglwysig. Mewn geiriau eraill, yr hyn a gafwyd yn gynyddol o tua diwedd y 19eg ganrif ymlaen yw bod yr enwadau Anghydffurfiol wedi mynd yn fwy cymysg ac yn llai 'efengylaidd' o ran eu credoau ac o ran eu pwyslais ar brofiad personol o ffydd; ac mae hynny wedi esgor ar ddau ymateb ymhlith pobl efengylaidd:

(a) Mae rhai wedi gadael yr enwadau hynny ac wedi sefydlu eglwysi 'efengylaidd' sy'n debycach eu pwysleisiadau i'r enwadau Anghydffurfiol yn eu dechreuadau.

(b) Mae eraill wedi penderfynu aros yn yr enwadau a cheisio hyrwyddo'r ffydd 'efengylaidd' y tu mewn iddynt, gan ddadlau mai nhw yw gwir etifeddion y bobl efengylaidd hynny a sefydlodd yr enwadau Anghydffurfiol yn y lle cyntaf.

Mae'r holl faes yn un cymhleth, wrth gwrs, ac mae elfen o orsymleiddio yn anorfod yn yr hyn yr wyf wedi ei ddweud yn yr e-bost hwn, am fod pob sefyllfa a phob unigolyn yn amrywio i ryw raddau oddi wrth ei gilydd, ond gobeithio bod yr uchod o ryw gymorth i ateb dy gwestiwn.

Cofion gorau,
Wyn

O am gael ffydd i edrych
gyda'r angylion fry
i drefn yr iachawdwriaeth,
dirgelwch ynddi sy:
dwy natur mewn un person
yn anwahanol mwy,
mewn purdeb heb gymysgu
yn eu perffeithrwydd hwy.

O f'enaid, gwêl addasrwydd
y person rhyfedd hwn,
dy fywyd mentra arno
a bwrw arno'th bwn;
mae'n ddyn i gydymdeimlo
â'th holl wendidau i gyd,
mae'n Dduw i gario'r orsedd
ar ddiafol, cnawd, a byd.

Ann Griffiths, 1776–1805
Caneuon Ffydd, rhif 189

Ganed Wyn yn 1950 ac fe'i magwyd yn Nhroed-y-rhiw ger Merthyr Tudful, yn fab i Trefor a Myrtle James, a gadwai siop ddillad yn y pentref. Mae ganddo un brawd, Geraint. Aeth i Ysgol Ramadeg Mynwent y Crynwyr (1962-67) ac Ysgol Uwchradd Afon Taf (1967-69). Graddiodd yn y Gymraeg o Goleg Prifysgol Cymru, Aberystwyth, yn 1972. Bu wedyn yn Swyddog Ymchwil yn yr Adran Addysg yno. Yn 1977 symudodd i weithio i'r Mudiad Efengylaidd fel Cyfarwyddwr Gwasg Efengylaidd Cymru a Llyfrgellydd Llyfrgell Efengylaidd Cymru. Yn 1999 fe'i penodwyd yn Ddarlithydd mewn Llenyddiaeth Gymraeg Fodern, Prifysgol Caerdydd, hyd ei ymddeoliad yn 2015. Enillodd ddoethuriaeth yn 1998 am ei olygiad o emynau Ann Griffiths. Dyfarnwyd Cadair bersonol iddo gan y Brifysgol yn 2013. Mae'n byw yn yr Eglwys Newydd, Caerdydd, gyda'i wraig, Christine. Mae ganddynt dri o blant a phump o wyrion.

Fel llawer i un arall, deuthum i adnabod Wyn drwy ddigwyddiadau Eisteddfod Genedlaethol Cymru. Yn 2019 bu'n gefn amhrisiadwy i mi pan oeddwn yn brysur ond yn ddibrofiad yn llunio fy nghyfrol gyntaf, *Hanes Gwobr Goffa Lady Herbert Lewis 1955-2018*. Yna, pan es ati i lunio f'ail gyfrol,

Na ad fi'n Angof: Byw â Dementia, roedd ei barodrwydd i'm hyfforddi'n bellach na 'mecanics' cyflwyno gwybodaeth i safon yn weithgaredd cymwynasgar dros ben. Felly, wrth lunio'r gyfrol hon ac angen gwybodaeth arbenigol yn ymwneud ag emynau ac efengylyddiaeth, pwy well a phwy mwy profiadol na Wyn? Rwy'n hynod werthfawrogol o arbenigedd Wyn a'i barodrwydd i'm mentora. Rwyf bellach yn ei gyfri'n ffrind mynwesol.

3.1.3 ALED MYRDDIN

Arglwydd, dyma fi

Ganed Aled yn Leeds yn 1984, yn fab i Dafydd ac Ann Jones. Yna, pan oedd yn ddwyflwydd, symudodd y teulu yn ôl i gartref rhieni ei fam ym Mhorthaethwy. Mynychodd Ysgol y Garnedd ac Ysgol Tryfan, Bangor, cyn mynd ymlaen i'r Brifysgol yng Nghaerdydd. Priododd Erin yn 2009 ac mae'n dad i bump o blant 'arbennig': Lili (10), Jac (8), Leisi (6), Bobi-jo (4), a Sia (1).

Diddordebau

Er fy mod i'n ystyried fy hun yn ogleddwr, rydyn ni wedi ymgartrefu yn y Canolbarth ers 2006. Mae chwaraeon ac Addysg Gorfforol wedi chwarae rhan fawr yn fy mywyd ac roedd gen i ddiddordeb mewn pob math o chwaraeon ers yn ifanc. Arweiniodd hyn i mi ddilyn trywydd gyrfa fel athro Addysg Gorfforol, a dyna'r rheswm dros symud i'r Canolbarth, sef i fy swydd gyntaf fel athro yn Ysgol Bro Ddyfi, Machynlleth.

Mae cerddoriaeth hefyd wedi chwarae rhan fawr yn fy mywyd a chefais nifer o brofiadau gwahanol yn ifanc, drwy gystadlu mewn eisteddfodau, chwarae mewn bandiau pres, band *jazz*, cerddorfa, a chanu mewn corau. Enillais gystadleuaeth Cân i Gymru 2008 ynghyd â'r brif wobr o £10,000 gyda'r gân 'Atgofion'. Dw i wrth fy modd yn cyfansoddi yn fy amser hamdden a gwrando ar amrywiaeth o gerddoriaeth.

Plentyn i Dduw

Yn bennaf oll, dw i'n blentyn i Dduw drwy ffydd yn Iesu Grist. Mi alla i ddweud pob math o bethau am bwy ydw i'n meddwl ydw i. Fodd bynnag, y gwir yw, roeddwn i ar goll, yn bell oddi wrth Dduw. Fel rhywun a fu'n mynd i'r capel ar y Sul ers cyn cof, cofiaf yn fy arddegau wrando ar bregeth a theimlo am y tro cyntaf nad oeddwn i'n adnabod Duw go-iawn. Teimlais hefyd nad oedd ffydd fy rhieni na'r ffaith fy mod i'n mynd i'r capel yn ddigon i'm gwneud yn iawn â Duw. Dyma'r tro cyntaf i mi weddïo ar Dduw am faddeuant. Roeddwn yn gwybod i sicrwydd i mi gael fy achub drwy ffydd yn fy ngwaredwr, Iesu Grist. O ganlyniad i hyn, prif bwrpas fy mywyd ydy gogoneddu Duw.

Dw i ddim yn hoffi dweud fy mod i'n berson 'crefyddol'. I mi, mae hwn yn derm sy'n cyfleu person sy'n dilyn rheolau penodol. Mae hefyd yn awgrymu rhywun sydd ddim yn gwneud hyn a'r llall, neu'n trio eu gorau i blesio Duw er mwyn ennill ffafr. Mae'r ffaith fy mod i â ffydd yn Iesu Grist yn golygu nad wyf fi'n gallu cyflawni dim yn fy nerth a'm gallu fy hun. Hynny yw, fy mod yn dibynnu'n llwyr ar waith Iesu Grist ar y Groes a'i fod Ef wedi fy ngwneud i yn iawn gyda Duw.

Oherwydd hyn, mae pob rhan o'm bywyd yn cael ei effeithio gan fy ffydd. Mi ydw i'n ceisio caru fy ngwraig fel mae Iesu Grist wedi caru ei Eglwys, gan ei roi ei hun yn llwyr iddi. Mi ydw i'n ceisio arwain fy nheulu yn llawn gras, fel y mae Iesu wedi dangos gras tuag atom ni. Mi ydw i'n ceisio gwneud fy ngwaith hyd orau fy ngallu, gan ddibynnu'n llwyr ar Dduw i'm cynnal. Mi ydw i'n ceisio defnyddio unrhyw ddoniau sydd gennyf i glodfori Duw.

Dw i'n gwybod fy mod yn methu lawer tro i wneud yr holl bethau yma fel y dylwn i, ond diolch byth nad cloriannu fy llwyddiannau a fy methiannau y mae Duw yn ei wneud, ond yn hytrach, gynnig cyfiawnder i bawb drwy Iesu Grist:

… ond cyfiawnder sydd o Dduw ydyw, trwy ffydd yn Iesu Grist i bawb sy'n credu. Ie, pawb yn ddiwahaniaeth, oherwydd y maent oll wedi pechu, ac yn amddifad o ogoniant Duw. Gan ras Duw, ac am ddim, y maent yn cael eu cyfiawnhau, trwy'r brynedigaeth sydd yng Nghrist Iesu, yr hwn a osododd Duw gerbron y byd, yn ei waed, yn aberth cymod trwy ffydd

Rhufeiniad 3:22-25

Pandemig Covid-19

Bu'r cyfnod diweddar yng nghanol pandemig Covid-19 yn gyfnod anodd i lawer. Ym mis Mawrth 2020, cyn y clo mawr, roedd bywyd yn eithriadol o brysur i ni. Roedd gennym fabi 12 wythnos oed a phedwar o blant o dan 10 oed. Roedd pawb yn brysur gyda gwersi nofio, pêl-droed, clwb rhedeg, rygbi, adran yr Urdd. Roedd hyn oll yn digwydd heb sôn am fy swydd brysur fel Pennaeth Cynorthwyol yn Ysgol Penweddig, Aberystwyth. Rydym fel teulu'n perthyn i Eglwys Efengylaidd Aberystwyth ac yn mynychu'r gwasanaethau ar y Sul a chyfarfod gweddi yng nghanol yr wythnos. Dw i hefyd yn arwain Côr Meibion Machynlleth ac roedden ni'n ymarfer bob nos Lun. Felly, pan ddaeth y clo mawr, daeth popeth i stop, ac mae'n rhaid i mi gyfaddef bod hynny wedi bod yn braf iawn am yr wythnosau cyntaf. Rwy'n cyfri fy mendithion ein bod wedi cadw'n iach drwy'r cyfnod yma a bod fy ngwaith i ac Erin wedi bod yn sefydlog.

Dw i'n sicr yn methu'r holl weithgareddau hyn, yn enwedig gweld bois y côr. Dw i wrth fy modd yng nghanol y criw doniol, talentog, ac unigryw yma a dw i'n gweld arwain y côr yn gyfle i ymlacio a throi fy sylw at rywbeth gwahanol am awr a hanner bob nos Lun. Ond mae'n rhaid cydnabod bod cael bywyd fymryn yn fwy tawel wedi bod yn fendith. Dw i wedi cael treulio mwy o amser gyda fy nheulu yn sicr, ac mae hyn yn rhywbeth pwysig sydd angen i mi ei gofio wrth i bethau, gobeithio, fynd nôl i normalrwydd yn y dyfodol. Mae gorffwyso yn rhywbeth mor bwysig, a dw i wedi sylweddoli bod fy mywyd wedi bod yn rhy brysur ar brydiau, felly mae'n bwysig weithiau i stopio a myfyrio ar yr hyn sydd wirioneddol o bwys.

Er bod nifer o'r gweithgareddau hyn ar stop, un peth sydd wedi parhau yw'r cyfle i foli Duw fel eglwys.

Oherwydd sefyllfa ein hadeilad fel eglwys, nid ydym wedi cyfarfod yn gorfforol fel criw o bobl ers mis Mawrth 2020, ond rydym wedi bod yn cyfarfod ar lein ac wedi gallu addasu ein darpariaeth arferol. Er bod hyn yn gallu bod yn rhwystredig, mae gallu dod i addoli a gweddïo gyda Christnogion eraill mor werthfawr, ac mae hyn wedi bod yn gymorth i mi a'r teulu dros y cyfnod hwn. Allwch chi ddim cyfyngu Duw i unrhyw adeilad: mae'n hollbresennol. Felly, mae Ef gyda fi, boed hynny yn fy ngwaith, adre, yn y côr, ac ym mhob man arall. Mae wedi bod gyda fi drwy'r cyfnod rhyfedd hwn yn ddiweddar a bydd gyda fi i'r dyfodol hefyd, beth bynnag ddaw. Wrth fyfyrio ar y gwirionedd hwn, fy ymateb yw ymuno â'r emynydd hwn i ddatgan:

Gogoniant byth am drefn
y cymod a'r glanhad;
derbyniaf Iesu fel yr wyf
a chanaf am y gwaed.

Arglwydd, dyma fi
ar dy alwad di,
canna f'enaid yn y gwaed
a gaed ar Galfarî.

Lewis Hartsough, 1828-1919
cyf. Ieuan Gwyllt, 1822-1877
Caneuon Ffydd, rhif 483

3.2 Adnabod cariad Duw

Dod i mi galon well bob dydd,
a'th ras yn fodd i fyw
fel bo i eraill drwof fi
adnabod cariad Duw.

Eifion Wyn, 1867-1926
Caneuon Ffydd, rhif 681

3.2.1 DAFYDD IWAN

CYD: Cariad yw Duw

Ganed Dafydd yn 1943 ym Mrynaman, yn ail fab i'r diweddar Barchg Gerallt Jones ac Elizabeth J. Griffiths a fu'n athrawes Gymraeg. Mae ganddo dri brawd: y diweddar actor, Huw Ceredig; Arthur Morus; a'r gwleidydd, Alun Ffred. Roedd eu taid, Fred Jones, yr hynaf o Fois y Cilie, teulu o feirdd gwlad a fagwyd ar fferm y Cilie yng Nghwmtudu, Ceredigion.

Treuliodd Dafydd ran helaeth o'i lencyndod yn Llanuwchllyn. Graddiodd mewn pensaernïaeth ym Mhrifysgol Caerdydd. Mae'n briod â Bethan ac mae ganddynt ddau fab, Caio a Celt. Mae ganddo hefyd dri o blant o'i briodas gyntaf, sef Llion, Elliw, a Telor. Mae ganddo bedwar o wyrion: Louis Llywelyn, Morgan John, a Mabon ac Eban sy'n efeilliaid – Iwaniaid bob un! Mae'n adnabyddus fel gwleidydd, pregethwr cynorthwyol, canwr poblogaidd, cyfansoddwr caneuon, ac awdur.

Yn 1969, a minnau yn fy swydd ddysgu gyntaf yn Ysgol Gynradd Dyffryn Ardudwy, cofiaf halibalŵ yr arwisgo, y baneri coch, gwyn a glas a phartïon dathlu'r achlysur. Roedd yntau, Dafydd Iwan, ein harwr, yn ein denu i ymuno yn ei gân brotest, 'Carlo'.

Ymhen blwyddyn symudais i swydd yn Ysgol Hiraddug, Dyserth. Ni theimlais yn rhy ddiogel yno wedi i ffrwydriad o'r chwarel gyfagos rwygo to fy nosbarth. Cofiaf y sŵn aflafar, y sioc, y sgrechian, a'r gwaed hyd heddiw. Rhuthrodd y cyfryngau yno, yn sicr mai hwn oedd yr ail Aberfan. Ymddangosodd fy llun ar dudalen flaen y papurau dyddiol cenedlaethol gyda'r teitl, 'She played the guitar as the roof caved in.' Beth arall ond caneuon Dafydd Iwan? 'Ai am fod haul yn machlud?' 'Mae'n wlad i mi' ac 'Ar fryniau Bro Afallon'.

Ymhen blwyddyn symudais i ddysgu yn Ysgol Heol-y-Celyn, Pontypridd – 'academi dawnsio gwerin a chaneuon actol' cenedlaethol Cymru. Yno bûm yn cyfeilio am oriau maith i ymarferion Eirlys Britton a Christine Jones.

Oddeutu wyth mlynedd yn ddiweddarach, dychwelais i'r gogledd i Ysgol Elfod, Abergele, i ddysgu dosbarth a chymryd cyfrifoldeb ysgol-gyfan am gerdd, dawns, a drama. Yn llawn brwdfrydedd, roeddwn yn ysu am roi ar waith y cyfan a ddysgais yn yr 'academi'. Nid ysgol cyfrwng Cymraeg oedd hon ac nid oedd iddi unrhyw draddodiad o eisteddfota. Roedd ein hymgais gyntaf ar gystadlu yn Eisteddfod yr Urdd ar y gân actol, felly, yn sialens hynod gyffrous. Dafydd Iwan gyda wig a gitâr oedd prif gymeriad y cyflwyniad. Fodd bynnag, oherwydd natur cefndir y plant, nid oeddent yn gyfarwydd â'r Dafydd Iwan go-iawn, ein harwr ni oll.

Cysylltais â'r 'Dafydd Iwan go-iawn' i'w wahodd i ymweld â'r ysgol er mwyn i'r plant ddeall eu portread ohono. Nodais amseroedd ein hymarferion ond er mawr siom ni chlywais ganddo. Ond un pnawn – a ninnau'n ffocysu'n llwyr ar y *finale* – pwy ymddangosodd yn ddirybudd i ymuno yn ei gân ond … **Dafydd Iwan**!

Yn amlwg fe lwyddodd i'n hysbrydoli oherwydd fe gyrhaeddon ni'r llwyfan cenedlaethol. A phwy ymddangosodd gefn llwyfan wrth i'r criw ddisgwyl perfformio ond … **Dafydd Iwan**! Nid rhyfedd, felly, i ni gipio'r wobr gyntaf. Er ei holl brysurdeb a'i enwogrwydd, dangosodd Dafydd ddiffuantrwydd, parch, a meddylgarwch nad anghofiaf fyth.

Ers yn fachgen ifanc bu Dafydd Iwan yn ceisio atebion ymarferol i faterion cyfredol Cymru drwy ymgyrchu dros ymreolaeth i Gymru a thros statws swyddogol i'r iaith Gymraeg. Cydweithiodd i sefydlu Cymdeithas Tai Gwynedd i greu cartrefi yng Ngwynedd a lleihau'r nifer o dai haf sy'n bygwth ein cymunedau gwledig. Cyd-sefydlodd Gwmni Sain yn 1969 sydd bellach yn brif gwmni recordio Cymru. Bu hefyd yn rhan o sefydlu Canolfan Iaith a Diwylliant Nant Gwrtheyrn ac Antur Waunfawr i greu gwaith i'r rhai difreintiedig. Rhoddodd gydnabyddiaeth deilwng i gyfansoddwyr Cymru gyda Sain a Chwmni Cyhoeddi Gwynn. Sefydlodd gwmni Arianrhod sy'n prynu eiddo i'w osod i fusnesau lleol o fewn economi Cymru. Anogodd ac ysbrydolodd gannoedd i wneud y Gymraeg yn iaith adloniant drwy gyhoeddi nifer fawr o gryno-ddisgiau.

Yn 2020 cyrhaeddodd ei gân gynnar, 'Yma o Hyd', Rif 1 UK iTunes gan gefnogwyr Annibyniaeth i Gymru/Yes Cymru. Does dim amheuaeth nad yw ein harwr, Dafydd Iwan, yr un mor egnïol ag erioed ac mae o 'yma o hyd' i'n hysbrydoli i wneud gwahaniaeth.

Dyma Dafydd Iwan yn cadw at ei arferiad o geisio atebion ymarferol i faterion cyfredol Cymru drwy sôn y tro hwn am effaith cyfnodau clo Covid-19 ar ein crefydda:

> Mae cyfnod y clo a'r Covid wedi gwneud i bawb ohonom edrych o'r newydd ar bethau. Ac un o'r rhain yn fy achos i – a rhywbeth sy'n peri loes calon i mi – yw sefyllfa'n capeli. I ddechrau roedd fy nyddiadur yn llawn dop ar gyfer Suliau 2020 ar ei hyd – mwy o gyhoeddiadau nag erioed o'r blaen, yn amrywio o un oedfa'r Sul i bedair. Fodd bynnag, daeth y cyfan i ben ym mis Mawrth ac ysgubwyd yr oedfaon i gyd (gydag ambell eithriad prin) i'r bin sbwriel, gan adael fy wythnosau i yn ddi-angor.

Gwerth oedfaon y Sul
Oherwydd – beth bynnag am gyflwr bregus ein capeli a Christnogaeth yng Nghymru yn gyffredinol – roedd yr oedfaon hyn yn angorfeydd a oedd yn rhoi siâp a phwrpas i'r wythnos. Roeddent yn cynnig cyfle wythnosol i mi ailystyried ac i ailarchwilio fy ffydd ac i geisio egluro beth yw neges Iesu Grist i ni yng Nghymru heddiw.

Enwadau
Dw i yn un o'r rhain sydd wedi bod yn dweud ers tro nad ar y capeli na'r enwadau y dylem roi'r pwyslais, ond ar arweiniad Iesu Grist a'i neges i ni, Gymry'r unfed ganrif ar hugain. Roeddwn i'n un a gafodd ei siomi'n ddirfawr pan bleidleisiwyd i beidio uno'r enwadau – er yn cyfaddef na wnes i fawr ddim i hyrwyddo'r ymgyrch, mewn gwirionedd. (Mae ychydig bach fel Brecsit – camgymeriad o'r mwyaf, ond a wnaethon ni bopeth o fewn ein gallu i'w rwystro? Naddo, gwaetha'r modd). Ond erbyn hyn, dw i wedi dod i'r casgliad nad yw'n werth yr ymdrech i geisio newid ymlyniad pobol at eu capel a'u henwad, gan mai'r teyrngarwch oesol a phlwyfol hwnnw yn aml yw'r hyn sy'n cadw unrhyw weithgarwch i fynd. Edrychwn ar y byd cyhoeddi Cymraeg: o bosib mai'r elfen

fwya llwyddiannus yw'r rhwydwaith rhyfeddol o Bapurau Bro. A beth sy'n gyrru hwnnw? Ymlyniad at fro: teyrngarwch i'r lleol a'r cyfarwydd.

Brogarwch

Does dim pwrpas gwadu'r peth – brogarwch a theyrngarwch at ein 'milltir sgwâr' neu blwyfoldeb ar ei orau – yw asgwrn cefn y diwylliant cymdeithasol Cymraeg, a rhan o hynny yw ein rhwydwaith o gapeli. Ond beth yw'r ateb pan welwn y capeli hyn – y canolfannau rhyfeddol hyn a fu'n feithrinfa ac yn llwyfan diwylliannol, cerddorol, addysgiadol, a chymdeithasol am yr holl flynyddoedd – yn cau o un i un? A gwaeth fyth, yn cau heb i fawr neb godi llais mewn protest?

Gweithgarwch Cristnogol

Yn y lle cyntaf, rhaid i ni chwalu'r olwg drist a negyddol sy'n bygwth chwalu'r hyn sydd ar ôl o'n gweithgarwch Cristnogol. Rhaid sylweddoli – a chlodfori – y ffyddlondeb a'r ffydd sy'n dal i gadw ein capeli i fynd. Ond rhaid cywain y gweithgarwch hwnnw – o bob cwr ac o bob enwad – a'i uno dan faner newydd o wasanaeth ymarferol i'n cymunedau.

Trin pawb yn gyfartal

Rhaid dangos – i'n pobol ifanc yn arbennig – mai hanfod neges Crist yw trin pawb yn gyfartal a chodi'r gwan ar eu traed: cynnal y tlawd a'r llesg, ysbrydoli'r diobaith, a rhoi llawenydd a phwrpas yn ôl ym mywydau'r rhai sy'n teimlo fod cymdeithas a'r byd wedi troi cefn arnyn nhw.

Troi eglwys Crist yn wasanaeth cymdeithasol, felly? Na, nid yn hollol, ond dangos drwy ein gweithredoedd fod neges Crist, trwy gariad Duw, yn gyfoes, yn berthnasol, ac yn ymarferol.

Cariad Duw ar waith

Rhoi cariad Duw ar waith yn ein cymdeithas a dod â'r capeli a'r eglwysi i ganol bwrlwm bywyd ein cymunedau ar ei orau. Cofiaf y diweddar athrylith, Dr Gwyn Thomas, yn dweud wrthyf ar derfyn oedfa unwaith, 'Pe na bai Duw yn bod, byddai'n rhaid i ni ei greu.' Onid dyna yw ein gwaith fel Cristnogion? Dangos fod Duw yn bod drwy ein ffydd a thrwy ein gweithredoedd?

Bywyd ysbrydol yn rhan hanfodol
Mi giliais innau, fel sawl mab y mans, o'r capel am gyfnod. Ond erbyn hyn dw i'n fwy argyhoeddedig nag erioed fod ein bywyd ysbrydol yn rhan hanfodol o fywyd. Ac i roi ystyr i hynny, rhaid i ni ddangos drwy ein Cristnogaeth nad rhywbeth pell, anghyffwrdd, ac amherthnasol yw'r ysbrydol ond rhywbeth sy'n gwbl ganolog i fywyd yn ei holl hagrwch a'i holl brydferthwch.

Cariad yw Duw
Yr enw fyddwn i'n ei gynnig ar y faner i dynnu ein capeli a'n heglwysi at ei gilydd yng ngwaith Crist yng Nghymru heddiw yw CYD: Cariad Yw Duw. Mae croeso, wrth reswm, i bawb!

Hoff emyn
Dyma emyn perffaith – telyneg bwerus gan athrylith o was ffarm ifanc di-addysg. Ac mi glywaf Gôr Godre'r Aran yn ei ganu'r munud yma ar yr alaw 'Maelor' gan John Hughes!

> Y nefoedd uwch fy mhen
> a dduodd fel y nos,
> heb haul na lleuad wen
> nac unrhyw seren dlos,
> a llym gyfiawnder oddi fry
> yn saethu mellt o'r cwmwl du.
>
> Er nad yw 'nghnawd ond gwellt
> a'm hesgyrn ddim ond clai,
> mi ganaf yn y mellt,
> maddeuodd Duw fy mai:
> mae craig yr oesoedd dan fy nhraed,
> a'r mellt yn diffodd yn y gwaed.

Ehedydd Iâl, 1815-99
Caneuon Ffydd, rhif 183

3.2.2 CARWYN SIDDALL

Bugeilio praidd Duw

Ganed Carwyn yn 1989 ar fferm Bryn Howydd yn Niwbwrch, Ynys Môn, yn fab i Phillip a Beryl Siddall ac yn frawd i Geraint. Bu'n ddisgybl yn Ysgol Gynradd Niwbwrch cyn symud ymlaen i Ysgol Gyfun Llangefni. Yna mynychodd Brifysgol Bangor i gwblhau cwrs gradd cyd-anrhydedd mewn Cymraeg a Diwinyddiaeth. Fe'i hordeiniwyd yn 23 mlwydd oed a'i sefydlu mewn oedfa yn yr Hen Gapel, Llanuwchllyn, ddiwedd Medi 2011. Bellach, mae'n briod â Nerys ac mae ganddynt ferch o'r enw Miriam.

Deuthum ar draws y Parchg Carwyn Siddall pan oeddwn yn byw yn Wrecsam ac yn aelod yng Nghapel y Groes. Roeddwn yn ymwybodol iawn bod yna brinder gweinidogion yng Nghymru a synnais pan welais fachgen mor ifanc yn sefyll yn y pwlpud ac yn fwy felly pan y'i croesawyd fel 'y Parchg Carwyn Siddall'. Fe'm syfrdanwyd hefyd gan ei arddull a'i argyhoeddiad a'i ddewrder yn rhoi pin enfawr ym malŵn ambell ddamcaniaeth. Gorfu i mi ddisgyblu fy hunan i beidio â sefyll ar fy nhraed a chlapio a chanu Haleliwia. Bûm yn canu ei glodydd ers hynny.

Yn ystod y blynyddoedd diwethaf cododd ei enw'n aml ar y radio, ar y teledu, ar BBC Cymru Fyw, ac ar dafod-leferydd. Dysgais iddo fod yn Weinidog gyda'r Annibynwyr yng Ngofalaeth Bro Llanuwchllyn a'r Cylch, gofalaeth sy'n cynnwys eglwysi o dri enwad ymneilltuol gwahanol, yn ymestyn o Lanuwchllyn a Chynllwyd i Rosygwaliau a'r Bala. Disgrifiodd Carwyn ei Ofalaeth fel hyn:

> Gofalaeth wledig ydy hi gyda nifer fawr o'r aelodau yn amaethwyr. Yn sicr, mae'n ardal gyfoethog iawn o ran diwylliant a'r iaith Gymraeg, gyda'r gymuned yn un glòs iawn o ran natur.
>
> Un fantais o weinidogaethu mewn ardal wledig fel hon yw bod pawb yn adnabod ei gilydd a chysylltiadau teuluol rhwng trigolion y fro yn amlwg iawn.

Mae'r Ofalaeth yn un eang ac yn golygu cryn dipyn o deithio ac mae'n credu bod natur glòs y gymdeithas yn fodd o hwyluso'r gwaith bugeiliol:

Mae llawer iawn o fy amser yn mynd ar ymweld â'r aelodau, boed hynny ar eu haelwydydd, mewn cartrefi gofal neu yn yr ysbyty. I mi, dyma un o freintiau'r Weinidogaeth, sef cael bugeilio pobl ar wahanol achlysuron mewn bywyd, cynnig cysur a gobaith yr Efengyl iddyn nhw yng nghanol eu sefyllfaoedd, a bod o gymorth iddyn nhw yn ôl y galw. Yn naturiol, gall ymweld â phawb yn rheolaidd fod yn heriol oherwydd natur wledig yr Ofalaeth a chan fod nifer o'r aelodau yn gweithio yn ystod y dydd. Ond wedi dweud hynny, cryfder cymdeithas wledig a chlòs yw bod pawb yn cynorthwyo ei gilydd, gyda nifer o swyddogion ac aelodau'r Ofalaeth yn fy nghynorthwyo gyda'r agwedd fugeiliol. Mae hynny'n gwbl naturiol gan eu bod hefyd yn gymdogion a chyfeillion.

Wrth edrych ar fywyd yr Ofalaeth, rydym yn un weithgar iawn. Cynhelir nifer o ddigwyddiadau, fel Ysgol Sul y Plant, grŵp archwilio ffydd ar gyfer ein hieuenctid, clwb cinio a chymdeithasu ar gyfer pobl hŷn, a nifer o weithgareddau ychwanegol. Yn sicr, mae'r elfen o gymdeithas glòs yn treiddio'n gwbl naturiol i fywyd yr Ofalaeth gyda phawb yn gwneud eu rhan.

Pleser llwyr oedd siarad gyda Carwyn o'r diwedd a'i wahodd i gyfrannu i'r gyfrol hon. Roedd ei ddiffuantrwydd a'i frwdfrydedd yn amlwg iawn yn ein sgwrs ffôn. Mae'r un bwrlwm yn ei gyfraniad. Braf iawn yw dod i adnabod un arall o weinidogion ifanc Cymru sy'n arllwys gobaith a ffydd a chariad ym mhob agwedd o'i waith.

Cefndir

Roedd fy magwraeth yn un hapus iawn, llawn cyfleoedd, a'r aelwyd yn aelwyd Gristnogol. Roedd gwreiddiau'r ffydd ar ochr fy mam yng Nghapel Saron, Bodedern, a ninnau fel teulu'n mynychu'r capel am ein bod yn ymweld â Nain bob Sul. Dyma gapel na fu'n gryf o ran aelodaeth erioed, ac yn ychwanegol i hynny, na fu â gweinidog er 1901. Dyma eglwys a oedd, yn bennaf, wedi byw ar gyfarfodydd gweddi ac Ysgol Sul. Yn ystod fy mhlentyndod, byddai Cyfarfod Gweddi yn y bore, Ysgol Sul yn y prynhawn, a Chyfarfod Gweddi ar yn ail â phregeth ar nos Sul. Dyma eglwys unigryw yn hynny o beth a'r bugeilio'n cael ei gyflawni'n bennaf gan yr aelodau drwy weddi a thrwy'r gymdeithas glòs wedi ei hadeiladu ar gariad Duw yng Nghhrist.

Galwad

Ers yn ifanc, teimlais awydd dwfn i fynd ymlaen i'r Weinidogaeth. Maes o law, wedi dilyn hyfforddiant dan arweiniad y Parchg Euros Wyn Jones yn y Coleg Gwyn ym Mangor, treuliais flwyddyn fel 'Gweinidog o dan hyfforddiant' yng Ngofalaeth Bro Llanuwchllyn a'r Cylch. Roedd hwn yn gyfle i ddod i adnabod, o ddysgu, ac arbrofi. Yn ystod y cyfnod hwn roeddwn hefyd wrthi'n cwblhau gradd Meistr mewn Diwinyddiaeth, gan astudio'r Weinidogaeth Gristnogol. Bu i'r ddau beth gyfoethogi'r llall. Pan ddaeth y flwyddyn i ben, cam naturiol oedd derbyn galwad Gofalaeth Bro Llanuwchllyn a'r Cylch. Cefais fy ordeinio a'm sefydlu mewn oedfa yn yr Hen Gapel ddiwedd Medi 2011. Naw mlynedd yn ddiweddarach, rwy'n dal yma.

Ceir datganiadau niferus o werthfawrogiad i Carwyn ar y We am ei ofal a'i gyfeillgarwch ac am baratoi gwasanaethau teilwng ar lan bedd. Yn ein trafodaeth soniodd am ei waith fel Caplan Gofal Bugeiliol yn Ysbyty Gwynedd. Rhannodd rhai o'i brofiadau a beth a ddysgodd yno a fu'n gymorth iddo wrth gefnogi teuluoedd yn eu trallod a'u galar:

Fel rhan o'm hyfforddiant yn y Coleg Gwyn, cefais gyfnod o gysgodi Caplan Ysbyty Gwynedd, sef y Parchg Wynne Roberts. Bu'r profiad hwnnw'n gyfle i ddysgu a phrofi rôl fugeiliol caplaniaid ysbyty a bu'r hyfforddiant a'r profiad hwnnw'n un amhrisiadwy. Drwyddo cefais fy mharatoi sut i gynnig gofal bugeiliol mewn amgylchiadau anodd i'r claf a'u teuluoedd. Profiad arbennig hefyd oedd dod i ddysgu, deall, a gwerthfawrogi ehangder gwaith y Ganolfan Gaplaniaeth gan ei fod yn golygu cynnig gofal bugeiliol i holl gredoau, crefyddau, a thraddodiadau gwahanol yn ogystal â chynnig gofal bugeiliol i rai sydd ddim yn arddel credo grefyddol. Braint a rôl y Ganolfan Gaplaniaeth yw estyn y gofal bugeiliol hwnnw i bawb, pwy bynnag ydynt, beth bynnag eu ffydd, eu traddodiad, a'u credo. Agwedd arall o'r hyfforddiant a oedd yn allweddol i'w deall oedd mai braint y Caplaniaid yw bod yn rhan o ddarpariaeth y Gwasanaeth Iechyd i sicrhau gofal a dod i ddeall angen holistig y claf – gofal corfforol, meddyliol, ac ysbrydol.

Yn dilyn yr hyfforddiant hwnnw cefais swydd fel Caplan Gofal Bugeiliol yn Ysbyty Gwynedd, sy'n golygu bod ar alwad fel Caplan, a hynny gan amlaf ar benwythnosau. I'r Caplan llawn-amser, mae'r gofal yn cynnwys pawb o fewn yr Ysbyty a'r staff, ond yn fy rôl i, gan amlaf, estyn cymorth bugeiliol i gleifion a'u teuluoedd y byddaf.

Yn sicr, mae'r rôl fugeiliol hon yn wahanol iawn i'r bugeilio rwy'n ei wneud fel Gweinidog a hynny'n bennaf gan nad oes gen i adnabyddiaeth o'r bobl. Gall cefndir a safbwynt amrywio hefyd, er enghraifft, o bosib fod y claf yn arddel ffydd, a'r teulu ddim, ond eto, yn dilyn cyfnod yn eu cwmni, difyr yw gweld gwerthfawrogiad y teuluoedd yn ogystal â'r claf o'r gofal bugeiliol.

Yn aml iawn, nid yw'r bobl hyn yn bobl sydd â chyswllt â chapel neu eglwys ac mae hynny'n bwynt difyr a phwysig iawn, oherwydd yr hyn a wnânt yw troi at ffydd a cheisio cymorth a gofal bugeiliol rhai sy'n cynrychioli cymunedau ffydd.

Er i mi nodi nad ydy rhywun yn adnabod y celifion na'u teuluoedd gan amlaf, na chwaith am gael cyswllt â nhw ar ôl eu cyfnod yn yr ysbyty, weithiau – drwy wasanaethau megis gwasanaeth Cofio'r Plant a Gwasanaeth Nadolig Sands [elusen Stillbirth and Neonatal Death Society] yn ystod y Nadolig – ceir cyfle i ailgyfarfod â rhai o'r teuluoedd. Trwy hynny, byddaf yn parhau â'r cyfle i estyn gofal bugeiliol a sylweddoli gwerth y gofal hwnnw iddynt fel teuluoedd.

Yn sicr, mae'r gwaith, y profiadau, a'r amgylchiadau'n amrywio'n fawr a braint bob amser yw cyfarfod â'r bobl hyn a chynnig llaw o gymorth a gofal bugeiliol, beth bynnag fo'r amgylchiadau.

Gwerth cymdeithas a diwylliant
Dyma ardal sy'n rhoi gwerth ar gymdeithas a diwylliant, ac yn aml iawn, gwelir yr agweddau hyn yn cydblethu â ffydd Gristnogol y bobl. Nid yw hynny i ddweud mai un ydynt. Yn hytrach, gwelir gwerth a phwysigrwydd y gymdeithas glòs Gymreig yn ein diwylliant fel ardal a chenedl, a'n ffydd ddofn gyda'r Duw byw drwy Grist fel agweddau yn eu hawl eu hunain. Ond wrth droedio llwybr bywyd, naturiol yw i'r agweddau unigol hyn gydblethu.

Effaith Covid-19
Fel pob man, ysgytiwyd a brawychwyd ein hardal gyda dyfodiad Covid-19 a ninnau'n gweld yr anweledig hwn yn agosáu. Gohiriwyd cyfarfodydd cymdeithasol y fro a chynhaliwyd yr oedfa olaf brynhawn Sul, 15 Mawrth 2020.

Yn yr oedfa olaf hon daeth un o'r gynulleidfa ataf a dweud y byddai'n barod iawn i gynorthwyo gydag unrhyw beth y byddem yn ei wneud yn wyneb y pandemig. Yna, yn ystod y dyddiau i ddilyn, bu i sawl un arall awgrymu'r un fath. Yn sicr, roedd hyn yn her. Dydw i ddim ofn ceisio syniadau newydd, nac arbrofi chwaith, ond fel rheol byddai gwneud hynny'n cymryd amser i gynllunio a pharatoi. Bellach, nid yn unig roedd angen torri cwys newydd ond roedd angen gwneud hynny mewn cae neu faes newydd hefyd. Yn goron i'r cwbl, roeddem yn y maes hwnnw'n barod – roeddem fel cymuned, ac fel gwlad, mewn argyfwng a chyfnod clo a oedd, yn ddiarwybod i ni ar y pryd, i barhau am fisoedd.

Bugeilio
Rwy'n credu'n gryf mewn bugeilio ac fel un sy'n cyflawni'r hyn a ystyrir yn aml bellach fel y 'Weinidogaeth draddodiadol', cofiaf mai un o fy addewidion ddydd fy ordeinio oedd i 'fugeilio praidd Duw'. Rwy'n sylweddoli bod yn rhaid i ddulliau cyflawni'r Weinidogaeth newid i'r dyfodol. Fodd bynnag, credaf yn sicr, ochr yn ochr â hynny, bod rhaid sicrhau darpariaeth i holl agweddau'r 'Weinidogaeth draddodiadol'. Yn hynny o beth, roedd y ffordd y byddai aelodau Saron yn bugeilio'i gilydd drwy weddi, drwy sgwrs neu drwy ddulliau mwy ymarferol, yn batrwm ac yn sylfaen. Roeddwn, wrth wynebu heriau'r cyfnod clo, yn gallu pwyso ar y profiad hwnnw a gwerth 'gweinidogaeth yr holl saint'. Roeddwn hefyd yn ffodus o fod mewn gofalaeth a oedd yn cydnabod ac yn gweld gwerth 'gweinidogaeth yr holl saint' ac aelodau eisoes yn barod i arwain oedfaon a chynorthwyo gyda gofal bugeiliol.

Bugeiliaeth ysbrydol gan ddefnyddio technoleg
Yn wyneb y pandemig, ceisiais sicrhau fod yna fugeiliaeth ysbrydol a bugeiliaeth fwy ymarferol a darddai o berthyn i gymuned Gristnogol. Manteisiwyd ar wybodaeth dechnolegol nifer ac erbyn Sul cyntaf y cyfnod clo, roedd oedfa ddigidol wedi'i recordio ac wedi ymddangos ar ein sianel YouTube newydd:

Gwers Ysgol Sul i'r plant a'r oedolion
Mae'r trefniadau hyn yn parhau ac i rai argreffir y cyfan a'u dosbarthu, ac i eraill fe'u derbynnir ar DVD. Ceir fersiwn PDF o bopeth hefyd ar y We.

Cyfres 'Gwener mewn Gweddi'

Bydd nifer o'n cyd-aelodau'n paratoi gweddi i'n harwain mewn defosiwn a phrofodd hyn yn fendith fawr wrth i ni dderbyn yr arweiniad. O bosib, hwn oedd y profiad cyntaf i nifer fynd ati i lunio gweddi eu hunain.

Agwedd arall o'r gofal bugeiliol yr oedd yn rhaid ei hystyried oedd sicrhau gofal bugeiliol i'r rhai hynny a oedd heb gyswllt â chapel neu eglwys, ond a oedd, yn wyneb y pandemig, wedi troi at ffydd fel sail cymorth a chysur. Er fy mod yn ymwybodol o ambell un, roedd y ffigurau ymuno yn ein hoedfaon digidol yn llawer uwch na'r disgwyl, ac felly roedd cyfrifoldeb arnaf i'w bugeilio drwy'r oedfa. O ran yr agwedd honno o estyn gofal bugeiliol, bu fy hyfforddiant a'm profiad gyda'r Gaplaniaeth yn yr ysbyty yn allweddol.

Mae Carwyn hefyd wedi sicrhau fod y pentref i gyd yn ymuno i ganu emynau ar y stryd bob nos Sul yn ystod y cyfnodau clo. Y gantores Mary Lloyd-Davies fydd yn arwain ar ganol y ffordd. A dyma ddwedodd hi:

Mae canu yn rhyddhau emosiwn – mae'n ffordd dda o gael gwared â lluddiant, tensiwn, a dicter ac yn rhoi cymaint o bleser i rywun. Mae'n gallu'ch codi o lefydd trist a thywyll iawn ac yn y cyfnod yma mae'n pontio'r cenedlaethau mewn cyfnod lle mae pobl yn colli gweld ei gilydd.

Sicrhaodd Carwyn bod modd clywed Mary o un pen i'r pentref i'r llall, ac meddai:

Byddwn ni'n canu pedwar emyn i gyd – ac yn gwneud hynny mewn ffordd ddiogel sy'n cyd-fynd â'r canllawiau presennol. Dan ni'r canu pedwar emyn â thipyn o fynd ynddynt. Mae'n gyfnod gwahanol iawn – cyfnod lle dan ni hefyd yn gweld pobl yn dod i'r drws wrth i angladd fynd heibio.

Datblygwyd agweddau eraill ar gynnig gofal bugeiliol ymarferol.

Bugeiliaeth ymarferol gan ddefnyddio technoleg

Wrth ystyried agweddau ymarferol o gynorthwyo, daeth criw ohonom at ein gilydd i gydweithio ar brosiect cymunedol. Drw gydweithio hapus gyda Thafarn yr Eryrod, a thîm brwdfrydig o wirfoddolwyr, llwyddwyd i gynnig:

'Pryd-ar-glud'
Cynigiwyd pryd dyddiol i bawb a oedd am ei dderbyn, ynghyd â phecyn hanfodion wythnos. Dosbarthwyd cannoedd o brydau'n fisol ac wrth i'r rhai mwyaf bregus a'r rhai a oedd yn hunanynysu dderbyn y gwasanaeth hwn, roedd ganddynt gyswllt dyddiol ag eraill o'r gymuned.

Cludo presgripsiwn
Er mai prosiect cymunedol ydoedd hwn, ein braint fel Gofalaeth oedd bod ynghlwm ag o a chynorthwyo i sicrhau'r ddarpariaeth hon i drigolion ein bro. Dyma enghraifft o gydblethu agwedd gymdeithasol a Christnogol ein cymuned.

Nid yw'r cyfnod pryderus hwn drosodd eto ac mae'r ddarpariaeth yn parhau, er bod rhywun wedi addasu'r ffordd o weithio'r aradr weithiau wrth dorri cwys mewn maes newydd. Mae hyn yn naturiol wrth i amgylchiadau a gofynion newid. Ond y fraint yw dal ati a chadw'n golwg a'n ffydd ar yr Un a aeth i'r eithaf yn enw cariad dros ei frodyr a'i chwiorydd.

Gweinidogaeth Fugeiliol
Yn bersonol, rwy'n diolch am gael fy atgoffa o bwysigrwydd y Weinidogaeth Fugeiliol. Drwy weddi a thrwy'r gymdeithas glòs y perthynwn iddi, mae wedi'i hadeiladu ar gariad Duw yng Nghrist a'r gred bod lle i bawb ohonom yn y weinidogaeth honno. Y fraint a'r her fydd ei chyflawni er lles ein gilydd ac er gogoniant i Iesu Grist.

Mae Carwyn wedi gwerthfawrogi sawl emyn a phennill yn ystod y cyfnod hwn, gan gynnwys y pennill hwn y bydd yn troi ato am ysbrydoliaeth:

> Â'i hyfryd lais fe'm harwain yn y blaen,
> cydymaith ydyw yn y dŵr a'r tân;
> rhag pob rhyw ddrwg, yn nyffryn angau du,
> pwy arall saif yn gadarn fyth o'm tu?

> David Charles, 1762-1834
> *Caneuon Ffydd*, rhif 346

3.2.3 RHODRI GLYN

Ac yntau'n rhoddi popeth im

Ganed Rhodri yn 1984, yn fab i ddau athro, Ifor a Nest, ac yn frawd i Robin. Fe'i magwyd yn Neiniolen lle roedd yn ddisgybl yn Ysgol Gynradd Gwaun Gynfi. Yn ddeg oed symudodd y teulu i Gapel Curig a phryd hynny mynychodd Rhodri Ysgol Gynradd Betws-y-coed ac Ysgol Dyffryn Conwy. Yna, mynychodd Brifysgol Aberystwyth i gwblhau cwrs gradd cydanrhydedd mewn Hanes Cymru a Gwleidyddiaeth. Aeth ymlaen i dderbyn PhD am ymchwil ar y Cynhyrfwr, y Parchg David Rees, Llanelli. Wedi cyfnod fel Cynorthwy-ydd Gweinidogaethol a chwblhau gradd meistr mewn Diwinyddiaeth yng Ngholeg Oak Hill, Llundain, yn 2016 fe'i hordeiniwyd yn Weinidog yng Ngofalaeth Gydenwadol Bro Aled. Mae'n briod â Gwenno ac mae ganddynt ddwy o ferched, Llio a Lleucu. Lleolir Bro Aled i'r de o Abergele, gyda Llanrwst i'r gorllewin a Dinbych i'r dwyrain. Mae'n ardal wledig, amaethyddol gyda thraddodiad crefyddol cyfoethog. Yn yr ardal hon y magwyd William Salesbury, Henry Rees, Gwilym Hiraethog, Edward Parry ac eraill.

Fel cyn-Ymgynghorydd Addysg yn Sir Conwy, bu ysgolion Bro Aled a'u cymdeithas yn gyfarwydd iawn i mi. A minnau'n byw yn Nhrefnant, nid nepell o Lansannan, clywais lawer o sôn am Dr Rhodri Glyn. Roedd gen i ddiddordeb yn ei weledigaeth fel gweinidog ifanc yn y cyfnod hwn pan fo cynifer yn pryderu am dranc eu capeli. Treuliodd Rhodri flwyddyn dan hyfforddiant 'Dawn' fel paratoad ar gyfer cymryd gofal o ofalaeth. Gwerthfawrogodd y profiad a gafodd gydag eglwysi yn ardal Cei Newydd. Roeddwn hefyd â diddordeb yn y modd y gweithiai fel cynorthwy-ydd i'r Gweinidog, y Parchg Aneurin Owen.

Pan ddechreuais arolygu ysgolion yn oes yr arth a'r blaidd, byddwn yn mynd allan gydag Arolygwyr Ei Mawrhydi (AEM) profiadol a deheuig megis Elen Ogwen a'r diweddar Gareth Davies Jones. Byddwn yn rhyfeddu at eu sgiliau cwestiynu. Bûm yn gwrando arnynt a'u gwylio'n ofalus hyd nes i mi ddadansoddi'u fformiwlâu i'w defnyddio fy hun sef

–Beth yn union?
–Pryd yn union?
–Ble yn union?
–Pwy yn union?
–Sut yn union?

Yn ddiarwybod i mi, bum mlynedd wedi ymddeol o arolygu, mae'n parhau'n rhan ohonof ac fe'u defnyddiaf yn reddfol gyda phawb! Dyna'r arddull a ddefnyddiais ar y ffôn gyda Rhodri, mi dybiaf. Mwynheais ei gwrteisi, ei atebion, a'i weledigaeth. Rhoddodd yr argraff ei fod yn hoffi'r sialens. Yn bendant, roeddwn yn hoffi ei agwedd ffres, agored, ei frwdfrydedd ... a'i atebion.

Magwraeth

Cefais fagwraeth ddymunol yn y ddau leoliad gyda'm brawd, sydd 15 mis yn iau, ac felly'n gwmni da i fynd ar anturiaethau a chwarae pêl-droed ym mhob tywydd! Wrth edrych yn ôl, y prif atgofion o'm plentyndod yw bod yn rhan o gymdeithas Gymraeg fywiog (er bod dwyieithrwydd yn llawer amlycach yng Nghapel Curig) trwy'r amrywiol sefydliadau yr oeddwn yn ymwneud â hwy, megis y capel, timau chwaraeon, clwb ffermwyr ifanc, a'r band pres lleol yn Neiniolen. Roedd mynd i'r capel a'r Ysgol Sul yn rhan ganolog o'n bywyd teuluol ac oherwydd bod Taid a thri o frodyr Mam yn Weinidogion gyda'r Annibynwyr, doedd hi ddim yn ymddangos fod hynny'n beth anghyffredin. Ond wrth aeddfedu, ac yn enwedig yn fy arddegau, sylweddolais fod parhau i fynd i gapel ac Ysgol Sul yn beth cynyddol brin ymysg rhai o'r un oed â mi. Er y byddwn wedi disgrifio fy hun fel Cristion, roedd hynny oherwydd gwerthoedd ac arferiad teuluol yn hytrach nag argyhoeddiad personol. Byddai'n deg dweud nad oeddwn wedi treulio llawer o amser yn meddwl beth yr oeddwn yn ei gredu.

Amcanion bywyd

Ac felly, wrth ystyried pwy ydw i a beth yw fy amcanion mewn bywyd, mae'n debyg mai fy nghyfnod yn y Brifysgol yn Aberystwyth a newidiodd bethau. Dyna pryd y deuthum yn ffrindiau â Christnogion o'r un oed â mi lle roedd eu ffydd yn fyw. Arweiniodd eu brwdfrydedd hwy wrth siarad am Iesu Grist i mi ofyn cwestiynau mawr ynglŷn â beth yn union yr oeddwn i yn ei gredu.

Erbyn trydedd flwyddyn fy nghwrs gradd, wedi misoedd o wrando a darllen, trafod Cristnogaeth gydag eraill, myfyrio a gweddïo, daeth Iesu Grist yn fyw yn fy mywyd innau hefyd. Profais ryddhad o euogrwydd a llawenydd o'r newydd a daeth darllen y Beibl ac addoli gyda Christnogion eraill yn rhywbeth yr oeddwn yn eiddgar i'w wneud. Ni theimlais alwad benodol i fod yn Weinidog gan fod fy swildod yn golygu nad oedd elfennau cyhoeddus y Weinidogaeth yn apelio ataf o gwbl. Ond ni allwn wadu'r ysfa newydd ynof i rannu'r newyddion da am Iesu Grist a'r Beibl a'r dyhead dwfn i weld eraill yn tyfu i adnabod Crist yn well. Dros y blynyddoedd, dyma'r dyheadau sylfaenol a'r profiadau ysbrydol personol sydd wedi bod yn gymorth mawr i mi mewn cyfnodau o ansicrwydd a chwestiynu beth yr wyf yn ei wneud â'm bywyd.

Ymddiried yn Nuw

O ddydd i ddydd mae darllen y Beibl, gweddïo, a rhannu beichiau gyda Christnogion eraill wedi bod yn gymorth mawr i mi sylweddoli nad wyf fel Cristion nac fel Gweinidog byth yn mynd i gael yr atebion i gyd. Mewn cyfnodau o bryder a theimlo'n ddigyfeiriad, gwn y gallaf ymddiried mewn Arglwydd hollalluog. Ef sy'n gwybod y cychwyn a'r diwedd, ac sydd trwy farwolaeth ac atgyfodiad ei Fab Iesu Grist, wedi profi ei gariad unigryw tuag at rai colledig a'i barodrwydd i warchod ei bobl am byth.

Delio â chyfyngder

Prin yw'r profiadau anodd personol yr wyf wedi gorfod ymgodymu â hwy hyd yn hyn ac yn sgil hynny mae fy ymwneud ag argyfyngau a phrofedigaethau wedi deillio yn bennaf o fugeilio eraill. Ceisiaf fod yn agored â theuluoedd am hyn. Hyd yma, nid oes gen i brofiad personol i allu dirnad yr hyn y maent yn ei wynebu. Fodd bynnag, mae gen i ymdeimlad cryf o ofal drostynt ynghyd ag argyhoeddiad fod gan Iesu Grist gysur i'w gynnig i bawb sy'n barod i droi ato mewn ffydd. Ar brydiau, gall hyn deimlo'n boenus o annigonol fel petawn yn cynnig damcaniaeth yn unig iddynt yn eu colled. Dyna'r adegau lle mae siarad â Christnogion sydd wedi profi cynhaliaeth Duw mewn cyfyngderau yn gymorth ac yn gryfder. Mae bod yng nghwmni eraill sy'n wynebu marwolaeth yn ffyddiog a heddychlon yn cadarnhau grym y gwirioneddau y byddaf yn pwyso arnynt wrth fugeilio eraill. Hyderaf y bydd y Cristnogion hynny o bob oed sydd eisoes wedi bod yn anogaeth yn parhau i fod yn gynghorwyr doeth i mi a'r teulu pan fyddwn ninnau'n wynebu amgylchiadau anodd yn y dyfodol.

Heriau Covid-19

Bu argyfwng Covid-19 yn gryn her oherwydd bod treulio amser gyda'n gilydd mor allweddol i'n bywyd a'n tystiolaeth fel Cristnogion. Oherwydd y cyfyngiadau, roedd pob ymdrech i fugeilio a chadw mewn cysylltiad trwy gyfryngau eraill yn teimlo'n annaturiol mewn cymhariaeth. Serch hynny, bu trafod a rhannu gofidiau gyda gweinidogion a chyfeillion ar draws Cymru dros y We yn gymorth i ni. Bu'r cyfle i ddilyn gwasanaethau o eglwysi eraill na fyddem yn cael cyfle i gydaddoli â hwy fel arfer hefyd yn fanteisiol. A thrwy'r cyfnod dyrys diweddar, daeth yn amlwg nad yw heintiau na bod ar wahân yn beth newydd yn hanes pobl Dduw!

Yn ystod y cyfnod cwbl unigryw hwn, mae Rhodri Glyn yn diolch fod y Beibl yn dangos sut mae Duw wedi cynnal ac am barhau i fod gyda'i bobl trwy bob math o dreialon gwahanol.

Mae'n gwerthfawrogi geiriau'r emyn hwn:

> Dyma gyfarfod hyfryd iawn,
> myfi yn llwm, a'r Iesu'n llawn;
> myfi yn dlawd, heb feddu dim,
> ac yntau'n rhoddi popeth im.
>
> Ei ganmol bellach wnaf o hyd,
> heb dewi mwy tra bwy'n y byd;
> dechreuais gân a bery'n hwy
> nag y ceir diwedd arni mwy.

> William Williams, 1717-91
> *Caneuon Ffydd*, rhif 302

3.2.4 OWAIN IDWAL DAVIES

Galwad i'r Weinidogaeth

Ganed Owain yng Nglyn-nedd yn 1979, pan oedd ei dad, y Parchg Eryl Lloyd Davies, yn Weinidog yng nghapel Addoldy. Fe'i magwyd mewn sawl lle gyda'i dad, ei fam Glenys, ei chwaer hŷn, Elan, a'i chwaer iau, Lowri. Yna, yn 1986, setlodd y teulu yn nhref Llanrwst ble bu ei dad yn gwasanaethu yng Nghylchdaith Dyffryn Conwy. Yn 1997 derbyniodd Eryl Lloyd Davies alwad i weinidogaethu yn Eglwys Tabernacl, Llanrwst, a'r eglwysi cyfagos. Priododd Owain a Mari yn 2004 ac mae ganddynt ddau o blant, Gruff a Lena.

Mae'r teulu wedi ymgartrefu yn Llanrwst. Ar hyn o bryd, wedi 20 mlynedd fel swyddog a rheolwr yn Adran Hamdden Sir Conwy, mae Owain yn gwasanaethu fel Cynorthwy-ydd Gweinidogaethol Eglwysi Presbyteraidd Gofalaeth Ardal Bangor ac mae newydd gymhwyso fel Gweinidog gydag Undeb yr Annibynwyr.

Deuthum i adnabod Owain ar draws cyfnod o wyth mlynedd gan fwynhau sgyrsiau brwdfrydig am ei waith, ei ffydd, a'i weledigaeth ar gyfer y dyfodol.

Meddai Owain:

> Y cwestiwn sy'n codi droeon ers i mi ddod yn weithiwr Cristnogol, a dechrau fy nhaith i'r Weinidogaeth yw, 'Pryd ddoist ti i adnabod Iesu?' neu 'Pa brofiad gefaist ti i ddod i gredu?' Mae nifer o bobl yn medru cyfeirio at ryw foment arbennig a dweud yn union ble roeddent a beth yn union ddigwyddodd. Byddant yn syllu'n syn arnaf fi gydag ychydig o siom pan ddeallant nad oes gennyf fi stori drawiadol i'w hadrodd. Roedd y broses yn fy mhrofiad i o gredu yn llawer mwy graddol.

Roedd cael perthynas gyda Duw yn un o'r pethau mwyaf naturiol yn y byd i Owain. Teimlai iddo, fel mab i Weinidog, fod yn rhan o deulu estynedig o Gristnogion. Roedd ffydd ei rieni a bywyd y capel yn rhan enfawr o'i fagwraeth. Mae ei atgofion cynharaf naill ai o'r capel, yr Ysgol

202

Sul, neu ddigwyddiadau cymdeithasol a oedd yn ymwneud â'r capel.

Yn blentyn, dw i'n cofio meddwl bod Iesu Grist yn aelod o'n teulu ni gan i mi glywed ei enw mor aml! Credais hefyd bod holl aelodau'r eglwys yn rhan o'n teulu ni: 'Anti' hon neu 'Wncl' hwn! Roeddwn yn hoff iawn ohonynt bob un gan eu bod yn garedig iawn wrthyf fi a'm chwiorydd ac yn rhoi fferins i ni ar ddydd Sul. Byddem ein tri yn derbyn cardiau pen-blwydd gydag arian mân wedi ei sticio tu mewn i amlen gyda selotêp.

Roeddynt yn cymryd gwir ddiddordeb yn ein bywydau a'n datblygiad. Byddent yn llawenhau gyda ni ar adegau hapus a'n cefnogi pan oeddem angen cysur. Cofiaf deimlo'n ffodus iawn o'r teulu enfawr hwn.

Mae Owain hefyd yn gwerthfawrogi'r cyfleoedd a estynnwyd iddo wrth dyfu yng nghymuned yr eglwys.

Mae'n bur debyg i mi gymryd hyn yn ganiataol ar y pryd am ei fod yn gymaint rhan o fywyd y capel. Cofiaf hyd heddiw fy holl athrawon Ysgol Sul a'r hwyl a gaem fel grŵp o ffrindiau ar fore Sul. Cefais gyfleoedd i wella fy sgiliau actio ac i ganu (er na fedraf ganu er yr holl ymdrechion!) a siarad cyhoeddus – heb sôn am ddysgu adnodau ar y cof! Bu'r profiadau o fynd ar dripiau a mynychu'r clybiau ieuenctid yn brofiadau y byddaf yn eu hail-fyw a'u trysori am byth.

Yn ei blentyndod cynnar cafodd Owain ddiagnosis ysgafn o barlys yr ymennydd. O ganlyniad, gorfu iddo – rhwng 12 a 15 oed – ymgymryd â llawdriniaethau sylweddol yn Ysbyty arbenigol Gobowen, Croesoswallt, ac roedd yn methu â cherdded am gyfnod yn dilyn pob triniaeth. Felly, gorfu iddo drosglwyddo o'i ysgol uwchradd leol i Ysgol Arbennig y Gogarth, Llandudno. Roedd hon yn ganolfan addysg ar gyfer plant a phobl ifanc gydag anghenion ychwanegol. Yma cafodd Owain sylw dwys i'w alluogi i gerdded heb gymorth. Oherwydd y pellter rhwng ei gartref a'r ysgol, gorfu iddo breswylio yno hefyd.

Roedd hwn yn gyfnod heriol dros ben. Ar y cychwyn, bu'n anodd iawn i mi adael fy ffrindiau i fynychu ysgol wahanol. Dibynnais yn fawr ar fy ffydd yn ystod y cyfnod hwn. Cofiaf i mi deimlo presenoldeb Duw yn fy nghalon yng nghanol yr unigrwydd a'r poen.

Fodd bynnag, trodd fy amser yn Ysgol y Gogarth i fod yn brofiad amhrisiadwy. Fe newidiodd hwn fy agwedd at fywyd yn llwyr. Bu'n ddylanwad arhosol. Deuthum i adnabod pobl unigryw:

–staff ysbrydoledig, ymroddgar a chefnogol
–plant a phobl ifanc arbennig o ddewr
–disgyblion gydag anableddau dwys iawn a oedd bob amser yn barod eu gwên.

Chlywais i erioed neb yn cwyno ac, er eu brwydrau dyddiol, roeddent yn siriol a phositif wrth dderbyn eu hanhwylderau.

Er bod fy nghyd-ddisgyblion yn wynebu heriau dwys yn feunyddiol, roeddent yn wynebu'r adfyd *head-on*. Byddent yn gwthio ffiniau gan herio unrhyw berson a oedd yn crybwyll eu cyfyngiadau. Rhoddodd hyn fy llawdriniaethau i mewn persbectif a gwelais fod gennyf gymaint i'w werthfawrogi ac edrych ymlaen ato. Penderfynais yn y fan a'r lle na fyddai unrhyw rwystr corfforol yn fy nal yn ôl ... byth. Sylweddolais, os byddai unrhyw gyfyngiadau yn digwydd, yna nid yn fy nghorff y buasai hynny ond yn fy meddwl a fy mhen fy hun. Derbyniais mai fi oedd yn gyfrifol am nerth fy mhen a'm pŵer personol. Gwnes addewid yn y fan a'r lle y byddwn yn byw bywyd mor bositif â phosib, gan werthfawrogi'r holl bethau sydd mor hawdd i ni eu cymryd yn ganiataol.

Yn ei arddegau hwyr prysurodd bywyd Owain a dechreuodd weithio yn y diwydiant hamdden. Cafodd hefyd amser da yn cymdeithasu gyda ffrindiau. Byddai'n parhau i fynychu'r oedfa ar fore Sul. Wrth edrych yn ôl, sylweddolodd iddo esgeuluso ei berthynas gyda Duw, er iddo barhau i deimlo'i bresenoldeb gydag ef beunydd.

Wrth i mi symud ymlaen ac aeddfedu, datblygodd fy ffydd i fod yn bwysicach i mi. Teimlais yr angen i dreulio amser yn myfyrio, gweddïo, ac astudio'r Beibl. O ganlyniad, teimlais yn agosach at Dduw. Trwy'r myfyrio roeddwn yn magu meddylfryd newydd a dysgu pwysigrwydd cymryd cyfrifoldeb dros fy meddyliau fy hun.

Mae'r Beibl yn cyfeirio at goeden dda sy'n dwyn ffrwyth da. Credaf fod hyn hefyd yn wir am y broses meddwl. Os ydym yn crwydro oddi wrth Dduw, credaf fod yna berygl bod ein meddyliau yn hoelio mwy at gadw i fyny â disgwyliadau dynol ein bywydau daearol ni. Credaf fod cymaint o bwysau arnom oll i fod yn llwyddiannus yn llygad dynoliaeth y byd modern, materol. Yn y cyd-destun hwn, gall problemau bob dydd, a phryder am y gorffennol neu'r dyfodol, lyffetheirio a thagu ein tawelwch meddwl. Credaf mai ein meddyliau sydd yn ein siapio ni ac yn pennu sut rydym yn teimlo ac yn ymddwyn.

Gwn nad yw Duw yn addo bywyd hawdd heb ei broblemau i ni. Yn wir, darllenwn am holl gymeriadau'r Beibl yn profi heriau anhygoel. Gwn fod Duw wedi addo bod gyda ni i'n cryfhau ni a chadw cwmni i ni am byth, yn y byd hwn ac yn dragwyddol.

Mae Owain yn cydnabod nad oes disgwyl i ni deimlo'n bositif drwy'r amser. Mae'n gwybod o brofiad cystal â neb fod bywyd yn gallu bod yn anodd. Cred yn gryf nad oes angen cilio oddi wrth hynny. Mae'n credu bod angen i ni – gyda chymorth Duw – reoli ein hagweddau a'n meddyliau wrth ymateb i sialensau mwyaf heriol bywyd. Rydym yn dueddol o gredu mai amgylchiadau allanol sydd yn gwneud ein bywydau yn hapus. Mae Owain yn pwysleisio mai ein meddyliau mewnol – boed yn gadarnhaol neu'n negyddol – sy'n penderfynu hyn.

Dechreuodd popeth wneud synnwyr i mi. Teimlais bresenoldeb Duw yn dylanwadu ar fy ffordd o feddwl ac ar fy nheimladau mewnol.

Unwaith y dechreuais adeiladu fy mywyd o gwmpas gair Duw, yn hytrach na byw bywyd prysur a cheisio gwneud amser i Dduw ar ôl popeth arall, fe newidiodd fy mywyd er gwell. Rhoddais flaenoriaeth i'm perthynas â Duw a chafodd hynny effaith gadarnhaol iawn ar fy mywyd. Teimlais lawenydd a hapusrwydd. O ganlyniad, newidiais o fod yn boenwr o fri i boeni llai o ddydd i ddydd.

Yn ddi-os mae gan Owain heddwch mewnol. Mae ganddo hefyd egni newydd i wneud yr hyn sy'n bwysig iddo i sicrhau ei hapusrwydd. Wrth i Owain wynebu heriau bywyd, mae'n dibynnu fwyfwy ar ei ffydd ac mae'n fwy hyderus o'r herwydd.

Dros y blynyddoedd diwethaf, mae fy ffydd wedi dwysáu eto fyth. Roedd fy ngyrfa yn y maes hamdden yn datblygu, ond dechreuais deimlo'n anniddig gan dybio sut y gallwn gyfrannu a dylanwadu mwy fel Cristion. O ganlyniad i hyn, cychwynnais gwrs anffurfiol gyda'r diweddar Barchg Athro Euros Wyn Jones. Anelwyd trefn a chynnwys y cwrs at bobl a oedd eisiau bod yn fwy egnïol yn eu heglwys eu hunain. Bryd hynny doedd gen i ddim dyhead i fod yn Weinidog. Fodd bynnag, wrth i mi gwblhau'r gwaith a dysgu mwy, dechreuais feddwl mwy a mwy am fy angen i ddod yn Weinidog. Roedd yr awydd i bregethu Efengyl Crist ychydig yn arafach yn dod i'r wyneb. Roedd gen i deimlad cadarn iawn fy mod ar y llwybr cywir.

Bu farw Eryl, tad Owain, yn 2015 a bu iddo, ynghyd â'i chwaer hŷn, dalu teyrnged yn ei wasanaeth angladdol. Yn dilyn hyn, cysylltodd nifer o gapeli ag o i'w wahodd i gymryd gwasanaethau. Yn groes i'w ddisgwyliadau ef ohono'i hun, cytunodd i wneud hynny.

Gallwn i deimlo fy hun yn newid ac roeddwn yn mwynhau'r gwaith o baratoi ar gyfer gwasanaethau a phregethu.

Dechreuais fy nghwrs swyddogol ar gyfer y Weinidogaeth yn 2016. Gwelais hysbyseb ar gyfer swydd Gweithiwr Plant, Ieuenctid, a Theuluoedd yn ardal Bangor. Cefais deimlad cryf yr hoffwn ymgymryd â'r swydd. Bûm yn ffodus i lwyddo yn fy nghais.

Anodd iawn oedd gadael fy ngyrfa ym maes hamdden ar ôl 20 mlynedd, ond bellach rwy'n mwynhau'r amser mwyaf gwerthfawr, pleserus, a chyffrous yn fy mywyd. Teimlaf yn ffodus o gael y profiad o weithio o dan oruchwyliaeth y Parchg Ddr Elwyn Richards. Bu'r profiad yn amhrisiadwy i mi.

Yn ystod y cyfnod hwn, cydweithiodd Owain gyda phlant, ieuenctid, a theuluoedd ifanc i greu perthynas a rhaglen o weithgareddau diddorol i sicrhau diddordeb. Mae'n ymwybodol mai nhw fydd dyfodol yr eglwys. Dyma rai o'r gweithgareddau cyfoes a chyffrous hynny:

Groto Sion Corn 'Gyrru Trwodd'
Yn ystod y cyfnod clo a'r capel ar gau, trefnwyd gweithgareddau gwahanol a chreadigol yn enwedig o gwmpas y Nadolig a fyddai'n arferol yn amser cyffrous yn enwedig i'r plant:
–recordiwyd Gwasanaeth Nadolig y Plant a chreu fideo i'w rannu gyda'r aelodau

–addurnwyd carafán â goleuadau i greu groto ym maes parcio'r capel; mynychodd dros 80 o deuluoedd.

Rygbi

Disgynnodd un o gemau rygbi Cwpan y Byd ar fore Sul Diolchgarwch. Crëodd hyn dipyn o bryder i deuluoedd gan fod y gêm yn parhau heibio amser cychwyn yr oedfa, felly:
–darparwyd brecwast i bawb cyn y gêm
–trefnwyd i ddarlledu'r gêm ar sgrin fawr yn y festri
–ymunodd pawb o'r aelodau hŷn yn y capel mewn sefyllfa gymdeithasol
–gwnaethpwyd eitem ddiddorol a chofiadwy ar BBC Radio Cymru o'r holl ddigwyddiad.

Bwrlwm y Pasg

Ar ôl Oedfa'r Pasg trefnwyd Bwrlwm Pasg ar gyfer plant, ieuenctid, a theuluoedd y capel a oedd yn cynnwys gweithgareddau celf a chrefft, rasus ŵy ar lwy ym maes parcio'r capel, a helfa drysor wyau o amgylch yr adeilad ei hun.

Cred Owain bod angen i'r capel gael proffil uchel yn y gymuned. I wneud hynny, mae'n mynychu digwyddiadau cymunedol o fewn yr Ofalaeth megis ffeiriau haf ysgolion lleol. I hybu'r syniad ymhellach, llwyddodd Owain i sicrhau grant i bwrcasu gôl fawr sy'n chwythu i fyny. Er mwyn ennyn diddordeb a chreu cyhoeddusrwydd i'r capel, bydd Owain yn gosod y gôl ynghyd â baner *pop-up* mewn lleoliad amlwg. Mae'n cymryd cyfle i sgwrsio gyda'r rhieni a'r plant a dosbarthu taflenni gwybodaeth a baner am y capel tra yn y digwyddiadau. Mae Owain yn teimlo'n ffodus o gefnogaeth a chymorth yr aelodau a'r teuluoedd sydd wedi bod yn hanfodol ar gyfer llwyddiant y gweithgareddau.

Bûm hefyd yn hynod ffodus o gefnogaeth lwyr fy ngwraig, Mari, a'm plant, Gruff a Lena, am eu ffydd ynof.

Rwy'n ffyddiog am y dyfodol. Mae fy ffydd yn Nuw wedi fy nghyflyru i gael ffydd mewn pobl hefyd. Rwy'n gwerthfawrogi dylanwad a chefnogaeth cynifer o bobl ar hyd y daith ac i'r cyfan a fu'n ddylanwad da yn fy mywyd.

Rwy'n credu bod Duw wedi fy ngalw i wneud fy rhan i annog pobl i ddod i'w adnabod yn well. Gwn y byddaf, beth bynnag ddeil y dyfodol, yn ymateb i'r alwad gydag egni, brwdfrydedd, angerdd, a chariad.

'Dewch ataf fi, bawb sy'n flinedig ac yn llwythog, ac fe roddaf fi orffwystra i chwi.'

Matthew 11:28

Un o hoff emynau Owain yw:

> Mor beraidd i'r credadun gwan
>   yw hyfryd enw Crist:
> mae'n llaesu'i boen, yn gwella'i glwy',
>   yn lladd ei ofnau trist.

John Newton, 1725-1807
cyf. David Charles,1803-80
Caneuon Ffydd, rhif 287

3.3 Ehanga 'mryd

Rho imi nerth i wneud fy rhan,
　i gario baich fy mrawd,
i weini'n diron ar y gwan
　a chynorthwyo'r tlawd.

Ehanga 'mryd a gwared fi
　rhag culni o bob rhyw,
rho imi weld pob mab i ti
　yn frawd i mi, O Dduw.

Gad imi weld dy ŵyneb-pryd
　yng ngwedd y llesg a'r gwael,
a gwrando'r cwyn nas clyw y byd
　er mwyn dy gariad hael.

E. A. Dingley, 1860-1948
cyf. Nantlais, 1874-1959
Caneuon Ffydd, rhif 805

3.3.1 GWEN HOLT

Heb gred, heb ddim

Ganed Gwen yng Nghroesoswallt yn 1940,
yn ferch i William a Blodwen Ellis, yn chwaer
i Alwyn ac yn efaill i Gwyn. Gorffennodd ei
gyrfa yn y byd meddygol fel nyrs arbenigol
canser plant ac uwch-ddarlithydd nyrsio yn
Llundain. Gofalodd Gwen am dri aelod o'i
theulu agos a oedd ar adegau gwahanol yn
byw gydag Alzheimer's: ei thad, ei gŵr, a'i
phartner. Bu'n Llywydd yr Henaduriaeth
gydag Eglwys Bresbyteraidd Cymru.

Deuthum i adnabod Gwen drwy drafod
dementia gyda hi yn sgil fy nghyfrol ddiwethaf, *Na ad fi'n Angof: Byw â
Dementia*. Bu ei hagwedd, ei phrofiad, a'i doethineb yn gefn diffuant bryd
hynny.

209

Dyma a ddywedodd Gwen am ei chefndir:

Fe'm ganwyd yng Nghroesoswallt, hen dref amaethyddol rhwng Sir Amwythig a Sir Drefaldwyn, tref a welodd newidiadau mawr yn hanesyddol. Mi fu yn perthyn i Gymru ac i Loegr sawl gwaith. Yn Lloegr y cefais fy ngeni a byw ar aelwyd gwbl Gymreig a Chymraeg am wyth mlynedd. Magwraeth draddodiadol ymhob ffordd a gawsom ni, blant, sef fy mrawd hynaf a Gwyn, fy efaill. Er mai Saesneg oedd iaith y stryd a'r cymdogion, nid oes cof gennyf am amser lle nad oeddwn yn ddwyieithog.

Yn bump oed roeddem yn cael ein haddysg yn ysgol gynradd yr Eglwys. Er yr holl ddathliadau eglwysig y gorfu i ni eu mynychu – a minnau wedi gwirioni gyda'r ffenestri lliw hardd a'r holl ddefodau – Capel Seion oedd fy mharadwys. Roeddwn wrth fy modd gyda'r holl weithgareddau – yn cael canu, adrodd, cystadlu! Cefais beth o'm haddysg yn Ysgol Gynradd Penrallt yn Llangefni, pan fyddem yn mynd am sawl mis i Langefni er mwyn i fy mam gael bod yn gymorth i'w chwaer i ofalu am Taid.

Ym Manc y Midland roedd gwaith fy nhad, gyda fy mam yn cadw'r cartref. Cantores broffesiynol oedd fy mam ond bu'n rhaid iddi roi'r gorau i'w gyrfa i fod yn gymorth i'w chwaer a oedd yn gofalu am Taid yn Llangefni. Serch hynny, daliodd ati i ganu mewn cyngherddau di-ri. Bu'r ddau yn weithgar yn y capel ac yn y gymuned, yn rhoi o'u gorau i bopeth.

Yn wyth oed symudom i Gaergybi ac yn 15 oed i Ddolgellau.

Roedd cael magwraeth gwbl Gristnogol yn rhywbeth na wnes ei gwestiynu bryd hynny. Roedd yn sylfaen i'm bywyd ac yn batrwm ar sut i fyw.

Dywedodd Gwen fod ceisio dadansoddi pwy ydy hi yn gwestiwn anodd a'i gorfododd i feddwl o ddifrif:

Gwelaf fy hun yn gymysgedd fel rysáit gyda llawer o gynhwysion gwahanol, gan mai natur, genynnau, magwraeth, a phrofiad sydd wedi llywio fy mywyd.

Yn syml, os yn bosibl fe hoffwn fod o gymorth i eraill ymhob achlysur drwy weld ac ymateb i'w hanghenion a dal i ddysgu. Ceisiaf ddangos parch a chariad a gofal drwy weithredoedd meddylgar fel:

–anfon nodyn o eiriau calonogol
–galwad ffôn gefnogol
–paned o de a sgwrs a sgon fach ffres i godi calon ac
–ymweliadau bugeiliol.

Wrth geisio dod i'r afael ag ystyr ei bywyd, mae Gwen yn anelu at fyw yn dda yn ôl ei ffydd.

Mae fy ffydd yn dyddio'n ôl i fy magwraeth a'm profiad o fywyd. Rwyf wedi cwestiynu fy ffydd yn aml gan fy mod i yn bersonol ac yn fy ngwaith wedi gweld dioddefaint dirdynnol. Er fy amheuon, daliaf i gredu. Gwelais y geiriau hyn, sy'n addasiad o eiriau Haddon Robinson, yn *Y Goleuad* (29 Ionawr 2021) ac rwyf wedi ceisio eu hateb yn onest.

Dim Ond Holi
Dim ond tri chwestiwn sydd angen ei ofyn am eich ffydd:
–Ydych chi'n caru Duw?   Ydwyf
–Ydych chi'n caru eich cymydog?   Ydwyf
–Ydych chi'n meindio os af atynt i'w holi? Nac ydwyf

Pan rwy'n wan a diobaith mae 'llaw fy Ngheidwad, er nas gwelaf hi' wedi fy nghynnal ar hyd y daith.

Cyngor ymarferol
Wedi cyrraedd fy wythdegau, naturiol yw meddwl am fy marwolaeth. Rwy'n gwisgo breichled (Medic Alert) gyda'r wybodaeth nad wyf yn dymuno cael fy nadebru na fy nghadw'n fyw os nad oes gwella i mi.

Nid oes gan Gwen ofn marw. Fodd bynnag, mae'n ymwybodol – o'i phrofiad ei hun – bod sut mae ein hanwyliaid yn marw yn effeithio arnom mewn ffyrdd gwahanol.

Yr anoddaf o'r holl brofiadau dirdynnol a gefais yn bersonol a arweiniodd i mi gwestiynu fy ffydd yn fawr oedd marwolaeth sydyn ac annisgwyl fy efaill, Gwyn, yn 57oed yn 1997. Cafwyd Gwyn yn farw yn ei gartref yn Llundain. Y neges a gefais gan yr heddlu oedd bod yna bosibilrwydd bod Gwyn wedi cael ei lofruddio; oherwydd hynny, roedd yn rhaid cael *post mortem* ar frys.

Bu'r disgwyl am y canlyniad yn frawychus o boenus. 'Trawiad calon' oedd y dyfarniad.

Rhoddodd ei phrofiad o golli efaill yn annisgwyl ddimensiwn gwahanol i bethau.

Mae marw dirybudd yn gallu siglo ein ffydd, a dyna beth ddigwyddodd i mi, i fy nheulu, ac i ffrindiau niferus Gwyn. Roedd o'n berson arbennig o boblogaidd a chymdeithasol. Byddai'n helpu pawb yn y gymuned. Daeth tyrfa fawr i'w angladd: y cwmni opera, y gymdeithas gorawl, cymdogion, cyn-ddisgyblion, a chyd-weithwyr.

Yn dilyn hyn, yn neuadd yr Eglwys Gatholig yn agos i'w gartref, cawsom fwyd a chyngerdd. Gadewais siec a cherdyn o ddiolch yn swyddfa'r Offeiriad wrth ymadael. Y bore canlynol derbyniais y siec yn ôl yn y post ynghyd â llythyr yn gwrthod ei derbyn. Dywedodd yr Offeiriad bod Gwyn wedi bod mor hael a charedig i bawb nad oedd yr eglwys yn fodlon derbyn y siec a mwy o arian! Ategodd iddi hi fod yn fraint i'r eglwys fod o ryw gymorth i ni, y teulu, oherwydd natur annwyl a hael Gwyn. Nid yn unig hynny, ond pan glywodd yr Iddewon yn y siop gyfagos bod Gwyn wedi marw, derbyniais lond bocs o fwyd ganddynt ar ddydd ei angladd. Roeddwn mor falch ohono a'i haelioni naturiol a'r parch a ddangoswyd tuag ato y diwrnod hwnnw.

> Your future lies out before you
> Like a path of untrodden snow,
> Be careful how you tread it
> For your steps are sure to show.
>
> Anon

Bu aelodau capel Gwen, ei gweinidog, a phawb o'i chwmpas yn gymorth enfawr iddi ar yr achlysur hwn pan deimlodd anobaith ysbrydol llwyr. Daliodd yn dynn, er hynny, oherwydd yn rhagori ar bopeth oedd ei chred bod Duw ar gael i'w charu a'i chynnal: heb gred, heb ddim.

Wrth fyfyrio ar bwrpas ei bywyd, mae Gwen yn sicr iddi roi o'i gorau i'w theulu, ei chymdogion, ei ffrindiau ac i'r gymuned y mae hi'n rhan ohoni. Wrth geisio byw yn ôl geiriau ei hoff emyn, mae'n defnyddio ei phrofiad eang o nyrsio yn ei chymuned leol:

Agor di ein llygaid, Arglwydd,
　i weld angen mawr y byd,
gweld y gofyn sy'n ein hymyl,
　gweld y dioddef draw o hyd:
maddau inni bob dallineb
　sydd yn rhwystro grym dy ras,
a'r anghofrwydd sy'n ein llethu
　wrth fwynhau ein bywyd bras.

W. Rhys Nicholas,1914-96
Caneuon Ffydd, rhif 841

3.3.2　Y TAD DEINIOL

Amen Mawr Pobl Dduw

Ganed Deiniol yn 1950 ym Mangor ac fe'i magwyd yn Wrecsam. Astudiodd ddiwinyddiaeth yng Ngholeg y Brenin, Prifysgol Llundain, pan oedd dau Gymro yn aelodau o staff yr adran. Arbenigodd ar ganrifoedd cynnar yr Eglwys. Yno, trodd at yr Eglwys Uniongred Rwsiaidd yn y gadeirlan Rwsiaidd yn Ennismore Gardens, Llundain.

Fe'i hapwyntiwyd yn athro addysg grefyddol mewn ysgol yn Llundain, yna'n bennaeth yr Adran Addysg Grefyddol yn Ysgol Uwchradd Ardudwy, Harlech. Am lawer o flynyddoedd, bu'n athro llanw mewn ysgolion uwchradd lleol. Yn 1977 cychwynnodd ar ei alwedigaeth fynachaidd dan hyfforddiant ym Mynachlog y Proffwyd Elias, Felin Newydd, Powys. Yn 1979, yn y gadeirlan Rwsiaidd yn Llundain, fe'i hordeiniwyd yn Offeiriad.

Mae Deiniol yn byw ym Mlaenau Ffestiniog o ble mae'n gweinyddu a hybu'r Eglwys Uniongred a'r genhadaeth Uniongred yng Nghymru. Mae'r Eglwys Uniongred yn credu ei bod yn barhad uniongyrchol o gadw ffydd, traddodiad, ac addoliad yr Eglwys Fore yn y Testament Newydd. Yn 1989 gwnaed yr unig recordiad erioed o Offeren Ddwyfol yr Eglwys Uniongred yn Gymraeg.

Yn 2017 cefais y fraint o'm derbyn yn Gymrawd ym Mhrifysgol Glyndŵr, Wrecsam, a thrwy hynny ymestyn fy rhwydwaith o gysylltiadau a ffrindiau. Yn ystod y dathlu, fe'm cyflwynwyd i'r Tad Deiniol, caplan Cenhadaeth Uniongred Cymru y coleg. Buan iawn y daethom i sgwrsio a rhannu straeon ac yntau'n wreiddiol o stabl yr Eglwys Fethodistaidd (Wesleaidd) yng Nghymru. Cefais y pleser o'i wahodd i ginio gyda ni cyn iddo adael Wrecsam ar ei daith trên yn ôl i Flaenau Ffestiniog. Tros ginio ac ambell wydraid (bach) o win, cawsom gyfle i ymestyn ein cyfeillgarwch. Deuthum i barchu cymeriad hawddgar Deiniol, ei wybodaeth grefyddol eang, ei hiwmor, a'i allu i ddweud stori. Oherwydd ei ddiddordeb diffuant mewn pobl ac mewn bywyd ysbrydol, ei brofiad unigryw, a'i allu academaidd, fe'i gwahoddais i rannu rhywfaint o'i brofiad o Gristnogaeth ymarferol. Rwy'n hynod ddiolchgar iddo am dderbyn y gwahoddiad.

Llanfair Pen-rhys

Wedi'i lleoli ar grib y mynydd rhwng y Rhondda Fawr a'r Rhondda Fach – dau gwm sy'n frith o gapeli Anghydffurfiol wedi hen gau – nid yw ystad dai Pen-rhys, a godwyd yn y lle anghyfleus, gwyntog, ac anhygyrch hwnnw, yn taro'r newyddion fel y bu gynt.

Ond yn y saithdegau a'r wythdegau, roedd yr ystad dai honno yn y newyddion yn aml – a hynny oherwydd methiant y polisi a chwalodd dai yn y Rhondda ac adleoli tair mil o bobl i'r ystad a adeiladwyd ar ben y mynydd. Roedd lefelau amddifadedd poblogaeth yr ystad ddirwasgedig yn aruthrol, gyda diweithdra ar ei uchaf yn 90 y cant a'r anawsterau sy'n nodweddiadol o ardaloedd ôl-ddiwydiannol yn amlwg iawn. Doedd fawr ddim darpariaeth gymdeithasol ac roedd yr ymdrech i blannu eglwys yno wedi bod yn gwegian ers blynyddoedd.

Â gwreiddiau'r Parchg Ddr John Morgans yn Tylorstown, dros y mynydd o Ben-rhys, teimlodd ei fod yn cael ei alw i ddod i fyw bywyd o addoliad a gwasanaeth ar ystad Pen-rhys. Yn groes i gyngor llawer, ond yn ufudd i alwad Duw, yn 1986 symudodd John gyda'i wraig, Norah, a'i deulu yno. Go brin y byddai neb sydd wedi gweld bywyd Eglwys Unedig Pen-rhys yn y cyfamser yn amau mai mewn ufudd-dod i Dduw y symudodd John a'i deulu i Ben-rhys. Adnewyddwyd bloc o fflatiau i fod yn gartref i Llanfair ac adeiladwyd capel yn gyfochrog. Gam wrth gam, daeth Llanfair Pen-rhys i fodolaeth, yn ganolfan eglwysig i gymuned eglwysig hyfyw sy'n ymroddedig i fywyd o addoliad a gwasanaeth ac sydd wedi bod yn gyfrwng gweddnewid bywyd yr ystad a oedd wedi cael ei hesgeuluso am ddegawdau. Calon canolfan Llanfair Pen-rhys a chanolfan bywyd cymuned ffydd Pen-rhys yw'r capel bychan prydferth o syml a'r addoli cyson sydd yna. Ond erbyn hyn, gallwn weld bod cymuned ehangach Pen-rhys yn cyfri Llanfair Pen-rhys yn 'galon' yr ystad gyda'r capel, y *cafeteria*, y llyfrgell, a'r siop sydd yn Llanfair yn adnoddau amhrisiadwy ym mywyd yr ystad.

Roedd Dr Morgans eisoes wedi cyflawni gweinidogaeth glodwiw a blaenllaw – a hynny nid yn unig yn ei enwad ei hun, yr U.R.C. (United Reformed Church), lle bu'n Weinidog ar eglwysi ac yn llywydd ei enwad am flynyddoedd. Roedd hefyd wedi rhwydweithio'n eang yn y maes eciwmenaidd, yn enwedig pan oedd yn gadeirydd Cyngor Eglwysi Cymru. Meithrinodd ddolenni eciwmenaidd yn ei weinidogaeth ym Mhen-rhys a galluogodd hyn bobl ifanc o wahanol wledydd i ymweld â Phen-rhys a rhai i ddod i weithio ar yr ystad fel rhan werthfawr a ffurfiadol o'u hyfforddiant diwinyddol. Daeth Gwasanaeth Cwmplin y traddodiad Catholig Rhufeinig yn rhan gyson o drefn addoliad Pen-rhys. O bryd i'w gilydd, cafwyd gwasanaeth gosber yr Eglwys Uniongred yn y capel yn Llanfair Pen-rhys ac unwaith yn yr awyr agored yn Llanfair, gyda chôr o fyfyrwyr diwinyddol o Baia Mare yn Romania yn canu a llu o bobl Pen-rhys yn bresennol. Roedd yr achlysur yn arbennig o huawdl gan fod Baia Mare ei hun yn ddinas ôl-ddiwydiannol a'r myfyrwyr yn paratoi mewn cyd-destun ôl-ddiwydiannol i gael eu hordeinio'n genhedlaeth newydd o offeiriaid ar ôl cwymp comiwnyddiaeth yn Romania.

Os yw geiriau'r Ysgrythur yn wir, 'Lle ni byddo gweledigaeth, methu a wna'r bobl' (Diarhebion 29:18a) – mae'r cyfieithiad Saesneg awdurdodedig gan y Brenin Iago yn fwy trawiadol fyth:'Where there is no vision, the people perish …' – gallwn fod yn hyderus nad 'methu' a wna'r bobl os oes gweledigaeth – gair sydd ynghlwm yn y Beibl wrth yr alwedigaeth broffwydol. Oes yna debygrwydd rhwng yr hyn sydd yn cael ei gyflawni ym Mhen-rhys a'r hyn a ddigwyddodd yn Edessa yng nghanrifoedd cynnar Cristnogaeth? Onid dyma rai o'r nodweddion sy'n gyffelyb?

–Cymuned Llanfair Pen-rhys yn gosod gwerth mawr ar Ffydd a Thraddodiad hanesyddol yr Eglwys; amlygir hyn mewn gwahanol ffyrdd, er enghraiift, yn y parch a ddangosir at hanes eglwysig Pen-rhys a fu'n ganolfan bererindota gysegredig i'r Forwyn Fair yn y canoloesoedd.

–Arweinwyr gweledigaeth Pen-rhys wedi argyhoeddi'r gymuned trwy eu geiriau a'u bywydau bod iacháu cymuned o'i chlwyfau yn bosib ac yn un o hanfodion y Ffydd Gristnogol.

–Gweld bod perthynas rhwng bywydau unigolion yn cael eu gweddnewid drwy weithgaredd gras Duw a gweddnewidiad 'corff' cymuned Pen-rhys.

–Y gymuned yn dirnad mai rhan annatod o fod yn Gristion yw bod iachâd bywydau unigolion yn eu galw, eu cymhwyso, a'u grymuso i fod yn gyfrwng iachâd ym mywydau eu cymdogion.

–Y gred sy'n greiddiol i fodolaeth Llanfair Pen-rhys bod perthynas annatod rhwng derbyn a bod yn gyfrwng iachâd, a'r cysylltiad cyfochrog ac annatod rhwng addoli cymunedol ac iachâd.

Wrth gynllunio Llanfair Pen-rhys – hynny yw, y capel a'r ganolfan a'i hadnoddau – beth oedd rhai o'r canllawiau? Dyfynnaf rai o eiriau'r Parchg John Morgans o'i gronicl o hanes Llanfair Pen-rhys (yn agos at gael ei gyhoeddi) ac o'i ddyddiadur:

The new building needed to reflect an integration of work and worship, of liturgy and social justice. There were central practical ingredients.

The call for communal ministry
At the top of the Maisonette Block would be four flats: a manse, a flat for an education worker and two double flats for student volunteers. This means that the live-in community would provide mutual support, protect the building, and at the same time be accessible to the wider community of Pen-rhys.

The call to be a serving church

The church needed to offer something of practical service to the wider community. The area created immediately underneath the residential flats would be the home of projects which the people of Pen-rhys felt would be beneficial to the whole estate. After many discussions with the community, it was agreed that spaces should be provided for a Café, Crèche, Launderette, Nearly-New Shop, Music Room, and a Homework Club.

The call to reflect worship and justice

Could the Church meet the needs of both the residential community and the wider community of Pen-rhys? Could the gap be bridged between the religious need and the perception people have of the Church? At first it was envisaged that the chapel would be incorporated into the structure of the main building, but as unexpected funding (from Bob and Ethel Huggard) became available, the Chapel and its ancillary rooms were created on the ground floor and extended outwards onto what was waste ground. The building should form a whole, reflecting that to be 'church' is to integrate holiness into the wholeness of life. The vision was that the sounding of the bell and the lighting of the candle would initiate that service which ushers in the stability and dynamism of God who is the salvation of the community of Pen-rhys. That service flows from the breaking of bread and sharing of wine to service in the Projects which are as much the expression of being the Church as is the service of worship. The vision was that the effects of worship would flow out of the building and reach every part of the community of Pen-rhys.

Dyddiadur y Parchg Ddr John Morgans: *Journey of a Lifetime: From the Diaries of John Morgans, Comments by John and Norah Morgans*, Llanidloes, 2008, tud. 443

Onid yw'r geiriau hyn yn crisialu gweledigaeth Edessa a gweledigaeth Pen-rhys '... to be 'church' is to integrate holiness into the wholeness of life'?

Yn ystod y nawdegau bu cau capel ym Maerdy yn destun erthygl ym mhapur newydd yr *Independent*. Dywedodd un o'r ychydig aelodau a oedd yn weddill y bu cael eu capel yn ddymunol tra parhaodd, ond na fwriadai fynd i gapel arall wedi i'w capel nhw gau. Maerdy yw tref uchaf y Rhondda Fach – dim ond ychydig filltiroedd o Ben-rhys – ond yn y capel a gaeodd ym Maerdy ymddengys fod yr ymwybyddiaeth mai o fewn i gymuned Gristnogol mae bod yn Gristion wedi hen gilio. Heb yr ymwybyddiaeth honno, sut all eglwys estyn at y gymuned leol a bod o wasanaeth iddi neu ymwneud â chymdeithas a diwylliant cyfoes? Nid yw'r ysbrydolrwydd unigolyddol sy'n dychmygu byw bywyd Cristnogol y tu allan i gymuned yr Eglwys yn caniatáu'r fath waith apostolaidd – gwaith y mae Llanfair Pen-rhys yn ymroddedig iddo.

Y mae Pen-rhys yn lle sanctaidd a bu felly ers dyddiau'r pererinion i gysegr-fan a ffynnon sanctaidd y Fendigaid Forwyn Fair. Trwy i gymuned ffydd Pen-rhys addoli a gweini, daeth Pen-rhys yn oleudy ysbrydol unwaith eto ar ôl y canrifoedd y bu'r gyrchfan pererinion bron yn angof a'r degawdau o amddifadedd ac esgeulustod a ddioddefodd y miloedd yn ystad dai'r chwedegau. Mae Llanfair Pen-rhys yn pelydru ffydd, gobaith, a chariad ac yn rhoi i lawer ohonom obaith wrth i ni, yn ein tro, geisio llywio ffordd trwy dywyllwch ysbrydol y Gymru gyfoes.

Un o hoff emynau'r Tad Deiniol yw hwn, ar y dôn 'Gwinllan' – hoff dôn ei hen nain, fel y dealla.

> Trwy ffydd eheda gweddi'r gwael,
>   Ac yntau gyda hi;
> Tyr ei gadwynau'n chwilfriw mân
>   Yng ngolwg Calfari.

Richard Jones o'r Wern, Llanfrothen, 1772-1833
yn *Llyfr Emynau y Methodistiaid Calfinaidd a Wesleaidd*,
1927, rhif 468

3.3.3 KAREN OWEN

Daw dydd y bydd mawr y rhai bychain

Ganed Karen yn 1974 ym Mangor ac fe'i magwyd ar Heol Buddug, Pen-y-groes, Dyffryn Nantlle. Gweithiodd ei thad fel mecanig a'i mam fel nyrs ac yna fel ysgrifenyddes feddygol. Addysgwyd Karen yn Ysgol Gynradd Pen-y-groes ac yn Ysgol Uwchradd Dyffryn Nantlle. Aeth ymlaen i Brifysgol Cymru, Bangor, i astudio Mathemateg Bur. Yna, yn 1993, ymunodd â'r cylchgrawn *Golwg* fel Gohebydd y Celfyddydau cyn dyrchafu i swydd

Llun: Iolo Penri

Golygydd yn 2000. Ar ôl saith mlynedd, hi oedd cynhyrchydd rhaglenni crefyddol BBC am dair blynedd. Dychwelodd i'r cyfrwng print yn 2010 fel newyddiadurwr ar *Y Cymro*. Cyhoeddwyd ei chyfrol gyntaf o farddoniaeth, *Yn Fy Lle*, yn 2006, a'i hail gyfrol, *Siarad Trwy'i Het*, yn 2011. Treuliodd hanner blwyddyn yn byw mewn cwfaint yn Vienna. Disgrifiodd Karen ei jobsys amrywiol fel hyn:

> Ar hyd y blynyddoedd bûm hefyd yn gweithio ar stondin gaws a chig mewn archfarchnad, ym mhentre a siop lestri Portmeirion, mewn syrjeri doctor, mewn maes carafannau, mewn fan hufen iâ ar lan y môr, a thu ôl i far mewn tafarn fyglyd iawn.

Fel bardd perfformiodd ei gwaith ar bum cyfandir, gan dreulio cyfnodau'n byw yn Vilnius, Bogota, Cape Town, Chennai, a Kiev. Mae hi'n feistr ar y grefft o gynganeddu ac yn cynnal dosbarthiadau nos a gweithdai. Enillodd nifer o goronau a chadeiriau mewn eisteddfodau cylch a bro. Mae'n feirniad, yn adolygydd, ac yn cyfrannu'n rheolaidd i raglenni radio a theledu. Ei hoff ddiddordebau yw cerdded, canu'r corn tenor, hel achau, a chynnal dosbarthiadau cynghanedd.

Cafodd Karen a minnau sgwrs ddifyr yn trafod 'pobl sydd yn neb'. Soniodd am lofruddiaeth ei nain, Frida, yn 1946 pan – er yn llai na chanrif yn ôl – feiodd ei chymdeithas Frida ei hun am ei thranc. Claddwyd hi â chywilydd gyda chroes ddinod yn nodi ei bedd llwm.

Soniodd Karen hefyd am gyd-destun truenus gwaith ei mam fel nyrs yn wyrcws Caernarfon a pha mor hunllefus oedd y sefyllfa i blant a theuluoedd a oedd yn cyfri dim i neb yn y byd.

Cofiodd Karen iddi gael blas o'r teimlad annifyr hwnnw pan y'i dyrchafwyd yn Olygydd *Golwg*. Cofia bobl yn ei ffonio a gofyn pwy oedd ei rhieni – arfer arferol i ni'r Cymry. Yna, pan rannodd ei manylion, eu hymateb yn amlach na dim oedd, 'O, dach chi'n neb felly,' am nad oedd yn perthyn i un o deuluoedd 'brenhinol' Cymru. Does rhyfedd, felly, i Karen benderfynu gwneud ei gorau glas i roi llais, parch, a bri i'r anffodusion a'r difreintiedig. Nid rhyfedd chwaith iddi ddewis 'Plentyn y Ddaear' gan Waldo Williams fel un o'i hoff gerddi:

> Daw dydd y bydd mawr y rhai bychain,
> Daw dydd ni bydd mwy y rhai mawr,
> Daw'r bore ni wêl ond brawdoliaeth
> Yn casglu teuluoedd y llawr.

Waldo Williams, *Dail Pren*,
Gwasg Aberystwyth, 1957, tud. 68

Dros y blynyddoedd croesodd llwybrau Karen a minnau yn aml yn ddiarwybod i ni. Yn blentyn ifanc – flynyddoedd cyn geni Karen – byddwn i a'm rhieni'n treulio ein gwyliau haf yng Nghaernarfon gyda Nain. Bryd hynny byddem yn galw yn High Street, Pen-y-groes, am baned fach gydag Anti Begw, chwaer fy nhaid. A dweud y gwir, yn blentyn ifanc, roedd gen i ei hofn hi. Gwisgai o'i phen i'w chorun mewn du gyda siôl dros ei hysgwyddau. Meddyliais iddi berthyn yn agosach i stori Eira Wen a'r Corachod nag i'n teulu ni. Ni allwn gredu bod rhywun mor hen ac eiddil yn bodoli o gwbl – wel, dim ond mewn llyfr stori.

Wedi i mi briodi Thomas Elfed yn 1983, byddem yn ymweld â'i gyfnither, Kitty May, a'i gŵr, Glyn Morris. Roeddent yn byw drws nesa i'r diweddar Anti Begw. Glyn oedd organydd Capel Soar, Pen-y-groes, ac er mwyn iddo ymarfer, adeiladodd organ bib enfawr a oedd yn llenwi'r ystafell fyw yn eu tŷ teras clyd.

Plant amddifad oedd Thomas Elfed a Kitty May i bob pwrpas. Felly, yn ôl yr arfer bryd hynny, cawsant eu magu gan berthnasau yn hytrach na gan eu rhieni. Daeth y ddau o stoc go dda oherwydd roedd eu nain nhw a mam Dr Kate Roberts yn ddwy chwaer. Mae Kitty a Glyn wedi hen farw erbyn hyn ac mae Thomas Elfed bellach yn 93 blwydd oed, yn dioddef o *dementia*, ac mewn cartref gofal yn Llanelwy.

Oherwydd natur salwch Thomas Elfed, bydd yn ailadrodd hanes ei blentyndod (efo Anti Mag, Ty'n Gadlas, ac Anti Katie ac Yncl Ifan Rugan Wen) dro ar ôl tro. Yn ôl Tom, deallaf y byddaf yn 'etifeddu' Grugan Wen, Rugan Newydd, a Glynllifon ar ei ôl. Mae o wedi anghofio i'w deulu fo a Kitty golli eu hetifeddiaeth oherwydd cymhlethdodau priodasol y byddigion. Fodd bynnag, fe fodlonaf i ar glywed storïau cyfnod *Te yn y Grug* ... gan Thomas Elfed dro ar ôl tro ac mae menig hir Anti Katie yn ddigon o etifeddiaeth i mi!

Da oedd clywed hanes bywyd newydd gobeithiol Capel Soar ar raglen *Dechrau Canu, Dechrau Canmol* yn ddiweddar. Mae'r fenter rhwng Capel y Groes (Eglwys Bresbyteraidd Cymru) a Chapel Soar (Annibynwyr) gyda Karen Owen wrth y llyw yn hynod gyffrous. Yn ôl pob tebyg, ceir oddeutu 200 o aelodau rhwng y ddwy eglwys. Buasai Kitty May a Glyn wrth eu boddau.

Bydd Karen yn treulio blwyddyn yn dilyn cwrs Profi Galwad fel paratoad ar gyfer ei swyddogaeth arweiniol newydd. Mae hi'n disgrifio'r fenter fel hyn:

> Bydd hwn yn rhoi hwb i bobl yr ardal a cheisio gwneud y neges Gristnogol yn fwy perthnasol i fywyd bob dydd. Rydan ni'n byw mewn cyfnod anodd, lle mae pobl dan bwysau – yn ariannol, o ran iechyd meddwl, ac o ran dewisiadau.
>
> Wrth ymateb i bryderon sgileffeithiau Covid-19, diweithdra, ac anobaith am y dyfodol mae'r eglwysi yn cynnig help ymarferol i sicrhau nad yw pobl yn teimlo'n unig ac yn ddi-gymorth.
>
> Er bod angen swyddi a sicrwydd ymarferol ar bawb, yr un pryd rhaid i ni beidio anwybyddu eu hanghenion ysbrydol. Mae gweld dau gapel cryf yn dod at ei gilydd yn codi calon, oherwydd ffydd sy'n bwysig, nid crefydd.
>
> Mae pawb angen cefnogaeth. Y syniad sydd gen i yw bod yn gwbl ymarferol wrth gyflwyno neges yr efengyl – nid jyst rhywbeth yn perthyn i gapel ydy o ond mae'n perthyn i'r ffordd dan ni'n ymddwyn.
>
> Yn ystod cyfnod y cloi mawr, dan ni wedi gweld pobl yn cymryd rhan mewn ffordd sy'n llai gweladwy, megis gwylio gwasanaethau ar y We.
>
> Rhaid i ni sicrhau pobl nad ydyn nhw ar eu pennau eu hunain –

beth bynnag yw eu cyflwr. Mae angen iddyn nhw fedru troi at rywun i gael cefnogaeth.

Cafodd Thomas Elfed (a minnau fel ei ofalwr) brofiad uniongyrchol o waith goleuedig Capel Waengoleugoed. Dyma ddywed Mari Lloyd Williams am waith y capel:

Capel bach iawn, capel y werin, yng nghanol y caeau yw Waengoleugoed a bu'n cynnal ei gymuned am flynyddoedd lawer. Byddwn yn croesawu rhyw ddeg i'r oedfa ar y Sul. Bellach rydym yn cynnig Gofal Dydd wythnosol i bobl fregus o gylch eang o Ddyffryn Clwyd yn yr iaith Gymraeg.

Byddwn yn cynnal grŵp misol, eto yn y Gymraeg, i rai sy'n dioddef o ganser ynghyd â'u teuluoedd. Byddwn yn dosbarthu hamperi bwyd adeg y Nadolig i'r llai ffodus. Mae'n hollbwysig agor ein drysau.

Ein profiad ni ydy fod cael capel sydd yn rhan o'r gymuned ac yn agored i'r gymuned yn dod â bendithion di-ri i bob un ohonom. Mae estyn llaw i'n cyd-ddyn yn y pethau bychain yn fraint. Ni sydd yn cyllido'r ddarpariaeth ac mae hon yn broses barhaol i godi arian drwy wahanol weithgareddau a haelioni unigolion.

Dros y blynyddoedd diwethaf, mae mwy o gapeli ac eglwysi yn agor eu drysau i'r gymuned ac mae llawer o adeiladau eglwysig wedi mabwysiadu swyddogaeth fwy canolog yn y cymunedau. Yn ei lyfr, *Fruitfulness on the Frontline,* mae Mark Greene yn disgrifio'r math yma o waith fel gogoneddu Duw drwy weithredu yn Ei Enw Ef ar y rheng flaen – *the frontline* – yn yr union le y mae pobl wir angen y gofal. Mae Mark Greene – fel Karen Owen a Mari Lloyd Williams – yn honni y gellir gwneud llawer mwy o ddefnydd o'n haddoldai drwy agor y drysau i ryddhau cariad Duw o gadwynau'r adeilad ac o afael tyn y seintiau.

Gwn, o brofiad o fynd â fy ngŵr yn wythnosol i'r sesiynau Gofal Dydd yn Waengoleugoed, am fantais ac effeithiolrwydd y gwasanaeth hwn. Mae'r drysau'n lled agored i bawb sy'n anghenus. Yma mae criw ymroddedig Cristnogol, bywiog, hwyliog, croesawgar, a gweithgar: Cristnogaeth ymarferol ar ei gorau. Dyma enghraifft o'r *frontline* y cyfeirir ati gan Mark Greene yn ei lyfr, *Fruitfulness on the Frontline.*

Trwy wrando ar lais Duw a thrwy weddi maent yn cynnig gofal bugeiliol, gan gynnwys y claf, yr amddifad, rhieni ifanc, a rhai a fu yn y

222

carchar. Maent yn cyfrannu'n sylweddol at les ysbrydol preswylwyr y cartref nyrsio cyfagos gan gynnal gwasanaethau rheolaidd yno. Ariennir Cynllun Ymweld ar gyfer yr unig a'r claf yn eu cartref gan gynnwys y rhai sydd yn byw gyda *dementia*. Yn ogystal â hyn, cynigir cyfnod o seibiant i'r rhai sydd yn gofalu. A dyma gysylltiad arall rhyngddyn nhw a minnau. Yn ei cherdd ar ddathliad daucanmlwyddiant Capel y Waen yn 2005, crisialodd Karen wir werth y math yma o waith ar y rheng flaen:

> Pan fydd dy lôn yn droellog ac yn hir,
> Pan fydd hi'n law, a'r map heb fod yn glir.
> Pan fydd yr enwau'n niwl, a'r haul yn bell
> A'r rhagolygon ddim yn addo gwell.
> Pan fydd y dydd fel nos o friwiau hallt,
> Pan fydd pob taith yn dynfa i fyny'r allt.
> Pan fyddi dithau'n anobeithio bron
> A'th holl amheuon lond yr ardal hon,
> Mae 'na lwybr golau trwy bob straen
> At gariad mwya'r byd yng nghôl y Waen.

Yn 2015, yn dilyn marwolaeth fy mam, Gwyneth Mary Williams, gwasgarwyd ei llwch ar fedd fy nhad ym Mynwent Llanbeblig yn nhref Caernarfon. Wrth dwtio beddau fy rhieni, fy nain, a'm modrybedd, deuthum ar draws coeb drawiadol newydd sbon – a phresenoldeb Karen Owen unwaith eto fyth.

Gosodwyd y gofeb arbennig hon, a ariannwyd gan ymgymerwyr y dref, ar fedd 'dienw' ar gyfer pobl anffodus a thruenus Bodfan, hen wyrcws y dref (1876-1955). Yma claddwyd babanod a phlant a fu farw'n gynnar, mamau dibriod a fu farw wrth esgor, crwydriaid di-gartref, a rhai a oedd yn dioddef o salwch meddwl ac yn byw yn Bodfan. Ar y gofeb gwelir cerdd Karen, 'Bedd Cyffredin', sy'n gydnabyddiaeth ac yn deyrnged barchus i'r 228 o unigolion dienw a roddwyd i orffwys yno rhwng 1922 a 1961:

> Mewn oes a fu o fenig glân
> a Bodfan ein cywilydd,
> fe roed dau gant o gyrff mewn bedd
> i orwedd gyda'i gilydd.
> Ond heddiw, dwed eich enwau chi
> am dlodi ein cydwybod,

y gwarth a'r gwawd
sy'n colli'u lle a Duw
a'r dre' sy'n gwybod.

Fel aelod yng nghapel y Waen, roeddwn yn bresennol yng Ngwasanaeth Diolchgarwch y plant dan arweiniad Karen. Roedd ei mawredd yn amlwg yn symlrwydd ei neges ac yn nhawelwch a gwrandawiad y plant.

Magwraeth

Mi ges fy magu ar aelwyd gwbl Gymraeg, yn ferch i fecanig ac ysgrifenyddes feddygol, ym mhentref Pen-y-groes yn hen ardal chwareli llechi Dyffryn Nantlle – yr hynaf o ddwy chwaer. Yn ôl fy rhieni, mi ofynnais am gael mynd i'r Ysgol Sul yn ddwyflwydd a hanner, ac i Ysgol Sul Capel Saron, MC, y bûm yn mynd tan oeddwn yn 16 oed. Ces fy nerbyn yn aelod llawn yn 1990, yn un o griw anferth o 23 o bobol ifanc o'r ofalaeth.

Mae'n wir nad fy rhieni yn unig fagodd fi a fy chwaer. Magwyd ni yn nheras Heol Buddug yng nghanol y pentref yn ystod y saithdegau-wythdegau, pan oedd drysau pawb yn agored a di-glo, a lle roedd disgwyl i ni, blant, fynd i gnocio ar gymdogion hŷn a dangos ein hadroddiadau ysgol a ffrogiau a sgidiau newydd.

Mi fywion ni hefyd trwy ddirwasgiad yr wythdegau a deall beth oedd *three-day week* a gwaeth na hynny pan gollodd Dad ei waith mewn ffatri leol. Mam oedd yn gwneud ein dillad, ac fe arferwn gasáu'r ffaith fod fy chwaer a finnau'n cael ein gwisgo yn yr un defnydd! Roedd Mam yn gallu gwau popeth: festiau, cardigans, cotiau i ni, yn ogystal â dillad i'n doliau. Roedd Mam hefyd yn fy mhrofi ar fy ngeirfa Saesneg ers o'n i'n ddim o beth: 'Beth ydy'r gwahaniaeth rhwng *copse* a *corpse*?' a phethau tebyg. Gan fod fy rhieni wedi bod yn ofalwyr Capel Saron ers diwedd y saithdegau am 30 mlynedd, ro'n i'n gyfarwydd iawn ag ymweld â'r lle yn ystod yr wythnos, pan fyddai Mam angen glanhau cyn cyfarfod neu angladd … a dyna pryd y dois yn gyfarwydd â gweld eirch a chlosio atynt er mwyn darllen y placiau sgleiniog arnyn nhw.

Datblygiad bywyd ysbrydol

Un dylanwad mawr arnaf oedd dod i gysylltiad efo athro a ddaeth wedyn yn ffrind ac yn fentor, sef Gareth Maelor. A fo, yn y wers Ysgrythur gyntaf yn Ysgol Dyffryn Nantlle, yn dod i mewn i'r dosbarth yn chwifio Beibl yn yr awyr ac yn dweud: 'Dydy pob peth oddi mewn i hwn ddim yn wir.' Ond brawddeg ar ei hanner oedd honno, oherwydd ei hanner arall oedd: '... ond mae pob gwirionedd am fywyd i'w gael yn y Beibl.' Am weddill y tymor hwnnw, mi fuon ni'n edrych ar ddelweddau ac eglurhad daearyddol a gwyddonol dros gwymp Sodom a Gomorra, dros y berth yn llosgi, dros gerdded ar ddyfroedd hallt, dros negeseuon a pherthnasedd y straeon yn eu cyfnod ... Ar y pryd yn 1985 roedd y dosbarth cyfan yn mynd i ysgol Sul, wedi arfer dysgu manylion ar gyfer arholiad sirol a chofio-hebddeall ar gyfer ein maes llafur cof. Fe newidiodd Gareth bopeth, gwneud i ni amau pob peth, ac ailffurfio ein barn am ffydd (nid crefydd). Ugain mlynedd yn ddiweddarach, ro'n i'n gyw-prentis iddo yn yr Ofalaeth, yn cynnal dosbarthiadau derbyn pobol ifanc. Ac ar ddiwedd 2006 fe ofynnodd i mi ei 'helpu' i gynnal ei oedfa olaf, ac yntau o fewn wythnosau i farw. Dyna'r cyfrifoldeb mwya i mi ei gael erioed.

Gweledigaeth ysbrydol

Duw ydy'r gair agosaf sydd ganddom am yr hyn na allwn ei ddisgrifio, ei ddirnad na'i ddehongli yn iawn. Y grym, yr egni, y pŵer, a'r enaid maddeugar sy'n dal y greadigaeth. Ohono/ohoni yr ydan ni'n dod, ac iddo/iddi yr ydym yn dychwelyd. A chariad ydyw.

Nid o fewn adeiladau eglwysig yn unig y bydd ffydd byw. Ym mhrofiadau ac yng nghalonnau pobol y digwydd hynny. Ond mae'n rhaid i'r 'peth' hwnnw gael ei herio a'i ailddiffinio ar gyfer pob oes. 'Newid mae gwybodaeth a dysgeidiaeth dyn ...'

Yn y cyd-destun hwn, mae fy ofn pennaf yn ymwneud â dylanwad yr adain dde a'r lleng o bobol sy'n mynnu bod rhaid credu'r Beibl yn llythrennol er mwyn cael mynediad at Dduw. Mae Duw yn fwy na hynny ac y mae pawb yr un mor agos ato.

Yn un o'i sgyrsiau niferus ar BBC Cymru Fyw, gofynnwyd i Karen sut byddai'n hoffi i bobl ei chofio. Ei hateb oedd:

Dw i wedi ymroi i herio tri pheth: yr ego, anwybodaeth, a'r syniad fod yn rhaid i bopeth Cymraeg fod yn 'neis'. Hoffwn i bobl fy nghofio fel rhywun a wnaeth ei orau, a deimlodd ormod weithiau, ond a ochrodd bob amser efo'r *underdog*.

O ddarllen hanes Karen, ei magwraeth, a'r dylwanwadau arni, nid rhyfedd bod gwasanaethu ei chymuned wedi mynd â'i bryd.

Daw'r emyn cyfarwydd hwn i'r cof:

> Mi glywais lais yr Iesu'n dweud,
>   "Tyrd atat fi yn awr,
> flinderog un, cei ar fy mron
>   roi pwys dy ben i lawr."
> Mi ddeuthum at yr Iesu cu
>   yn llwythog, dan fy nghlwyf;
> gorffwysfa gefais ynddo ef
> a dedwydd, dedwydd wyf.

Horatius Bonar,1808-89
cyf. Y Caniedydd Cynulleidfaol Newydd, 1921
Caneuon Ffydd, rhif 774

3.3.4 ASHOK KUMAR AHIR

Cydraddoldeb

Ganed Ashok yn Wolverhampton yn 1969 a chafodd ei fagu ar aelwyd cyfrwng Punjabi. Dysgodd siarad Cymraeg yn rhugl gan gyrraedd rownd derfynol Gwobr Dysgwr y Flwyddyn yn 2012. Mae'n briod â Manon ac mae ganddynt dri o blant: Osian, Noa, a Maya. Mae Ashok yn gweithio i Swyddfa Cabinet Llywodraeth y Deyrnas Unedig (DU). Ym mis Awst 2019 etholwyd ef yn Llywydd y Llys a Chadeirydd Bwrdd Rheoli'r Eisteddfod Genedlaethol gan aelodau Llys y Brifwyl. Bu'n Aelod o Fwrdd Rheoli'r Eisteddfod ers Hydref 2016. Ef oedd Cadeirydd Pwyllgor Gwaith Eisteddfod Genedlaethol Caerdydd 2018 a ganmolwyd am ei natur gynhwysol ac agored. Daw â phrofiad busnes a rheoli i'r rôl fel sylfaenydd a chyfarwyddwr cwmni cyfathrebu Mela a chyn-bennaeth Uned Wleidyddol BBC Cymru. Mae'n aelod o Fwrdd Chwaraeon Cymru a Phwyllgor Cymru y Cyngor Prydeinig.

Cyfartaledd

Bu sicrhau cyfle cyfartal yn ganolog i sut gwelais y byd erioed. Bûm yn ymwybodol bod rhai grwpiau ac unigolion ym mhob rhan o'r byd yn wynebu treialon bywyd gwahanol a mwy cymhleth na'r mwyafrif ohonom. Ac eto, yr un gwerthoedd a'r un greddfau sy'n gyrru ein bywydau ni oll, ble bynnag y bôm.

Yn naturiol – a minnau'n hanu o gefndir mewnfudwr dosbarth gweithiol – byddai'n anoddach i mi ddilyn gyrfa fel newyddiadurwr na fy nghyfoedion. Er hynny, roeddwn yn benderfynol o lwyddo. Y prif reswm oedd fy mod yn awyddus i weld mwy a gwell cynrychiolaeth o'r gymuned y'm magwyd ynddi ac o gymunedau tebyg ledled y DU.

A minnau'n Asiad Prydeinig, mae'r ffaith i mi lwyddo i gael swydd olygyddol uchel gyda'r BBC yng Nghymru yn gyflawniad o bwys – yn arbennig o ystyried cyn lleied ohonom oedd yn gweithio i'r BBC ar y pryd (er nad yw'r sefyllfa wedi gwella llawer erbyn heddiw). Roedd rhai yn gweld hyn fel sialens ddwbl i mi; nid felly y gwelwn i bethau. Gan nad oeddwn yn dod o gefndir dosbarth canol Cymreig traddodiadol nac o gefndir dosbarth gweithiol uchelgeisiol, roedd yn bosibl i mi roi ystyriaeth ofalus i ba gynulleidfaoedd oedd bwysicaf yng ngolwg newyddiaduraeth Gymreig – gan gofio bod yna nifer o gynulleidfaoedd yr oedd angen rhoi blaenoriaeth iddynt. Roeddwn yn ffodus hefyd fy mod wedi datblygu fy niddordebau personol – ym maes newyddiaduraeth wleidyddol – ar yr adeg pan oedd gwleidyddiaeth ddatganoledig yn cael ei sefydlu ym Mae Caerdydd.

Ynghyd â'm hymdrechion i ddylanwadu ar y straeon, roeddwn am sicrhau fod gan y BBC fwy o amrywiaeth wynebau a lleisiau yn eu gwasanaeth newyddion. Er fy mod i yn y lleiafrif, roeddwn yn ymwybodol bod gennyf gryn gyfrifoldeb dros eraill i wella cyfansoddiad newyddiaduraeth yr adran honno. Wedi i mi 'gyrraedd' gallwn agor y drws i eraill ddilyn.

Ymrwymais fy hun yn bersonol a phroffesiynol i wella mynediad i eraill. Mae'n anodd i bawb ohonom, tra byddwn yn prysur ddringo'r ysgol i'n gwella ein hunain a symud ymlaen, i gymryd saib i ystyried sut y gellir annog eraill i fwynhau'r un cyfleoedd â ni. Mae yna dueddiad ynom fel rheolwyr, wrth recriwtio, i apwyntio pobl o'r un anian a'r un meddylfryd â ni. Ceisiais fod yn ymwybodol o hyn erioed. Cymerais bob cyfle posib i atgoffa fy nghyd-weithwyr o bwysigrwydd adnabod ein rhagfarnau personol a deall sut maen nhw'n gallu llywio ein penderfyniadau. Mae recriwtio yn enghraifft benodol o hyn, oherwydd ein bod mewn sefyllfa i asesu, barnu, a dewis unigolion a grwpiau. Rwy'n wyliadwrus iawn o'm rhagfarnau a deuthum i ddisgwyl i eraill wneud yr un peth.

Amlieithrwydd

Mae amlieithrwydd yn llithro i mewn i'n bywydau personol yn naturiol, er enghraifft wrth i ni ddewis ble hoffem fyw a pha fath o gymuned yr hoffem berthyn iddi a gweithio ynddi. I wneud hynny, mae'n rhaid i ni adnabod a deall y gymuned honno, sy'n golygu ehangu a dyfnhau ein gwybodaeth ohoni.

Bûm yn byw yng Nghaerdydd y rhan fwyaf o'm bywyd fel oedolyn gan weithio i sefydliadau Cymru-gyfan. Roedd yn amlwg i mi fod yr iaith Gymraeg yn rhan annatod o fod yn Gymro. Ni allwn, felly, fyw a gweithio yng Nghymru ac anwybyddu hynny. Mae hon yn wlad ddwyieithog ac mae'n cynnig dwy iaith a hawliau cydradd oherwydd hynny.

Ar brydiau, i'r rhai uniaith Saesneg gall y Gymraeg ymddangos fel un agwedd ychwanegol arall sy'n eu cau allan. Ond nid felly y gwelaf i hi. Mae gen i – fel nifer ledled Cymru – sgiliau ail iaith yn barod. Er mai Punjabi yw fy mamiaith, cefais brofiad yn blentyn o Hindi ac Urdu. Pan ddeuthum i Gymru yn fyfyriwr i Brifysgol Caerdydd, derbyniais yr iaith Gymraeg fel un iaith arall a glywid ymysg yr ieithoedd eraill ar strydoedd prifddinas amlieithog, amlddiwylliannol. Yna dechreuais ddysgu'r Gymraeg am resymau personol a phroffesiynol.

Wrth weithio i BBC Cymru, roeddwn yn gyfrifol am ddarlledu rhaglenni radio a theledu yn y ddwy iaith. Er bod gennyf ddealltwriaeth arwynebol o'r straeon cyfrwng Cymraeg, teimlwn yr angen am ddealltwriaeth ddyfnach o'r iaith hon a ddefnyddiwyd gan fy nghyd-weithwyr.

Ar lefel bersonol, mae fy ngwraig, Manon, yn Gymraes iaith gyntaf. Pan oedd fy mhlentyn hynaf yn cychwyn ar ei addysg cyfrwng Cymraeg, roeddwn yn benderfynol y byddai fy iaith innau'n datblygu'r un pryd.

Dilynais raglen 'Cymraeg yn y Gweithle' gan ddefnyddio pob cyfle posib adref ac yn y gymuned i ddefnyddio'r iaith yn ddyddiol.

Yr allwedd i mi oedd trwytho fy hunan yn llwyr – trochi fy hun trwy ddarllen a gwrando ar y newyddion, gwylio rygbi neu bêl-droed ar S4C heb ddefnyddio'r Saesneg o gwbl. Yn anffodus, mae siaradwyr rhugl yn llawer rhy aml yn troi i'r Saesneg. Fel dysgwyr, mae'n hanfodol i ni gael yr hyder i ddweud: 'Na, daliwch ati yn y Gymraeg ac os dw i ddim yn deall, mi ddweda i hynny' a dweud 'I will respond in English if I don't know the Welsh but until then make sure you carry on in Welsh, please, because I need to practice.'

Trwy hyn, fe lwyddais i weithio'n ddwyieithog, i redeg busnes dwyieithog gyda'm gwraig, ac i gefnogi eraill i wella eu defnydd o'r Gymraeg. Oherwydd f'ymdrechion, fe'm hetholwyd yn Gadeirydd Pwyllgor Gwaith Eisteddfod Genedlaethol Caerdydd 2018.

Eisteddfod

O gofio mai dysgwr ydw i – ac yn dal i fod, a dweud y gwir – roeddwn yn ansicr o f'enwebiad. Beth bynnag, fe'm hetholwyd yn unfrydol mewn cyfarfod cyhoeddus yn Ysgol Glantaf. Gorfu i mi sefyll o flaen neuadd lawn o eisteddfodwyr pybyr a'u cyfarch yn eu mamiaith – yr iaith sy'n diffinio eu hunaniaeth, eu diwylliant, a'u hanes. Dw i ddim yn cofio'r manylion ar wahân i mi bwysleisio fy nghred y buasai Eisteddfod 2018 yn arddangos Caerdydd fel gwir brifddinas ddwyieithog gyda'i hamlieithrwydd a'i chymeriad byd-eang. Roedd yn bwysig i ni fedru argyhoeddi pob un o'r cymunedau ar draws y ddinas – beth bynnag oedd eu mamiaith – bod y Gymraeg yn perthyn iddynt hwythau a'i bod yn rhan o'u hunaniaeth hwythau hefyd fel dinasyddion o Gymru.

O safbwynt Cymru gyfan, mae Caerdydd yn lle allweddol i fod yn fodel i'r wlad ac i'r DU i ddangos y gall y Gymraeg lwyddo. Dyma pam y gwthiodd y Pwyllgor Gwaith i leoli'r ŵyl yn y Bae yn un ddi-ffin ac i fod yn agored i bawb ac am ddim i bawb.

Roedd yn hanfodol hefyd i wthio ffiniau diwylliannol heb amharu ar reolau penodol yr Eisteddfod ynglŷn â defnyddio ieithoedd eraill.

Felly, aethom ati i greu rhaglen wythnos a fyddai'n gweu'r gwahanol ddiwylliannau gyda'r iaith Gymraeg. Ynghyd â nosweithiau o gyngherddau, y prif ddigwyddiad oedd cyflwyno stori Paul Robeson, y canwr Affro-Americanaidd, gyda Bryn Terfel wrth y llyw. Llwyfannwyd Carnifal y Môr gan gynnwys artistiaid gweledol a dawnswyr yn cydweithio â Charnifal Butetown a grwpiau cymunedol eraill ar draws y ddinas. Cawsom raglen ymylol hefyd yn frith o ddigwyddiadau dwyieithog ac amlieithog.

Erbyn hyn, rwy'n ffodus o fod yn Llywydd y Llys a Chadeirydd Bwrdd Rheoli'r Eisteddfod Genedlaethol ers Awst 2019. Llywydd y Llys sy'n gyfrifol am gadeirio Cyfarfod Blynyddol yr Eisteddfod ac am sicrhau bod gan aelodau'r elusen lais clir yng ngwaith a chyfeiriad strategol yr Eisteddfod. Bwrdd Rheoli'r Eisteddfod sy'n goruchwylio gwaith Tîm Rheoli'r Eisteddfod ac sy'n gyfrifol am bennu a gweithredu strategaeth ar gyfer y dyfodol. Rwyf wrth fy modd o fod wedi cael fy ethol i'r rôl allweddol hon a fydd yn caniatáu i mi barhau i gynorthwyo'r Eisteddfod ddatblygu ac esblygu.

Mae'r Eisteddfod yn agos iawn at fy nghalon ac rwyf wrth fy modd yn mynd iddi yn flynyddol gyda fy nheulu. Mae'n lle ardderchog i rai sydd wedi dysgu Cymraeg fel fi i ymarfer a defnyddio eu Cymraeg. Rydw i'n awyddus iawn hefyd i weld yr Eisteddfod yn denu cynulleidfaoedd newydd o bob cymuned yng Nghymru a thu hwnt – yn enwedig pobl ifanc a rhai o gefndiroedd gwahanol – a dangos iddynt bod croeso i bawb ar y Maes.

Y bwriad ydy creu gŵyl debyg o ran cynnwys, awyrgylch, a chydweithio ble bynnag fydd yr ŵyl i'r dyfodol – gŵyl agored, gynhwysol, ac eang ei golwg.

Cyflwynwyd mentrau newydd yn Eisteddfod Caerdydd ochr yn ochr â'r traddodiadol ac erbyn hyn maent wedi gwreiddio fel rhan o'r ŵyl – megis prosiect Mas ar y Maes. Dyma pryd y cafwyd rhaglen benodol ar gyfer y gymuned LGBT+. Gwelwyd Mas ar y Maes yn yr Eisteddfod nesaf yn Sir Conwy yn 2019. Bu hefyd yn rhan bwysig o'r digwyddiadau rhithiol gydol cyfnod clo pandemig Covid-19.

I mi, mae'n hanfodol adlewyrchu'r Gymru gyfoes fel dan ni'n anelu tuag at filiwn o siaradwyr Cymraeg dros y degawdau nesaf. Dyna'r math o Gymru lle gwelir cydraddoldeb rhwng ieithoedd ochr yn ochr â chwarae teg yn ein gweithleoedd a'n cymunedau.

Hanfod cydraddoldeb yw gwneud cymaint ag sy'n bosib drwy greu sustemau cynhwysol i beidio gwahardd ac i wella amrywioldeb i'n hybu ni fel unigolion i ymdrechu i newid pethau nid yn unig o'r tu allan – ond o'r tu fewn hefyd.

Yn ystod fy ngyrfa, gwelais newidiadau enfawr yn agweddau ein cymdeithas. Mae hwn yn rhywbeth sy'n werth ei ddathlu a'i ymestyn; fodd bynnag, mae'r gwaith yn bell o fod wedi ei orffen.

Gweddi am gysur

Fy Nuw, dof atat am gysur.
Gwyddost mor unig wyf
ymhlith cynifer o atgofion am fy ngholledion.

Gwared fi rhag fy nghaethiwo gan fy ngorffennol,
dan gysgod atgofion duon yn unig, ac mor brin o obaith.

Nertha fi i wybod mai'r un yw fy mhrofiad i â phrofiad cynifer.
Cadw fi rhag yr ofn a'r galar sy'n esgor ar anobaith.

Rho imi anogaeth i wynebu godidowgrwydd yr haul,
ac ymgysuro yn rhyfeddodau bychain byd natur.

Gan i minnau brofi ofn a galar, rho imi'r gallu
i gydymdeimlo ag eraill yn eu profedigaethau,
a marw yn ddiedifar,
gan wybod imi werthfawrogi'n llawn
y rhodd o fyw.

> Cyfieithiad y Prifeirdd Jim Parc Nest a Manon Rhys o
> weddi a gafwyd ar dorryn o bapur yn nyddiadur fy mam,
> Gwyneth Mary Williams.

Fy Nhad, fy mam a mi - 1956

Wedi'r holl dreialon,
wedi cario'r dydd,
   cwrdd ar Fynydd Seion,
O mor felys fydd.

Watcyn Wyn, 1844-1905
Caneuon Ffydd, rhif 29